U0116425

香港文庫
學術研究專題

中國的宗族與演劇

華南宗族社會中祭祀組織、儀禮及其演劇的相關構造

下

（日）田仲一成 ——— 著

錢杭、任余白 ——— 譯

三聯書店（香港）有限公司

目錄

第三篇　單姓村落的外神祭祀　　　　　　　　　　　　399

　　序章　單姓村落祭祀演劇中的宗族統制機構　　　400

　　第一章　龍躍頭鄧氏建醮祭祀　　　　　　　　　405

　　第二章　粉嶺彭氏元宵洪朝祭祀　　　　　　　　478

　　第三章　河上鄉侯氏洪聖神誕祭祀　　　　　　　558

　　結章　從廣東型向江南型發展的方向　　　　　　582

第四篇　宗族・同姓的內神祭祀　　　　　　　　　　　591

　　序章　宗族內神祭祀演劇中的宗族統制機構　　　592

　　第一章　錦田鄧氏元宵祭祀　　　　　　　　　　614

　　第二章　南洋興僑婚禮祭祀　　　　　　　　　　660

　　第三章　南洋興僑葬禮祭祀　　　　　　　　　　679

　　附：福建莆仙目連戲與浙東目連戲　　　　　　　740

　　結章　宗族演劇的擴大和展開　　　　　　　　　743

參考文獻要目　　　　　　　　　　　　　　　　　765

　　英文文獻　　　　　　　　　　　　　　　　　766

　　中日文文獻　　　　　　　　　　　　　　　　767

索引　　　　　　　　　　　　　　　　　　　　　773

第三篇

單姓村落的
外神祭祀

序章　單姓村落祭祀演劇中的宗族統制機構

通過以上兩篇，我們已經對市場地和村落聯合體的祭祀組織進行了考察。從理論上說，這兩種祭祀組織都可以被理解為複姓宗族聯合。

雖然組織的核心肯定一直受到某一單獨強宗的支配，但作為組織的觀念來說，單姓宗族並不是由單一的宗族構成的，必定是通過與其他宗族的組合、協調才得以形成。然而，在農村，特別是在單姓村落眾多的華南農村，各單姓村落就不一定非與其他宗族村落聯合不可，它們往往單獨構成獨立的祭祀組織[1]。當然，當某一單姓村落規模太小、經濟實力太弱時，它還是會與鄰近的宗族村落聯合組建祭祀組織的；可當它規模龐大，而且在地理上一個宗族能單獨支配某一水源，經濟上得天獨厚時，單獨村落就很可能獨立地構成村落共同體式的祭祀組織，經營起獨立的祭祀活動。在這裡，由於宗族權力直接顯現為村落的權力，所以，宗族權力的支配結構就比前述宗族聯合的情況更直接、更清晰地表露出來。本篇就將分析這類單姓宗族村落中的祭祀組織、禮儀、演劇等的結構特色。

一、單姓村落演劇在中國演劇史上的地位

在華南農村，由於單姓村落很多，所以從理論上說，在按

1　參見筆者以往關於單姓宗族村落演劇的相關論著：1.《關於清代初期的宗族演劇》之三〈外神祭祀演劇〉，載《東方學》，第 32 期（1966），106-108 頁。2.《論十五六世紀江南地方戲的變質（二）》第二章第一節〈通過有力同族對社祭演劇組織的支配及其結構〉，載《東洋文化研究所紀要》，第 63 期（1974），4-12 頁。3.《中國祭祀演劇研究》第三篇第二章第一節〈元宵節的祭祀演劇〉、第二節之二〈玄關二帝神誕祭祀〉（東京：東京大學出版會，1981），643-650 頁、660-665 頁。

村落共同體的規模形成祭祀組織的情況下，是能夠形成以單姓宗族為主體的祭祀組織的。但是，從演劇發展史的角度看，小規模的祭祀組織無法獨立進行祭祀中的演劇活動，因此，演劇活動只能在一些具有一定規模的單姓村落祭祀組織中進行（其規模至少要達到一百戶、五百人以上），而且也不是每年舉行，往往是三年、五年、十年進行一次。於是，單從演出頻率這一點即可斷定，單姓村落的演劇，在中國演劇史上的地位，不如市場地與村落聯合體的祭祀演劇那麼重要。

不過，如果我們撇開演出頻率不論，只看祭祀組織的結構，那麼，這種單姓宗族村落的祭祀演劇，則是農村中最頑固、最穩定的地主系演劇的據點。根據農村祭祀演劇的產生過程（先是市場地演劇，接著是共同體式村落聯合與複姓宗族聯合演劇，最後才是單姓村落演劇），單姓村落階段的演劇雖然出現得最晚，但在組織上，它卻吸取了前兩者的經驗，構成了周密和穩定的形式。

另外，還應該注意到，由於單姓村落的祭祀組織與農村的習慣和禮儀關係最為密切，所以，它就起了保存和培養演化到"演劇"之前的農村各種藝能的作用。如山歌、高腳、木偶劇、鑼鼓、八音等與農村農耕禮有關的藝能，就是以這個組織為基礎而保存下來的。雖然共同體式村落聯合只要與農村社會聯結緊密，也具備保存這些藝能的條件，但由於祭祀規模的擴大，大部分祭祀都轉化成演劇演出，結果，這些農村藝能只有在單姓村落水準的祭祀中才能得到最妥善的保存。因此，從演劇史或從更廣的藝術史角度來說，單姓村落祭祀組織具有極重要的地位。

二、問題之所在——地主宗族在單姓村落祭祀組織中的地位

由於在單姓村落中，村落的祭祀組織由構成村落的宗族主持，於是就形成了形式上祭祀組織是屬於村落組織，但實質上，

它卻作為宗族組織而存在的這樣一種雙重構造，或"黏連"構造。當單姓村落完全不包括他姓、雜姓時，雙重構造中什麼矛盾也沒有，然而實際上，一個村落中通常含有若干他姓和雜姓，在這種情況下，宗族舉行祭祀僅僅考慮多數派宗族成員的利益，還是同時代表包含雜姓在內的全體村民的利益就成了問題。華南宗族村落中的宗族，是封閉在血緣組織的框架內疏遠作為地緣組織的村落，還是相反，宗族本身突破血緣組織的限制（或者取消這個限制），與包含外姓的地緣組織相融和？由於這點在單姓支配的村落祭祀組織中表現得最為充分，所以在討論祭祀組織的特徵時，將給予特別關注。不過，即使在這裡，單姓村落是一個由複數聚落構成的複村形態，還是由單一聚落構成的單村，其村域是廣域還是狹域，這幾點也有可能對上述問題產生影響。因此，這裡根據由複村向單村發展、由廣域向狹域發展的順序，預設以下三個類型：

（一）單姓複合散居村落的祭祀組織：某一宗族分散居住在幾個村落中，在形成聯合體的廣域單姓複村祭祀組織中，宗族統制如何發揮功能？

（二）單姓複合聚居村落的祭祀組織：某一宗族雖然分散在幾個村落中，但彼此相鄰聚居，在形成聯合村落的狹域單姓複村祭祀組織中，宗族統制如何發揮功能？

（三）單村單姓祭祀組織：在狹域單姓單村祭祀組織中，宗族統制如何發揮功能？

可以設想，在以上三個類型中，祭祀圈的範圍是按照（一）→（二）→（三）的順序依次縮小的，而宗族統制的強度卻按這個順序依次加強，形態也趨於單純化。同時，由於祭祀規模按這個順序依次收縮，演劇演出的級別也依次降低。在類型（二）和（三）中，演劇出現以前的藝術形式，如雜技、山歌等，逐漸成為主要的表演手段。

三、實地調查和實例資料的範圍

考慮到本篇與前述市場地演劇、村落聯合體演劇的關係，我們仍然將清代廣東省新安縣官富司管轄下的鄉村（現香港新界地區）諸實例作為主要的討論資料。在這個"後進地區"（市場貿易在清代一直停留在墟市貿易水準上），各村落具有較強的獨立性，即使單姓是村落也容易形成獨立的祭祀組織。另外，這個地區大部分族群都遷自北方，他們割據一隅，各自設防，分散對立。特別是在山區村落中，由於族群的不同，宗族村落往往很自然地建成另一種祭祀組織同時並存。反過來說，只有在族群系統真正同一的宗族中，才有可能實現包含著對外防禦機制在內的牢固的團結，如果沒有這種團結，無論是村落還是宗族，都無法在這個地區單獨生存下去。這個地區墟市治安不穩，地主階層不得不龜縮在防範甚嚴的村落據點中，因此在整個清代，墟市向市鎮的演化就被阻滯了。加上地主所居村落聯合據點本身也不能轉化為墟市這一歷史條件，這個地區（包括平原和山區）就形成了單姓村落普遍分散、並存的局面。在這一局面下，擁有眾多的戶口和土地，佔據著平原沃土的大宗族，很自然地在本宗族範圍內建立村落祭祀組織，並以財力為後盾，舉行與市場地和村落聯合體祭祀演劇同樣的演劇活動。這些行動除了向村內外其他小宗族炫耀自己的優勢之外，還具有向與己處於對抗關係中的其他大宗族顯示本族團結與財富的效果。但是，這一水準的祭祀組織，與市場地和村落聯合祭祀組織相比，其級別、體量無論如何也是有限的，演劇活動不一定經常進行，多數場合也只限於山歌演唱和雜技。

以下，分三章考察與前述三種類型相對應的香港新界地區單姓村落祭祀實例，並分析各宗族的沿革、祭祀組織、禮儀、演劇

以及藝能的構造 [2]。

　　類型（一）之實例：新界、龍躍頭鄧氏，十年例醮祭祀（第一章）。

　　類型（二）之實例：新界、粉嶺彭氏，太平洪朝祭祀（第二章）。

　　類型（三）之實例：新界、河上鄉侯氏，洪聖王神誕祭祀（第三章）。

2　新界北半部是一個東西向的平原，自清初以來，大部分為單姓村落。1960年《香港地名志》雖然登錄的只是各村宗族中的著名者，但也反映出當地約三百個村落中有一百六十四個單姓村落。數據如下：廈村地區，村落五十四，單姓村三十二；元朗地區，村落五十一，單姓村三十；錦田地區，村落五十二，單姓村二十九；大埔地區，村落三十三，單姓村八；林村地區，村落三十五，單姓村二十；新田地區，村落二十五，單姓村十八；上水地區，村落十九，單姓村十一；粉嶺地區，村落二十四，單姓村十六。村落合計二百九十三，單姓村一百六十四。但是，在這些單姓村中，以單姓組織演劇的，即便是十年一回的建醮，也不過寥寥幾個，而且也僅限於大族。本篇所列舉的，是在七年半調查期間遇到的罕見案例。第一篇第二章所述大埔頭鄧氏建醮雖然是本來的形態，但現在也已變形為市場型了。

第一章　龍躍頭鄧氏建醮祭祀

序節　龍躍頭鄧氏與天后廟

　　本章討論石湖墟周王二院五大姓之一的龍躍頭鄧氏（關於周王二院，已見第一篇第一章），這是一個由分居於複數村落的單姓宗族構成的聯合體式單姓複村實例。

　　鄧氏分居於梧桐河上游、龍山山麓的五圍六村中。（見圖 66）

　　據 1968 年多賀秋五郎的調查[1]和 1911 年香港政府的人口統計[2]，龍躍頭鄉的戶口情況如表 41。

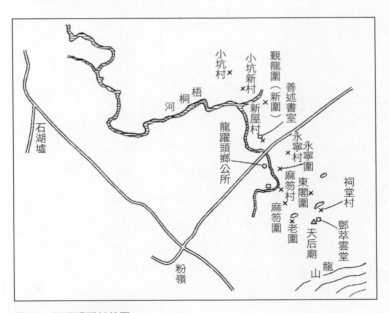

圖 66　龍躍頭鄉村落圖

1　（日）多賀秋五郎：《中國宗譜的研究》下卷（1982），55-56 頁。

2　Census Reports in *Hong Kong Sessional Papers*, by P. P. J. Wodehouse 1911. TABLE XIX, Chinese Population of the New Territories by Villages, Sheung Shui District, p.103.

表41　龍躍頭鄉各村戶口表

村圍名	1968 年多賀氏調查			1911 年香港政府統計		
	戶	口（人）	外姓（戶）	男（人）	女（人）	共計（人）
老圍	27	230	0	17	16	33
祠堂村（老村）	35	400	16	52	52	104
東閣圍	20	150	0	34	31	65
永寧圍	15	100	3	21	19	40
永寧村（大廳）	30	270	0	42	45	87
麻笏圍	33	260	15	28	21	49
麻笏村	10	60	0	11	7	18
新圍	28	300	0	29	28	57
新屋村	45	500	0	70	67	137
小坑村	25	220	0	25	17	42
小坑新村						
合計	268	2490	34	329	303	632

　　據此表，可知此地人口 1911 年為六百三十二人，五十年後的 1968 年，增加到兩千四百九十人，幾乎為原來的四倍，同姓村落的結構未變。外姓極少，都集中在祠堂村和麻笏圍，共三十四戶，約一百五十人，不到總人口的十分之一。據 1960 年《香港地名志》[3]記載，龍躍頭五圍六村總人口為兩千六百零五人（包括本地人、客家人在內）。

　　1898 年的《駱克報告》僅僅記錄了龍躍頭一部分村落的人口：

3　*A Gazetteer of Place Names in Hong Kong, Kowloon and the New Territories* (Hong Kong Government Printer, 1960), p.209.

老圍：客家人，100 人；

大廳（永寧村）：客家人，80 人；

新圍：本地人，80 人。[4]

這是一份不完整的資料，不過，根據它稱最古老的老圍和永寧村為"客家"這一點，就使人推測鄧氏出自客家。

在系譜上，龍躍頭鄧氏與錦田鄧氏同系，屬東莞鄧氏五大房之一的元亮派，是元亮之子自明公的長子林公的直系子孫。

表 42 是根據《龍躍頭鄧氏族譜》[5] 整理的龍躍頭鄧氏世系表。

據此表，鄧氏在六世祖松嶺公時，自錦田遷往龍躍頭，估計時當元代中後期。此後，次子龍岡擴張了勢力，在新界東部站穩了腳跟。所生六子中除宗義外，其餘五子分立五房，散居於五圍六村。世系表中展示了五房與五圍六村的對應關係（此據科大衛博士的調查）。首先出現了老圍，然後在它周圍出現了其他村落。

龍躍頭鄧氏建有祠堂。祠堂位於龍山山麓的祠堂村，是新界地區最古老的一座，據說建堂石料運自東莞，充分說明了該宗族當年財力的富足。

祠堂名為"松嶺鄧氏公祠"（萃雲堂），以六世祖松嶺公、七世祖龍岡公父子二代為族祖，祖產也冠以松嶺公之子龍岡公及其孫宗和的名義。

祠堂供奉鄧氏神位群。中央是一至八世開基祖群；左龕是九至二十三世，也就是開基祖群之後的明至清初、特別是"遷海令"以前的祖先群。其中以明十四世至清十五、十六世為主。右龕是

第三篇
單姓村落的外神祭祀

4　*Report by Mr. Stewart Lockhart on the Extension of the Colony of Hong Kong,* Oct. 8th 1898, in Eastern No. 66, Colonial Office, 1900, Appendix No. 4, Sheung U Division, p.71.

5　香港大學馮平山圖書館藏抄本《宗信房家譜》《宗和房家譜》。

表42 龍躍頭鄧氏世系表

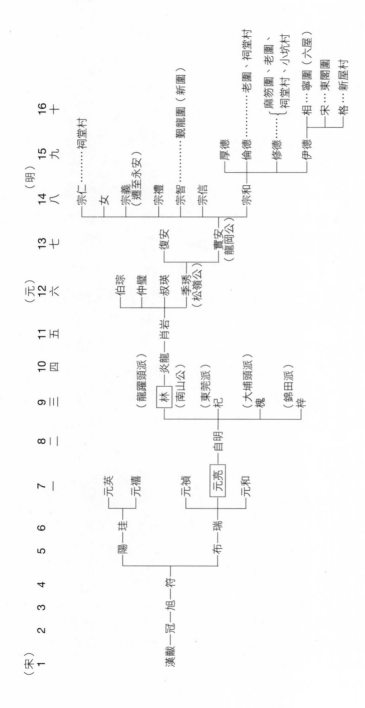

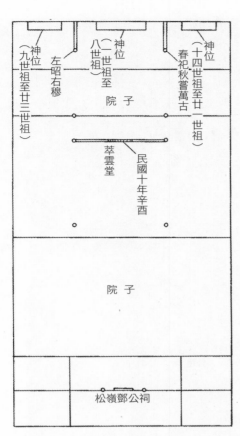

神位（十四世祖至廿一世祖）

春祀秋嘗萬古

神位（一世祖至八世祖）

院子

左昭右穆

神位（九世祖至廿三世祖）

萃雲堂

民國十年辛酉

院　子

松嶺鄧公祠

圖 67　龍躍頭鄧氏萃雲堂平面圖

照片 123　龍躍頭村鄧氏萃雲堂

照片 124　龍躍頭村鄧氏萃雲堂神位

十四世至二十一世祖群，相對於中央及左龕神位，右龕祖先屬近代祖先。神龕共分六層，每層十四至十五位祖先，合計約九十至一百位。最上層是六房祖直系明九世祖，其與中央的明代神位並列，另外還有第二層以下的清代神位，特別是第三層以下清十八世至二十三世祖的大量神位。這是因為將清代中期以降（"遷海令"以來）近祖中的代表人物都囊括進來的緣故。僅此一點就反映出自清代中期至後期以來鄧氏宗族的盛況。

由此可見，龍躍頭鄧氏所供奉的這批神位，無遺漏地集中了開基祖（明八世祖）以下各代祖先（但不稱"元朝"而稱"大明"，也反映了反清思想），龍躍頭鄧氏萃雲堂神位見表 43。

從祠堂供奉的這一龐大神位群來看，龍躍頭鄧氏的勢力在歷史上比錦田鄧氏還要大（後者被稱為新界最大的勢力）。另外，還保存了不少種《龍躍頭鄧氏族譜》，這點也比錦田鄧氏完備。祠堂比錦田鄧氏的更為古老。根據建堂石料特意從故地東莞運來的傳說，可知龍躍頭鄧氏的財力至少在明初是強於錦田鄧氏的。不過，由於龍躍頭鄧氏的位置偏於東海岸，故其利益受"遷海令"的打擊甚大，復界後勢力降至錦田鄧氏之下。現在的族譜中之所以說"龍躍頭鄧氏為錦田之分支"，只是為了向復界後的錦田鄧氏勢力表示敬意而已，並不意味著龍躍頭鄧氏在明代以前即處於錦田分支的附屬性地位，這是一支獨立的力量。他們很可能是由東莞直接遷入龍躍頭的。可以這樣說，龍躍頭鄧氏是新界東部首屈一指的名族。

雖然就包括錦田鄧氏在內的整個新界鄧氏來說是如此，但是龍躍頭鄧氏出自客家的可能性還是存在的。南陽鄧氏與客家鄧族在世系上交叉，龍躍頭鄧氏的內部包容著客家人。例如，前引1898 年的《駱克報告》中，關於龍躍頭鄧氏的發源地"老圍"，就有"客家人 100 人"的記載，這說明鄧氏可以被視為客家人。

表43　龍躍頭鄧氏萃雲堂神位表

宋四世祖　考　妣淑德　炎龍鄧公　張氏孺人　之神位

宋二世祖　考　妣　宋承直郎自明鄧公　宋皇姑趙氏　之神位

宋本房一世祖　考　妣　元亮鄧公　文氏淑德孺人　之神位

宋三世祖　考　妣淑德　宋迪功郎南山鄧公　安人周氏　之神位

宋五世祖　考　妣淑德　考登仕郎六四判簿肖岩鄧公　張氏孺人　之神位

大明六世祖　考處士松嶺鄧公府君　妣徐氏淑德孺人　之神位

大明七世祖　考處士龍岡鄧公府君　妣葉氏淑德孺人　之神位

大明八世祖　考處士堂高鄧公府君　妣鄭氏淑德孺人　之神位（宗禮）第四子

大明八世祖　考處士思岡鄧公府君　妣鄭氏淑德孺人　之神位（宗信）第六子

大明八世祖　考處士仰龍鄧公府君　妣吳氏淑德孺人　之神位（宗仁）第一子

大明八世祖　考處士耕桑鄧公府君　妣鄭氏淑德孺人　之神位（宗智）第五子

大明八世祖　考處士耕隱鄧公府君　妣陳氏淑德孺人　之神位（宗和）第七子

另外,《龍躍頭鄧氏族譜》中,亦見有以客家人為嗣子的例子[6]。綜合這幾點可以確知,龍躍頭鄧氏在自稱為本地人之後,將自己與周圍的客家人區分開來,否認自己與客家人的深厚關係。當然,實際情況是,在一些不引人注目的場合,仍保存著與客家一體的觀念,通過婚姻、養子等途徑,大量地吸收了客家人。關於這一點,第四篇研究錦田鄧氏時還將繼續討論,這裡只是請讀者注意鄧氏的客家習俗確實傳承有自(參見第四篇第一章序節之一"錦田鄧氏的族群系統")。

龍躍頭鄧氏祠堂,除了上述松嶺鄧公祠(萃雲堂)外,在新屋村還有分祠,即今稱為"善述書室"的義塾(族塾)。墅內有三層神位群,以近代祖先為主(清代十七、十八、十九、二十各世祖先)。

最上層中央是代表遠祖的"南陽堂上歷代祖先神位",右(穆)面配有"清十七世曾祖考宸望鄧公府君神位",左(昭)面配有"清十八世顯祖考燕山鄧公府君神位"。這兩位鄧公是新屋村的開基祖。第二層以下集中了十九、二十、二十一各代祖先神位,估計新屋村就是在這三代時發展起來的。鄧氏雖然由於康熙的"遷海令"受到了很大的打擊,但復界後,到乾隆年間,鄧氏勢力就逐步回升,不但支脈繁衍,甚至一直發展延續到近代。

龍躍頭的社神,是位於祠堂村"松嶺鄧公祠"之旁的天后廟,該廟接受全族的崇祀。

天后廟創建時(可能與萃雲堂同時,即清嘉慶年間)與最早重修時的證物已不存在。現存建築為民國二年(1913)重修時所建,1981年又改建了一部分。1981年的重修碑文如下:

---

6 抄本《鄧氏元亮公宗仁房家譜》(香港大學圖書館藏)記載:"一九世,五桂公乃客家鄧入繼朝公為子也。生二子全福(殤)、久佑。"(本資料由科大衛博士提供。)

照片 125　龍躍頭新村善述書室神位

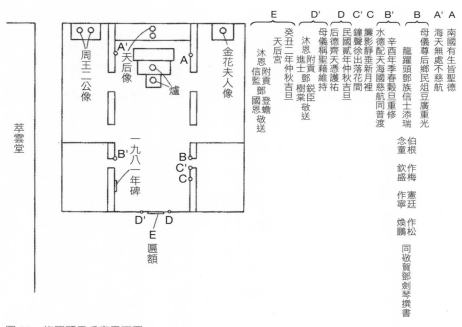

圖 68　龍躍頭天后廟平面圖

414

時惟仲春歲次辛酉，為重修龍躍頭天后古廟，適期完竣，乃蒙各界善信鄉親熱心善舉，綿力支持，尤幸古廟得如期落成，使各界善信有祀奉之所。為善最樂，福有攸歸，茲將善信刻碑記名高懸壁上，以資景仰，以勵來茲。鄧宗和祖二萬元，鄧龍岡祖一萬元，鄧富華五百鎊，粉嶺鄉事委員會五千元，聯和置業公司、陳鎮松、彭鏗然、鄧國容各捐三千元正，鄧忠雄二百鎊，鄧珠妹、鍾兆華各捐一百五十鎊，鄧根年、鄧桂田、善述堂、林豐建築公司、鄧伯勝、李銳祺、梁漢、蓬瀛仙館有限公司各捐二千元，鄧堅喜、鄧作偉、張日添、鄧華福、鄧燮元、鄧錫鈞各捐一百鎊，鄧集祥、鄧信平、文春來、鄧永輝、高劍清、鄧金貴、鄧繼鴻、黃春梅、陳欽、李滿、梁麗馨、潘記寶號、旭照有限公司梁華根各捐一千元。（以上共捐港幣七萬六千元正）旅英眾兄弟共捐二千八百三十七鎊，折港幣三萬四千一百一十一元一毛六釐，旅荷眾兄弟共捐港幣九千三百五十九元二毛正。其他一千元。共得捐款壹拾六萬三千九百八十元三毛六釐。龍躍頭鄉天后古廟籌建委員會，名譽會長：鄧夥興，會長：鄧金貴、鄧國容、鄧柱田，主席：何炳寅、鄧根年、鄧伯勝暨全體籌建會同人立。一九八一歲次辛酉、仲春吉日立

文末列舉的捐款重修者名單中有"鄧宗和祖二萬元，鄧龍岡祖一萬元"及"善述堂"捐二千元等。鄧姓中散見外姓捐款者，都是混居於鄉內的外姓商人（如林豐建築公司、聯和置業公司、潘記寶號、旭照有限公司梁華根等等）。在總額十六萬三千九百八十元中，旅居英國及荷蘭的僑民捐款近四萬四千元之巨，約佔四分之一。重修天后廟一旦成為龍躍頭鄉全體成員的公共事務，像這樣穩定的祖產就成為一種巨大的支撐力量。反過來也可以說，正是有了這樣的祖產，才會保持龍躍頭鄧氏的團結。每年元宵祭祀和每年三月二十三日的神誕祭祀，天后都受到特殊的崇祀，尤其在十年一度的太平清醮中，更將成為祭典的主角。天后廟和萃雲堂神位一起，作為龍躍頭鄉宗教中心之一，佔有重要的地位。

第一節　天后廟建醮祭祀組織

　　龍躍頭鄧氏每十年舉行一次大規模建醮。十年一度之太平清醮，其意義雖與元朗墟（第一篇第三章）林村鄉（第二篇第二章）類似的活動相同，但在龍躍頭鄉卻具有鄧氏單姓宗族村落的特色。

　　太平清醮由“龍躍頭太平清醮建醮委員會”主持，因為建醮活動本身只是作為地緣組織的龍躍頭鄉的事務，所以由十一個村的村代表會議負最高責任。村代表會議下設“建醮委員會”，分管建醮事務（此為村政之一環）。建醮委員會是以村代表的名義召集的[7]。建醮被看作是村落的事務而不是鄧氏一族的事務。

　　但是在財政上，同族色彩卻表現得極為強烈，祭祀經費幾乎全由族產維持，尤其是招聘道士、籌措供物、購買齋食等直接的祭祀費用，全由祠產（上述鄧龍岡祖產、鄧宗和祖產等）支付。由於沒有個人負擔，所以財政管理很簡單。附帶指出，道士團所需費用為三萬港元，其他費用，包括齋食在內，共五萬港元，這些全由公產開支。

　　然而，有關演劇活動，則作為另外一項村落事務來籌備。戲棚準備了約六百個座位，作為三天四夜七場聯票，實行預約。前排上等席每席二百五十元，後排下等席一百八十元，上等席四百五十個，下等席一百五十個，總收入約十四萬元。這筆錢用以支付戲棚建設費四萬元、戲班聘金十萬元。結果，村

7　參見〈建醮委員會第六次會議召集佈告〉：“敬啟者：謹定於八三年十一月廿日（星期日）下午二時，在祖祠萃雲堂，召開村民大會，討論癸亥年本鄉十年一屆太平清醮第六次最後檢討會議，及龍山學校治河事宜為盼，希各建醮委員、父老兄弟踴躍出席是荷。此致。討論議程：（一）龍山學校生日少之諮詢問題。（二）建醮委員會各小組最後檢討及報告。村代表鄧全貴、鄧土貴、鄧國容、鄧桂田啟。一九八三年十一月十五日。”

民（含外姓）只須負擔演出費即可。七場演出共需一百八十元，或二百五十元，每場二十五元或三十五元。中級班戲票雖然略貴些，但它具有以酬神為目的的香油樂捐意義，所以並不算過分。有關座位預約、分配、維持劇場秩序等事宜，均由建醮委員會下屬的"建戲委員會"負責安排[8]。由於建醮委員會是單姓宗族組織，族產組織與村行政組織實行一體化，所以單從外部很難判定其實質，它可能就是根據這些慣例使工作順利展開的。在形式上，建醮委員會雖以村落組織的面貌出現，但正如上面所述，在組織和財政等重要方面，幾乎和同族公產的活動分不開。因此，在實際上它不得不成為一種同族會議。在這些慣例和族規得到重視以後，很快就作出了決定。1983年，關於建醮活動的村代表會議（包括建醮委員會），從準備到開始實行，僅召開了六次，比複姓宗族聯合體林村鄉所召開的十一次會議，少了近一半。可見，這種近似於同族會議的形式，能夠迅速地實現各項計劃。

　　為了主持祭禮，需要組成緣首團，設醮委員會根據農曆正月於天后廟神前占卜的結果，選舉了十五名緣首作為祭祀代表。這些代表全是成年鄧姓男子，這一點，與林村鄉緣首全是青少年正好相反。不過，首席緣首鄧劍平卻是位二十歲左右的青年。由此可知，祭祀的經辦組織建醮委員會和禮儀組織緣首團，全由鄧姓成員組成。

8　有關此事可參見以下佈告："敬啟者：本鄉龍躍頭十年一屆太平清醮公演粵劇助慶，由西曆十一月廿七（農曆十月廿三）日夜起，一連四夜三日，地點龍躍頭老圍祖祠廣場，如各村兄弟及居民欲想睇戲，因座位有限，請從預定座位。分前座、後座兩種（以套票方式，每套七本戲）。前座贊助費二佰伍拾元，後座贊助費一佰捌拾元正。預訂處，龍躍頭鄉公所，辦公時間，羅小姐洽，或向有關建戲委員會負責人接洽。小坑村鄧水貴，新屋村鄧進祥，永寧村鄧桂田，老圍鄧輝揚。公演時間，日場下午一點半（夜場下午七點半）響鑼。龍躍頭太平醮建戲委員會啟。一九八三年十一月七日。"

第二節　祭祀日程・場地・祭祀禮儀

　　建醮日程由占卜師蔡伯勵選定。蔡氏根據占卜結果選定吉日，編制成"吉課表"。以下是 1983 年度的"吉課表"：

　　本館謹遵正宗五行七政四餘推算吉課。貴鄉建醮吉課，蔡伯勵偕男爾椿同訂。

　　貴村祠堂坐西向東，擬在祠堂外搭醮壇。酬恩建醮三日四夜（即七晝連宵）。神棚搭坐西向東。

　　族長庚子生，壬子生，癸亥年用事。

　　按建醮以神棚坐為主，今查癸亥年，西坐大利，故能搭醮棚，酬恩建醮。查年尾農曆十月，今最吉，故擇。

　　1. "發表""上頭表"：擇陽曆四月一日（即農曆二月十八），己未日辛未時大吉，下午兩點鐘。11 歲、71 歲（癸丑生）、35 歲（己丑生）、59 歲（乙丑生），生年相衝。

　　2. "上二表"：擇陽曆八月十三（即農曆七月初五）癸酉日，辛酉時，大吉。下午六點鐘。57 歲（丁卯生）、21 歲（癸卯生）、33 歲（辛卯生），生年相衝。

　　3. "開工紮作"：擇陽曆九月十六（即農曆八月初十）丁未日，丁未時，大吉。下午兩點鐘。23 歲（辛丑生）、47 歲（丁丑生）、35 歲（己丑生），生年相衝。

　　4. "開搭醮棚"：擇陽曆十月十八（即農曆九月十三）己卯日，辛未時，下午兩點鐘，從神棚西坐興工，掛紅升背以後，連工搭建，大吉。51 歲（癸酉生）、75 歲（己酉生）、39 歲（乙酉生），生年相衝。

　　5. "作齋灶"：擇陽曆十一月廿三日（即農曆十月十九）乙卯日，癸未時，下午兩點鐘作，宜作坐東向西，齋灶大利：15 歲、75 歲（己酉生）、39 歲（乙酉生）、27 歲（丁酉生），生年相衝。

　　6. "上第三表""取水淨壇"：擇陽曆十一月廿七（即農曆十月廿

三）己未日，丁卯時，大吉。上午五點半鐘。11 歲、71 歲（癸丑生）、35 歲（己丑生）、59 歲（乙丑生），生年相衝。宜向東方或南方，取水大吉。

7. "揚幡"：擇同日廿三己未日，丁卯時大吉。上午六點半鐘，11歲、71 歲（癸丑生）、35 歲（己丑生）、59 歲（乙丑生），生年相衝。

8. "迎神登壇"：擇同日廿三己未日，辛未時大吉。下午一點半鐘。11 歲、71 歲（癸丑生）、35 歲（己丑生）、59 歲（乙丑生）生年相衝。

9. "啟壇建醮"：擇同日廿三己未日，癸酉時大吉。下午五點半鐘。11 歲、71 歲（癸丑生）、35 歲（己丑生）、59 歲（乙丑生），生年相衝。

10. "啟人緣榜"：擇陽曆十一月廿九日（即農曆十月廿五）辛酉日，乙未時大吉。下午兩點鐘。9 歲、69 歲（乙卯生）、33 歲（辛卯生）、45 歲（己卯生），生年相衝。

11. "超幽建醮"：連日遇時大吉，毋庸另擇。

12. "送神回位""酬謝神恩"：擇陽曆十二月一日（即農曆十月廿七）癸亥日，乙卯時大吉，上午六點半鐘。7 歲、57 歲（丁巳生）、31 歲（癸巳生）、19 歲、79 歲（乙巳生），生年相衝。

根據這份日程大綱，農曆二月十八日開始上第一表，中經農曆七月初五上第二表，以及進行"開工紮作""開搭醮棚""作齋灶"等場地準備，到農曆十月二十三日，迎來建醮正日第一天。其間的活動與前述林村鄉相同，但上第一表至建醮正日，相距八個月，比林村稍短，這可能是因為同族村落手續較簡的緣故[9]。

祭祀場地以鄧氏宗祠萃雲堂祠宇為中心，祠堂的中陣、院子、門樓三部分被當作醮棚使用，主要部分"三清殿"設在祠堂中陣。

9　本書日文版有表 61〈龍躍頭建醮日程表〉，略。

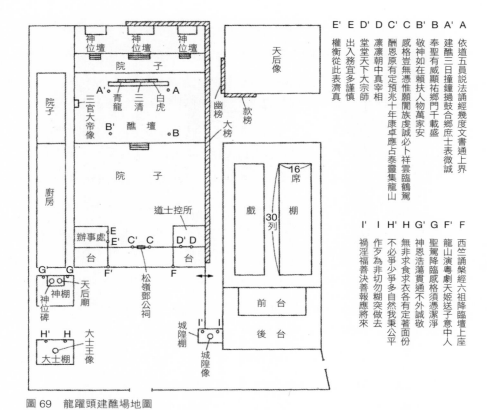

圖 69　龍躍頭建醮場地圖

E' E　D' D　C' C　B' B　A' A

依道五員説法誦經幾度文書通上界

建醮三日撞鐘遏鼓合鄉庶士表微誠

奉聖有威顯祐鄉門千載盛

敬神如在賴扶人物萬家安

感格壹無憑惟願闔族虔誠必卜祥雲臨鶴駕

酬恩原有定預兆十年康卓應占泰靈集龍山

凜凜朝中真宰相

堂堂天下大宗師

出入務官多謹慎

權衡從此表濟真

I' I　H' H　G' G　F' F

西竺誦槃經六祖降臨壇上座

龍山演粵劇天姬送子意中人

聖駕降臨感格須憑潔淨

神恩浩蕩貫通不外誠敬

無求食求衣各有定著面份

不必爭少爭多自然我秉公平

作歹為非切勿糊突做去

禍淫福善決善報應將來

照片 126　龍躍頭建醮場地

420

照片 127　龍躍頭建醮神棚

　　如圖 69 所示，神棚在祠堂外前庭，與祠堂同方向，坐西朝東而設，將天后廟中的天后像和祠堂左龕內標有諸神神位的神牌，搬到棚內正中安放。

　　神位牌上的神名分上下二層並排書寫。上層是以觀音為中心的高位諸神，下層是以“南陽堂上鄧氏歷代宗先之神位”為中心的龍躍頭鄉本鄉土地神群。神位牌神名見表 44。

　　上層以觀音居中，左右配以諸神，這是新界大姓的祀神慣例，反映出以信仰觀音為主的客家系習俗系統。下層的配置法（“南陽堂上鄧氏歷代宗先之神位”居中）也表現出單姓村落的特徵。原先在下層只應配置社神系列，不可以出現祖先神位。建醮本來是對於外神（與祖先內神有區別）的奉祀，祖先神位至少不能居於主要位置。祠堂內雖然設置了醮棚，但內陣的祖先神位並不可以包攝在醮棚內，醮棚設於祠堂的外側，也就是因為建醮的目的不是拜祀祖先。向祖先神位獻醮，更應被視為冒瀆非禮之

表44　龍躍頭諸神神位牌神名表

上排（自右至左）：

南海廣利洪聖明王之神位
玄壇伏虎趙公元帥之神位
都天可富財帛聖君之神位
敕賜五顯華光大帝之神位
展界恩主周王二院之神位
今庚太歲致德尊神之神位
九天開化文昌帝君之神位
都天太后聖母元君之神位
敕封忠義關聖帝君之神位
北方鎮武玄天上帝之神位
大慈大悲觀世音菩薩之蓮座
殿前傳事請福舍人之神位
護廟土主福德正神之神位
朝江望海二位大將之神位
殷郊太子總管之神位
都天太后聖母元君之神位
天地水陽高真大帝之神位
中天聖主長生大帝之神位
三元三品三官大帝之神位
護庵土主福德正神之神位

下排（自右至左）：

開山宿老久住威人之神位
九曲玄皇張仙大帝之神位
三州感恩護法韋陀之神位
開山宿老彭季先師之神位
各村土主福德正神之神位
本境社稷感恩大王之神位
護祠土主福德正神之神位
各圍土主福德正神之神位
南陽堂上鄧氏歷代宗先之神位
釋迦牟尼如來佛祖之神位
護廟土主福德正神之神位
朝江望海二位大將之神位
金花福主胡氏夫人之神位
昔許今酬領願大帝之神位
日時進寶利市仙官之神位
敕錫五福車公元帥之神位
門丞戶尉並灶神君之神位
合鄉老幼各命元辰之神位

舉。在這種條件下，仍然將“南陽堂上鄧氏歷代宗先之神位”置於神位牌的中心，這無非是出於一種要把醮禮的功德與祖先聯繫起來的構想。作為一種宗教思想，它並不正統，對內、外神的區分也存在著混亂，不過，這也正好體現出內外神容易混同的單姓村落特徵。另外，一方面在下層中配祀釋迦牟尼，一方面又使觀音位居上層的中心，這種矛盾現象，也是由以狂熱的觀音崇拜為特徵的客家系宗教信仰造成的反常狀態。

　　總而言之，神棚內的天后像和神位牌共同構成了太平清醮的中心。

　　神棚外設有奉祀大士像的大士棚，同時又在祠堂中心線的另一側，與大士棚相對應的位置上，設立奉祀城隍像的城隍棚。

照片 128　龍躍頭建醮城隍殿

照片 129　龍躍頭建醮醮壇（鄧萃雲堂內）

作為建醮活動最重要的場所醮場，即三清殿，它直接利用了祠堂中陣的照牆，懸掛起三清圖像、白虎圖、青龍圖。中陣石柱上貼有為十年例醮而作的對聯，形成三清殿特殊的氣氛。

面向祠堂門樓的右側石台壁上，掛有張天師畫像，是為張天師壇，這裡也是主持建醮活動的重要場所。

戲棚與祠堂相鄰，建於天后廟對面。本來戲棚應該在祠堂前的神棚對面，由於場地擁擠，不得已才挪至天后廟前。

建醮當天，在醮場各處樹立起大量的花牌，但主要集中在祠堂前庭和戲棚之後。

整個建醮場所中的對聯，也充分體現了單姓宗族建醮的特色。如貼於祠堂石台兩角的對聯："西竺誦槃經六祖降臨壇上座，龍山演粵劇天姬送子意中人"，這裡的"六祖"，或指龍躍頭鄧氏開基祖六世祖松嶺公，或指七世祖龍岡公的兒子六房祖（參見前引〈龍躍頭鄧氏世系表〉）。祖先降臨於醮場，是單姓村落特有的觀念。特地標榜天姬送子，是為強調全族子孫繁榮，這同樣也表現了單姓村落固有的宗族主義。以宗祠為中心設立醮場這件事本身，亦非單姓宗族所不能為，可以說，整個龍躍頭鄧氏是以一種與內神祭祀相似的佈局，來進行外神祭祀的太平清醮的。

道士團以三清殿為中心，進行三天醮事。加上前後各一天的預備與結尾事務，總共需要五天。而林村鄉醮事前後共七天，相比之下，此為一小型建醮活動。基本的構造雖然沒有什麼變化，但由於天數減少，故缺獨立的"禮斗"。以下，按順序擇要介紹。

一、建醮前一天的禮儀

這一天，道士團在居民的配合下，舉行"取水""揚幡""啟壇""迎神"諸禮。雖然其中大部分禮儀與林村鄉建醮所行禮儀相同，但龍躍頭鄉境內的社神數目比林村鄉的少，所以巡遊隊在各村巡行請神。另外，"啟壇""上三表"在形式上也別具特色。

（一）取水

上午五時四十五分，五名道士、十五名緣首組成佇列，緣首持水盂前往祠堂後面的取水點取水。道士在那裡誦經，報上緣首之名。用桶打水倒入龍水缸，道士用寫著"元始一炁雷神雷司本月在此"符咒的紅紙把龍水缸封印。五時五十分結束。持水盂回，安放在三清殿壇前。

（二）揚幡

上午六時十分，建醮委員與緣首分三個方向，即祠堂前方（東北）、西北和東南，立起三根幡竹。（建醮諸幡配置圖見圖70）

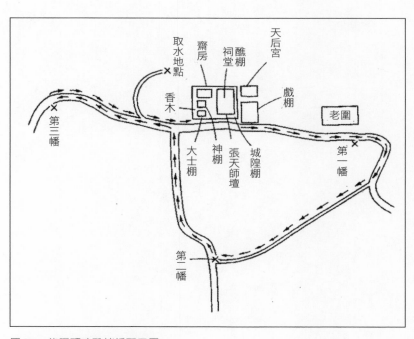

圖70　龍躍頭建醮諸幡配置圖

（三）迎神

下午一時三十分，開始將社神群迎入神棚的奉迎登壇禮。

首先，從天后宮內迎天后副像入神棚。一名道士、十五名緣首，向天后宮正壇參拜，把天后副像搬入神棚。隨後，道士、緣首於神棚前列隊，手持意文（意文詳見後述），行拜禮，為的是在建醮時謀得天后的協助。

下午二時十分，開始奉迎散居於鄉內五圍六村的社神、福德和土地神群。奉迎巡行（行香）的順序如圖 71 所示。

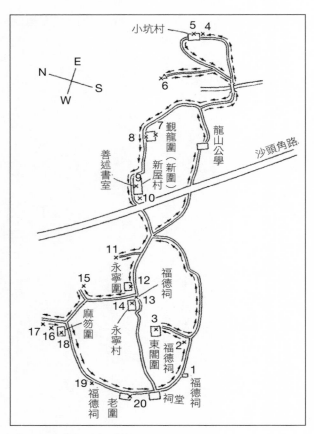

圖 71　龍躍頭建醮迎神行香圖

順序如下：

1. 祠堂村福德正神：位於祠堂東南；

2. 東閣圍外福德正神：祠堂村繼續往東；

3. 東閣圍門樓福德正神：圍門內；

由此折向東北，沿田間小路行進至永寧村東部，然後再向東，穿過沙頭角路，經龍山公學，渡過一條小河，來到小坑村，奉迎以下諸神：

4. 小坑村福德神；

5. 小坑大樹下福德正神；

又從小坑村西下，到達田中的一座小丘，向樹下福德正神拜禮。

6. 小坑村外樹下福德正神；

接著從原路返回，轉向新屋村，奉迎以下諸神：

7. 新圍（覲龍圍）神廳：奉迎文昌帝君和關聖帝君；

照片 130　龍躍頭建醮迎神行香（過永寧村）

8. 同圍門福德正神；

從這裡尋找小路進入新屋村。

9. 新屋村善述書室（祠堂）；

10. 新屋村村口福德正神；

隨後再次穿過沙頭角路，進入永寧村地界，奉迎以下諸神：

11. 永寧圍北邊福德正神：位於林中大樹下；

12. 永寧圍門內福德正神；

13. 永寧圍外東、沿路福德正神；

14. 永寧村圍門福德正神；

由此北進，進入麻笏村地界，參拜以下諸神：

15. 麻笏村東邊樹下福德正神；

16. 麻笏圍外北邊樹下福德正神；

17. 與上神相鄰，大樹下福德正神；

18. 麻笏圍內神廳：此神廳已成廢墟，僅存殘壁；

接著，又取道祠堂村，來到老圍，參拜以下諸神：

19. 老圍外北邊福德正神；

20. 老圍圍門福德正神。

以上二十處社神全部奉迎完畢，大約需時兩小時二十分，於下午四時三十分回到祠堂。這些神祇全被迎入天后像所在神棚內，完成登壇禮。以道士為先導，全體緣首都參加奉迎，這可以說是比林村鄉建醮更正規的"迎神"手續。

（四）啟壇（包括"上三表"）

迎神登壇後，略事休息，即開始當天最主要的儀式"啟壇"，同時上第三表。這個禮儀與林村鄉相比有很大的不同。

下午五時，開始奏樂，五名道士、十五名緣首集合於三清殿前，面對三清壇中陣外側的儀桌，分別整隊，相向而立。儀桌兩側有水盆和鏡子，各有竹簾遮攔。儀桌外安置著白色功曹馬，儀

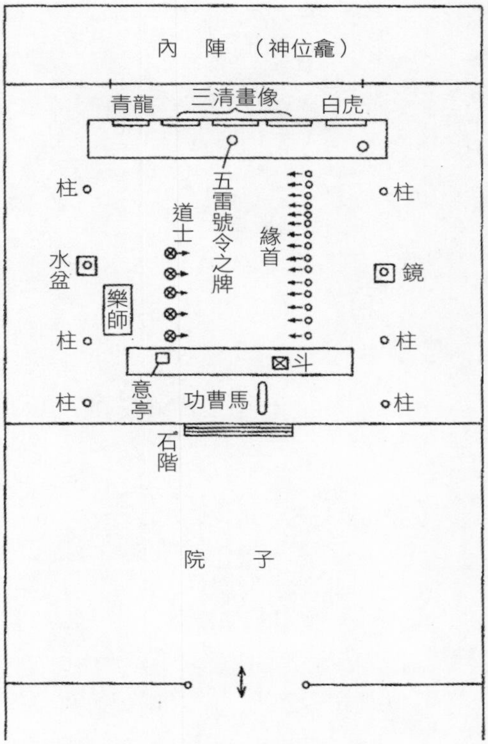
內　陣　（神位龕）
青龍
三清畫像
白虎
五雷號令之牌
道士
緣首
柱
柱
水盆
鏡
樂師
柱
柱
斗
意亭
功曹馬
柱
柱
石階
院　子

圖 72　龍躍頭建醮啟壇配置圖一

桌上還有插著五炁旗的斗和裝著意文的意亭。

五時二十分，禮生帶領一名道士先去水盆處洗手，然後到鏡台前肅整衣冠。待五名道士全部完成一遍後，一名禮生再帶緣首進行同樣的禮儀。這就是"肅衣整冠"禮。

接著是"淨場"。高功道士把杯子遞給緣首，首席緣首在儀桌前倒空杯子裡的水。高功道士到三清殿前灑水淨壇。道士佇列與緣首隊伍通過繞場一周變換各自的位置。首席緣首在這裡進行與高功同樣的動作，並再次繞場改換各自的位置（回到原來的位置）。

五名道士整佇列於三清壇前，由首席緣首將意文交給道士。道士把意文移近香枝。

照片 131　龍躍頭建醮啟壇一：盥洗

照片 132　龍躍頭建醮啟壇二：肅衣整冠

照片 133　龍躍頭建醮啟壇三：請神

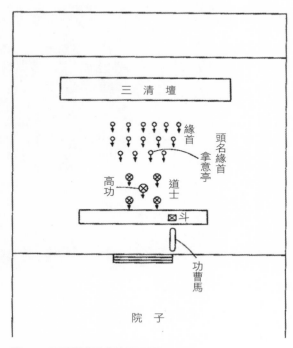

圖 73　龍躍頭建醮啟壇配置圖二

隨後正式進入“啟壇”禮。道士團在儀桌前列隊，緣首團在後跪坐，行三跪三叩禮。首席緣首進香，緣首團起立，行拜禮。五名道士持笏念唱，行請神禮。高功道士宣讀黃紙朱書的拜表，隨後焚化。高功噴水淨場，其他四名道士，二人一組，行同樣的噴水禮。

禮畢，全體道士、緣首至祠堂門外神棚，整隊行拜禮，然後重返三清殿儀桌前跪坐。四名道士則圍成方形而坐，中間為高功。緣首團分三列橫隊，第一列四人（其中首席緣首手持裝有意文的意亭），第二列五人，第三列六人。（位置見圖73）

奏樂，道士念唱，示迎神之意。約二十分鐘後，全體起立，“啟壇”禮畢。

接著開始“上三表”。高功道士坐在儀桌前的椅子上，另一名道士宣讀表文主文及醮信名單（林村鄉醮事此時不借助其他道士）。主文與林村的大同小異，但醮信名單的記載方式卻完全不同。林村鄉意文中，醮信名單集中在每一戶之下，戶主為第一名，家庭男女成員以從屬戶主的形式，處於依附性地位。而在龍躍頭鄉，男性成員則全被授予第一名的地位，而且只將與該男性成員有關的家屬作為從屬者。單姓宗族村落尊重丁男的傳統——不僅是戶主，全體男性成員（丁男）都被當成醮事的負責人——在此強烈地表現了出來（下一章粉嶺彭氏洪朝祭祀中的壽員、信士排名，也是將男性成員當作獨立主體，但由於沒有記載家屬姓名，故而很簡單。龍躍頭全體男性成員不但全部獨立排名，而且還記載了他們的家屬姓名，導致出現數倍於實際人數的重複記錄現象）。實際上，高功只宣讀戶主名而不讀家屬名。戶主數約四百三十名，連家屬在內的實際人數約九百名，而意文上的總人數超過四千名。以下是表文主文：

秉教奉行主科事臣林道源，俯拜上言。臣今奏：據廣東廣州府寶安縣第六都龍躍頭鄉，吉向居住，道奉正一酬恩。保境太平清醮，錫福迎祥。

　　頭名緣首鄧劍平……（以下緣首名略）

　　醮信鄧永貴……（以下醮信名略）

　　（下略，共一百零六戶，四百三十八丁，家屬八百七十一人。）

　　偕合通鄉眾信人等，即日虔誠百拜上干。伏以：享安於已安之後，實叨玄昊之洪恩；報德於既德之餘，敬設酬恩之清醮，抒丹悃，冒奏宸宮意者。

　　伏惟：眾等宇宙群材，塵埃末品，並生並育，熙焉，盛世烝民。既庶既繁，樂矣，華夏赤子。聯居敦仁興讓之鄉，共治商賈農工之業。每竊光陰虛過，深慚化育未酬。於是合鄉雲集，就於先年良月吉日，虔備凡儀，仗道具疏，恭詣中天星主宮爐前，焚香祝白：告許太平清醮三日，金豬雄雞，龍衣花紅（，千張寶燭，結為合鄉平安福願。自從拜許，藉賴匡扶）。既投螻蟻之衷，益被康寧之福。今則初心不負，時維十月，序屬□冬，爰同長稚，酬謝神祇。思明德可以潛通，秉精虔豈無孚感。雲開閶闔，風清黃道擁鑾來；日近浮黎，氣溢函關扶輦下。洋洋降格，穆穆垂歆，諏吉日以迎祥，仗金門之羽士，涓向今月二十三日良辰，仗道五員，來於本境，立壇啟建正一酬恩保境太平清醮功德（法事），三晝連宵，設幽男女孤魂三百六十名分位，上奉高真，介迎景貺，永迓禎祥，壇開桂殿，依稀玉洞之天，綵結蘭宮（，彷彿金城之界）。依其庇祐，醮門清吉，人物興隆，男康女泰，老安少懷，丁財兩旺（，萬事吉慶）。年無半點之災，月有泰來之慶。無任下情，百拜之至，謹以聞。

　　表文宣讀約需三十分鐘，讀畢，持五雷牌向五炁行禮，同時對表文"開光掛紅"（取雞血、調血酒，在表文中醮信名上點朱），在這一過程中，鼓樂齊奏。隨後，與功曹使者和紙錢一起焚化。建醮預備事宜至此全部就緒。

二、建醮第一天的禮儀

當天舉行三朝、分燈、打武和禁壇禮。

（一）早朝·禮懺

上午八時三十分，緣首去三處幡竹下，分別安放神屋。各幡下雖然都有紙屋，但神名和對聯各不相同。（見表45）

表45　龍躍頭建醮第一至第三幡神名

A	第一幡	華幡	天地水陽同降格 守幡童子堅牢大神 乾坤日月拱照臨
B	第二幡	華幡	侍臣鶴立通明殿 諸天朝會天尊 一封文表奏玉皇
C	第三幡	華幡	雙鳳雲中扶輦下 肅清黃道天尊 六龍天上駕車來

樹幡的目的是為了招撫孤魂，但在這裡，卻成了朝拜玉皇和天帝的天梯，成為三朝巡迴的重要對象。龍躍頭醮事舉行三天，所以立三根幡竹。（林村有五天醮事，故有五根幡。）從這時起，在神棚前焚燒香木。

上午八時三十五分，樂師在三清殿前開鑼。緣首集合，入神棚，於神前跪坐。一名道士敲起木魚，懸燭念經，宣告建醮開始，向神靈乞求助祐。道士又取意文，大聲朗讀緣首姓名，擊響銅鈸，眾人禮拜。

八時四十七分，舉行"禮懺"。三名道士、十五名緣首在三清殿前列隊，前排是三名道士，緣首分兩排，每排七至八人。高功捧香，道士合唱，宣讀懺文。然後全體坐下，道士繼續吟誦。此時，侍經拿來意文，宣讀緣首名。讀畢起立，焚紙錢，灑水，

"禮懺"結束。這一禮儀在以後幾天的早、午、晚，都要選恰當的時間進行，一直到最後一天為止。此禮的意義，是向三官三元三品大帝祈願，為居民消除罪障。道士熟諳意文，朗讀和歌詠不用稿本。九時零七分，"禮懺"畢。

九時十二分，早朝巡行開始。五名道士居中，前後為緣首團，舉著三根有竹飾的小幡。巡行順序如下（可參考圖70）：

1. 第一幡；
2. 第二幡；
3. 第三幡；
4. 張天師壇；
5. 神棚；
6. 大士棚；
7. 城隍棚；
8. 齋房；
9. 祠門內福德正神。

照片 134　龍躍頭建醮走朝（第三幡）

每到一處，都由道士率領緣首團誦經，捧獻供物，焚燒紙錢。整個巡迴過程需時四十分鐘，於九時五十分結束。

巡迴後略事休息，十時正重新開鑼。三名道士帶著緣首列隊於三清壇，坐定後，道士歌唱，宣讀禮懺的續文。三清壇上放著一封上呈“昊天金闕宮”的表文。接著，宣讀緣首名，將方函與紙製財寶同時焚化。

至此，“初日早朝”結束，亦表示上呈昊天金闕宮的表文業已送到。

（二）午朝・禮懺

中午十二時二十分，三名道士和緣首一起，首次從張天師壇開始出發巡迴；返回時，向三清殿“中天星主宮”呈獻表文一函。下午一時十五分結束。

下午三時起舉行禮懺，三時二十四分結束。

（三）晚朝・禮懺

下午四時，三名道士帶領緣首出發巡迴，回到三清壇，向“承天效法宮”上呈文表一函。四時四十分結束。

晚上八時三十分至五十分，繼續舉行禮懺。

（四）分燈

晚九時三十分，開鑼。三名道士、十五名緣首列隊於三清壇前。緣首先行三跪禮，高功接著宣讀“分燈科”科儀書。隨後，緣首全體起立，高功再次宣讀科書，都講讀牒文，並與侍經同歌。讀罷牒文，將它與寶財紙錢一起焚化。（分燈牒文與林村鄉建醮牒文相同。）然後，改由侍經讀牒文，並與都講同歌，這份牒文也和紙錢同時焚化。在這之後，都講再次接替侍經，進行一遍同樣程序的儀式。發送牒文的禮節就此完成。

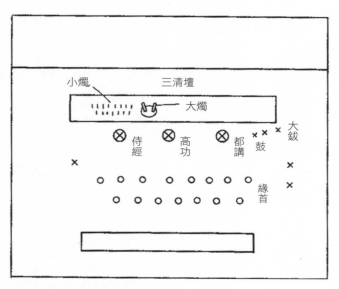

圖 74　龍躍頭建醮分燈配置圖

照片 135　龍躍頭建醮分燈

這時，高功叩擊玉磬，都講、侍經亦擊金磬應和。兩下配合共擊二十四次，以奉侍上帝。

接著，侍經持一支小燭唱起歌來，小燭上掛有神符。都講也拿著小燭。侍經逐一點燃小燈。待歌聲停下後，三名道士把小燭逐一交給十五名緣首，緣首舉燭回到壇前，最後插進後面儀桌上的香爐內，結束了分燈禮。此時為晚十時三十分，龍躍頭醮事的醮壇比林村鄉的大一些，道士、緣首經手的小燭數量也多一些。眾多小燭的迴旋轉遞場面，呈現出分燈禮特有的美觀。

（五）打武

分燈結束，休息片刻後，即開始"打武"。打武是在建醮第一夜"分燈"與"禁壇"儀式中間附加進行的一個項目，並不是非要不可的，如在林村鄉，事實上就省略了。"打武"的本意是召集五方兵馬練習武藝，雖然也有宗教禮儀的色彩，但居民卻是抱著娛樂性的態度來觀賞道士們隨意發揮的武藝的。刺激耳目的曲藝性演技是"打武"的主體。演技分為五種，全由一名壯年道士進行。道士紅褲藍帶，象徵著戰袍加身。

十時四十分，開鑼。依次進行以下五項內容：

（1）舞棍棒（紅纓槍）

道士手持棍棒，躍至祠堂院子（醮壇的前庭、中陣和門樓之間），水車般來回舞動棍棒，在庭中迴旋約三分鐘，結束。

（2）舞蓆（火蓆）

略事休息後，道士拿起點著了火的捲蓆（一頭裝有油紙和爆竹），站立庭中，迅速揮舞迴旋。

（3）投火球

道士手持兩個火球，到庭中向空中拋擲，落下時又用手接住，反復數次。

照片 136　龍躍頭建醮打武一：紅纓槍

照片 137　龍躍頭建醮打武二：火蓆

照片 138　龍躍頭建醮打武三：火流星

（4）火流星

細繩兩端各繫一個火球（點燃的油紙），手握細繩中部來回揮動，在空中劃出火輪。火輪的揮動方向不斷變化，並交互抬腿，在腳下急速旋轉。

（5）舞火盂

將油紙點燃，投入小火盂，兩手端盂，自庭中繞醮壇而行，最後將火盂放在三清壇下。

以上各個項目之間都要暫停三至五分鐘，以便使"打武"者略事休整後再進行下一項。因為對於"打武"者來說，連續進行高難度的表演，需要精神高度集中。在這期間，全體緣首都在一旁觀看。

早些時候，村落中娛樂很少，每當進行十年一度的建醮活動時，除了演戲，道士禮儀也是一種娛樂性的觀賞對象。道士對此亦表示理解，並在儀式中加進一些歡娛村民耳目的內容，"打武"可以說就是其中最典型的一種藝術性禮儀。這種技藝的高度技巧性，要是不進行鍛煉，無論如何是精通不了的，這一點與演員的演技沒有什麼不同。演員的演技本身，也許就產生出作為中國古代傳統技藝的雜技系統。由此我們大致可以推定道士和演員具有一定的同根關係。

由於這是高難度的演技，因此，全是高齡者的道士團是無法表演的，林村鄉之所以省略了這個項目，就是因為醮場過於狹窄，以及道士團年齡構成過高的緣故。

（六）禁壇

"打武"結束後不久，晚十一時二十七分，一名道士率領十五名緣首，立於三清壇前。壇前上方懸吊著飾有二十八宿神符的四邊形"洞案"。

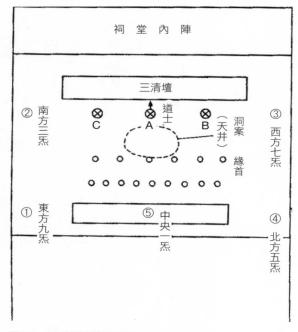

圖 75　龍躍頭建醮禁壇圖

442

照片 139　龍躍頭建醮禁壇一：洞案

　　首先，高功道士宣讀"禁壇科"科書。接著，高功從緣首處接過意文，高聲叫出緣首姓名。同時抓雞割冠，向四方灑血，懸吊著的洞案上也沾上了雞血。隨後取杯，用口吸水，噴向四方。

　　噴畢，高功從壇上的斗中，拔起東方九炁天尊旗幡，搭在肩上，右手提劍，以劍尖貫符，在大燭上點燃神符，隨即來到規定的位置，將符紙與寶財紙錢一同焚化，旗幡就留在原地。

　　以下，通過同樣的一套動作，拿著南方三炁天尊旗幡、西方七炁天尊旗幡、北方五炁天尊旗幡、中央一炁天尊旗幡，來到各個規定的位置上，焚燒劍尖挑著的神符和紙錢。旗幡也都留在各神的位置。

　　這時，道士的一名助手抓一公雞，跟隨著高功揮動著的寶劍，將雞在四方上空高高揮舞。最後，把洞案從空中降下，用雞血滴在周圍二十八宿神符上。

　　午夜零時三十分，高功道士宣讀完科書最後一部分以後，

照片 140　龍躍頭建醮
禁壇二：五方禁壇

照片 141　龍躍頭建醮
禁壇三：洞案掛紅

儀式即告結束。在此期間，緣首一直保持直立的姿勢。通過上述"禁壇"禮，鬼門被關閉，而醮壇則由邪鬼守衛保持了"聖域"的純潔。

三、建醮第二天的禮儀

這天將舉行三朝、禮懺和"啟人緣榜""小幽""迎聖"諸禮。

（一）早朝‧禮懺

上午八時三十分，諸幡巡迴後，在三清壇向"昊天通明宮"奉呈表文一函。隨後進行"禮懺"。

（二）午朝

中午十二時二十分，開始巡迴，但不舉行表文奉呈和禮懺。十二時四十分結束。

（三）啟榜

下午一時十分，"啟人緣榜"禮開始。該禮與前一天"啟壇"禮相同，五名道士、十五名緣首，面向儀桌左右各列一橫隊，相向而立。兩側有水盆台與鏡台。

程序一如"啟壇"，先由道士逐一跟著禮生去水盆處洗手，往鏡台整理衣冠。接著再由緣首進行同樣的"整冠肅衣"儀式。通過繞場的動作，道士與緣首互相交杯換位，最後再繞場，又回復到原位，取回原杯。首席緣首追隨著禮生，參拜三清壇及儀桌。

這時，道士團靠近橫放在儀桌上的榜文旁，展開榜文尾部，自高功始依次署名。

署名後，五名道士把榜文高舉過頭頂，轉交給緣首團。三名緣首（首席及第二、第三名）橫抱榜文，離壇來到祠堂大牆邊，

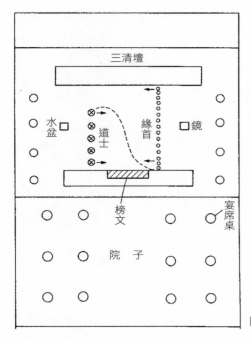

圖 76　龍躍頭建醮啟人緣榜配置圖

張貼榜文。張貼時是從末尾開始，逐步展開捲著的榜文，一直貼到祠堂裡面。此時，戲棚中演出“天姬送子”戲，以示慶祝。另有款榜與幽榜，貼於天后廟的橫壁與前壁。

貼好榜文，五名道士在榜文末尾處安置儀桌，誦經，然後每人負責宣讀一部分榜文上的醮信代表姓名，大約二十分鐘讀完。這時，道士用雞血在榜文的主要段落以及醮信姓名（代表者）上點朱。整個過程需時三小時，至下午四時三十五分結束。

在此期間，祠堂內前庭上排桌設宴招待來賓；中午十二時三十分開始，戲棚內舉行錦旗授予儀式，建醮活動至此達到了最高潮。林村鄉“啟人緣榜”是在午夜，而龍躍頭鄉卻安排在中午，這就加強了莊嚴而又喜慶的氣氛。

至於榜文的內容，大榜與意文大同小異，但有若干更為詳細的說明。人名部分和意文一樣，以男性成員為醮信代表顯著標

446

照片 142　龍躍頭建醮啟人緣榜一：大榜署名

照片 143　龍躍頭建醮啟人緣榜二：大榜授受

照片 144　龍躍頭建醮啟人緣榜三：啟榜

出，家族名稱重複記載。因此，大榜的長度是驚人的，幾乎要繞祠堂一周。以下是榜文的主文部分（人名省略）：

今日名登龍虎榜

龍虎仙張大真人門下，拜授太上三五都功修真職籙神霄玉府青微演教仙官。

照據廣東廣州府寶安縣第六都龍躍頭鄉居住，奉道酬恩保境太平清醮，錫福迎祥。

首席緣首，鄧劍平……（以下略）

醮信，鄧永貴……（以下略）

偕合通鄉眾信人等，即日虔誠百拜上干。伏以：享安於已安之後，實叨玄昊之洪恩；報德於既德之餘，敬設酬恩之清醮。抒丹悃，冒瀆宸聽意者。

伏惟：眾等，宇宙群材，塵埃末品，並生並育，熙焉，盛世烝民。既庶既繁，樂矣，華夏赤子。聯居敦仁興讓之鄉，共治商賈農工之業。每竊光陰虛過，深慚化育未酬。於是合鄉雲集，就於先年良月吉日，虔備凡儀。仗道具疏，恭叩天地水陽宮爐前，焚香祝白："告許太平清醮三日，金豬雄雞，龍衣花紅，千張寶燭，結為合鄉平安福願。"自從拜許，藉賴匡扶。既投螻蟻之衷，益衣康寧之福。今則初心不負，時維十月，序屬孟冬，爰同長稚酬謝神祇。思明德可以潛通，秉精虔豈無孚感。雲開閶闔，風清黃道擁鑾來；日近浮黎，氣溢函關扶輦下。洋洋降格，穆穆垂歆。諏吉日以迎祥，仗金門之羽士，涓向十月二十三日良辰，仗道五員，來於本境，立壇。

啟建正一酬恩太平清醮功德法事，三晝連宵，設幽男女孤魂三百六十名分位，上奉高真，恭迎景貺，永迓禎祥，壇開桂殿，依稀玉洞之天；綵結蘭宮，彷彿金城之界，香花炳煥，絃管鏗鏘。法席端嚴，天中星主金容現；醮筵潔淨，海外朝元寶相呈。嗉真經禮法懺，步虛聲徹玉樓台；進尺牘奏方函，向日誠通金闕殿。大啟酬恩，聿懷多福，天

449

鑒誠衷，眾沾天貺。玉歷請銷於原許，金篇訖注於填還，永息無妄之虞，常納攸同之福，伏願藉威靈之震疊，降福祿之連綿。螽斯衍慶，鶴算延齡，士獲採芹掇桂之榮，農有千倉萬箱之樂。工執藝以成名，商阜財而通貨。三槐五桂以飄香，九穗兩歧而薦瑞。黃童白叟皆安緣，綠鬢朱顏俱□泰。千祥雲集，百福駢臻。牛豬蕃壯，共樂升平。合鄉清吉平安，咸登熙皞之天，悉荷帡幪之庇矣。眾等無任下情，百拜之至，謹榜以聞。

民國癸亥年十月廿五日榜文

一同壇都講事臣陳吳道，一生福心，

一同壇高功事臣陳靜洪，一生神心，

正一奉行主科事臣林道源，一生忠心，

一同壇監齋事臣呂伯全，一生如心，

一同壇侍香事臣梁靜波，一生慈心，

榜

祖師金闕昭凝妙道元君

他年身到鳳凰池。

　　根據舊時慣例，榜文把太平清醮解釋為一種臨時性的行為，在這一點上，可以說是反映了太平清醮的原形。在榜文末尾，比“意文”更為詳盡地羅列了為鄉民祈福的文字，最後還署上了五名道士鄭重其事、威風凜凜的名號，這一切都集中而誇張地顯示了基於拜天思想的權威主義。和林村鄉建醮規則相同，在這裡也表現出榜文在醮事中的重要位置。

　　緊接著“啟人緣榜”禮的，是展示記有太平清醮全部禮儀綱目的款榜。林村鄉醮事為五天，主要部分由每天早、午、晚三部分共十五項儀式構成，而龍躍頭鄉醮事為三天，每天早、午、晚三部分共九項，加上前後各一天二項，合計為十一項儀式。它們全部見之於款榜。以下是款榜：

朝元漫計星初落

道達群賢

謹依靈寶玄壇所建三晝連宵功德品目，開列於後。

【前一日】卜吉拜奏、傳遞封緘、奏聞天地、水國陽間、功曹奏牘、准令奉行、奏箋申請、俟命回壇、今時憩息、翌早恭參。（取水、迎神）

【一早】敷陳香供、鋪列瑤壇、迎真開啟、敦請兩班、安廚淨爨、問道揚幡、四參金闕、大啟琅琚、朝天法懺、連拜二三。（啟壇）

【一午】乾元在上、離日方中、各筵參詣、虔奏蒙穹、進呈六供、祗迓重瞳、讚揚聖號、俯露丹衷、宣科進悃、表達五通。（發表）

【一晚】禁壇集將、請命師桓、登枊小施、幽囚召全、歌兮雜遝、暢矣盤桓、樞趨金闕、羽眾朝元、真通初夜、出戶功完。（禁晨・小幽）

【二早】晨鐘密扣、曉箭頻催、經宣諸品、禮懺幾回、飯負九御、拜奏三台、表呈請福、入願天隨、博山煙裊、紫禁朝回。（三朝）

【二午】義鞭著午、香散九微、揭章文榜、參謁攸司、飛龍金殿、鵠立玉墀、禮徵十極、再拜口詞、虔伸懺悔、補過退思。（放榜）

【二晚】雲霞乍合、星斗光輝、金章進奏、羽腋肅齊、供呈黍稷、橋架虹威、奏和催樂、謾撫金徽、迎鑾接駕、天仗巍巍。（迓聖）

【三早】香煙繚繞、經韻琳琅、南辰北斗、天樞玉皇、贊星各命、介祉平康、宣科保境、表奏上蒼、禮周三謁、香爇十方。（禮斗）

【三午】謁參玄府、召將頒符、傳宣綸系、請命清都、釋放魚鳥、各遂潛高、恩覃物命、鱗甲咸蘇、燈光水陸、永脫迷途。（赦書、放生）

【三晚】夔夔奏事、翼翼抒忱、燒香入覲、禮拜玄文、與衣與食、給籙文憑、祭超幽類、賑濟孤魂、恩謝施主、百福駢臻。（大幽）

【後一日】拜鑾送聖、大謝回駢、三行明水、百拜奉經、諸天返駕、功果完成、航糧押送、集福恩迎、如上功德、逐一分明。（送神、拉鴨扒船）

道旨功令宣行，右諭通知。

癸亥年本月廿五日榜文。

正一奉行主科事，陳□□。承詰榜

發仰壇外，張桂曉諭

三界紀善功德司

禮斗常懷月漸高

以上按日辰排列的禮儀項目，與實際進行的大致相合，但在細節上有不少差異。比如在款榜上作為第三天晨儀的 “禮斗”，並未獨立進行；“小幽” 在款榜上是第一天夜儀，實際上卻是第二天夜儀，等等。雖然有這樣一些不盡一致之處，但項目的大綱還是反映了事實。我們可以發現，款榜揭示了醮事禮儀所要體觀的觀念。

與款榜同時發佈的還有展示幽魂的 “幽榜”，由於榜文與林村鄉醮事中的 “幽榜” 相同，故而從略。

（四）晚朝・禮懺

下午四時三十七分，開榜 “掛紅” 之後，舉行晚朝巡迴。重返三清壇，禮懺。這時，並獻午朝的 “星主紫微宮” 表文一函和晚朝的 “南方大德宮” 表文一函。五時二十分結束。

（五）禮懺・小幽

晚八時五十五分，宣讀禮懺文。九時二十分結束。至此，《三元寶懺》第二卷全部念完。

從九時三十六分起，舉行 “小幽” 禮。人們把 “小幽” 禮要用的 “賣雜貨” 和 “判官” 兩組木偶，從大士棚中搬出來，在祠堂村西北第一幡前設立一個 “小幽” 場地。

首先，將木偶並立於路旁，在它們前不遠處設一儀桌。木偶與儀桌間有土筐，土筐兩側鋪著稻草。一名道士坐在儀桌前，緣

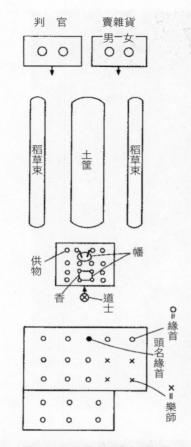

圖 77　龍躍頭建醮小幽配置圖

首跟隨其後。樂師佔據著緣首席的一角。

　　道士將儀桌前打掃乾淨後，站立念誦經文，接著坐下念誦。二十分鐘後，緣首在土筐和稻草束上插上小燭。道士從儀桌上的香爐裡取出香，來回揮舞。又從斗裡拔出旗幡，揮舞。此時，緣首在稻草束上放置財寶（紙錢），接著把儀桌上的米飯撒向土筐和稻草束，隨之點燃寶財，和稻草一起焚化。

　　晚十時十分，焚化結束。在這裡，省略了林村鄉醮事中表演"兩判官""賣雜貨"時道士的問答。由於這種對話是一種稍帶藝

照片 145　龍躍頭建醮小幽一

照片 146　龍躍頭建醮小幽二：兩判官與賣雜貨的

術味的娛樂禮儀，所以可以省略。這樣一來，小幽就被當作一次小規模的孤魂超度。根據前述蔡伯勵的占卜，超幽是選擇每天的一個吉時進行的，因此，按原來的規定，小幽也許應該是每天舉行的，但實際上，只有一次"小幽"和最後一天的"大幽"。這也可以說是一種簡略化。太平清醮本來是在發生災害時，超度那些作為災害根源的孤魂幽鬼的行動，肯定是每晚都要舉行的。最後一天的"大幽"也具有這層意思。在這個意義上，雖然"小幽"目前已呈一定程度的形式化，但仍反映出它以前確實是一項非常主要的儀式。"小幽"位於"迎聖"禮之前，也說明這項儀式的不同尋常。

（六）迎聖

當天深夜，舉行"迎聖"禮。這一儀式與林村鄉類似儀式完全不同。

晚十時二十分，開始設立場地。醮壇儀桌外、院子石階下，搭起"迓聖牌門"，儀桌上放五具足。面對迎聖樓，在院子中央放五張圓桌，圓桌上再放椅子，插上黑傘，表示天蓋。這些是為迎接諸聖而設的高台。隨後，在五圓桌當中一桌的椅子上安置由三清壇搬進來的三清神位（太清天尊、上清天尊、玉清天尊）。右側圓桌前放置天后像，圓桌椅子上放置"北斗九皇宮表函"。三清神位左側圓桌前放置城隍像，邊上再放置諸神位牌板。右端圓桌外側配置一匹紅色功曹馬。

十時四十分開鑼。三名道士、十五名緣首面向迎聖樓，在儀桌前列隊。一名道士登上迎聖牌前椅子，宣讀意文。

讀畢，換上另一名道士，歌唱十分鐘。歌詞共六段：

1. 香煙浮蓋
仰瞻聖駕幸天衢，拜捧龍涎炷寶蓋。一落碧雲通紫闕，十分清氣溢

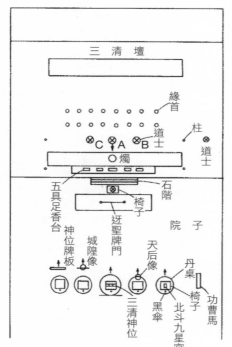

三　清　壇

緣首

道士

柱
道士

⊗C ↑A ⊗B
○燭

石階

五具足香台

椅子

逛聖牌門

院　子

神位牌板

城隍像

天后像

丹桌

椅子

功曹馬

黑傘

北斗九星宮表函

三清神位

圖 78　龍躍頭建醮迎聖配置圖一

照片 147　龍躍頭建醮迎聖一：超度意文

丹墀。

花凝縹緲香風軟，簾捲氤氳玉漏遲。午夜月明天似洗，攜回滿袖退
朝時。

2. 四景奇花

上林異世幸非常，採進華廷獻帝王。園外碧桃呈國色，月中丹桂噴
天香。

英蓉芍藥邀含笑，茉莉荼蘼對海棠。玉屑金馨非滿殿，紅紅白白錦
聯芳。

3. 羅浮佳品

名園妙果產奇珍，獨數仙桃迥異塵。談客楊梅紅錯落，讓兄梨棗紫
深沉。

笑妃丹荔千秋錦，懷績枇杷滿樹金。上元燈月開春宴，猶有傳柑遺
小君。

4. 火棗交梨

園中仙桃，千年一度開花；洞裡蟠桃，萬載一回結實。

神仙苑內卻非人世栽培，王母宮中曾與眾真得道。

特不遇分將面造，今辰捧出獻高明。

5. 百寶羹湯

上苑春傳百草先，仁風應散紫牙籤。煎分寶鼎金丹火，泉汲清江白
玉蟾。

素乳沸來湯潑雪，香雲展破月磨鐮。調和八味呈丹闕，願格微誠下
九天。

6. 九醖涼漿

香飄馥鬱水濃濃，麥麵陶成造化工。甕底有天長醉夜，杖頭無日不
春風。

杯中竹葉流丹腑，一朵桃花上面容。近侍傳宣來紫禁，天顏有喜賜
黃封。

（禮生白：“六貢凡儀，以遂雲周，各帝掛紅，通神拜跪。叩首、叩

首、三叩首。興，平身，退位。"）

　　唱畢，撤去迓聖牌，在置有三清牌位的圓桌前，並排放上幾個方桌，桌上用白布遮蔽，作成"法橋"狀。

　　一名道士、十五名緣首，來到北斗九皇宮表函前，排成以

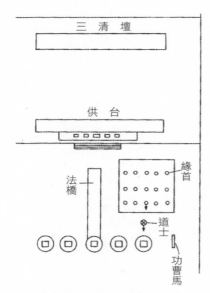

圖 79　龍躍頭建醮迎聖配置圖二

照片 148　龍躍頭建醮迎聖二：法橋

道士為首的隊形。跪坐行拜禮。道士宣讀致九皇的表文，讀畢，取雞冠血調酒，舉行“開光掛紅”禮，給表文點朱。隨後，將表文繫於功曹馬上，給馬點朱後一起焚化。迎聖禮至此用了一小時左右。

休息五分鐘後，於十一時四十五分，繼續進行。

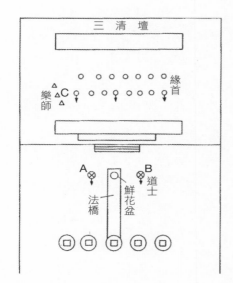

圖 80　龍躍頭建醮迎聖配置圖三

照片 149　龍躍頭建醮迎聖三：散花

兩名道士登上法橋兩側，其中一名手持拂子作為禮生，另一名坐在椅上。緣首分兩列橫隊排在儀桌後。

禮生道士與樂隊中的鼓手演唱問答體歌詞。鼓手根據科書應答。

然後，道士從法橋上取一盆，來到緣首佇列前，將盆內的花遞給眾緣首，緣首各隨己願往盆裡施捨金錢（十港元左右）。道士向儀桌行拜禮。

接著，另一名道士把中央圓桌上的三清神位從法橋上滑向三清壇原位。天后像、諸神位牌，以及城隍像等，也用同樣方法復歸原位。午夜十二時正，禮儀結束。

如上所說，這一"迎聖"禮缺少林村鄉"迎聖"中對玉帝的"肅衣整冠"與"三跪三叩首"禮。意文、表文照理應該是奉呈玉皇和三清的，而在這裡卻奉呈於北斗九皇宮。看來龍躍頭醮事已將"迎聖""禮斗"二禮合一了。散花、請神回位二禮，雖在形式上相同於林村鄉，但已被簡略化。

四、建醮第三天的禮儀

這一天為正禮的結束日，除進行三朝、禮懺外，還有"頒赦""放生"禮，夜間在外壇進行"大幽"禮。

（一）早朝·禮懺

上午八時三十分，早朝巡迴後，在三清壇向"北極伏魔宮"呈表文一函。讀禮懺第三卷。上午十一時，禮畢。

（二）午朝·禮懺

中午十二時二十分，先到三清殿禮懺，向"太清仙境宮"呈表文一函。隨後在十二時三十五分出發午朝巡迴，下午一時歸壇。

（三）晚朝・禮懺

緊接上禮，下午一時零五分，在三清壇禮懺。向"寶華兜率宮"呈表文一函。一時二十分結束。至此，《三元寶懺》全部讀完。

晚朝巡迴在以下"走赦書""放生"結束後的下午四時十分進行。晚朝最後進行"謝幡"。

（四）頒赦（走文書）

午朝結束後略作修整，下午二時十五分開始"頒赦"（走文書）。

先在張天師壇前安置彩色大功曹馬。一名道士跟著緣首至壇前行拜禮，道士宣讀意文。

意文讀畢，一名年輕居民扛起功曹馬，向祠堂右側的東閣圍方向奔去。圍繞五圍六村奔跑，大約二十分鐘後回到祠堂，此

照片 150　龍躍頭建醮頒赦一：功曹馬

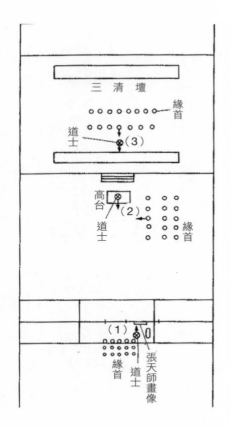

圖 81 龍躍頭建醮頒赦配置圖

時為下午二時四十七分。經過這番經歷，功曹馬已經破損，只剩下框架了。本來緣首也應該要陪著一起奔，但因為年輕人速度太快，所以改為全部在祠堂等候。

下午二時五十分，祠堂醮壇前的台階下擺放方桌一張，上置椅子，一名道士端坐，面向祠堂外，念誦赦書。在此期間，其他道士在儀桌前抓雞噴水。赦書念畢，到桌前取雞冠血為赦書開光掛紅。這時，緣首也移到桌前，站在道士之後。開光掛紅結束，將赦書和放在院子高台一側的功曹馬（只剩下竹製的框架）一起焚化。道士手持笏板，和緣首一起駐足凝視。然後取令牌，向四方噴水。三時二十五分，儀式結束。

照片 151　龍躍頭建醮頒赦二：赦書

（五）放生

下午三時三十五分，行"放生"禮。經祠堂左側通道，過老圍，設一放生場。路旁設供桌，桌前放鳥籠。一名道士和緣首一起排成兩列橫隊，至儀桌後站齊。

道士宣讀"放生科"和意文。約十五分鐘後，道士取鳥籠，添水撒米。接著把鳥籠交給頭名緣首，到路旁叢林中，釋放籠中之鳥。其他緣首叩頭送別。三時五十分，儀式結束。

以上，就成就了建醮的功德。

（六）大幽

晚八時四十二分，開始"大幽"。道士、緣首先至三清殿集合，在此之前已搬走了三清殿內的儀桌。三名道士跟著緣首向祭壇上的三清畫像行拜禮。邊上安置用於"大幽"的紅簾。奏樂、念誦約三十分鐘，結束時為九時十分。八時二十五分時，把紅簾搬至祠堂前靠近第一幡的大幽場地。

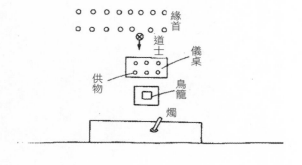

圖 82　龍躍頭建醮放生配置圖

照片 152　龍躍頭建醮放生

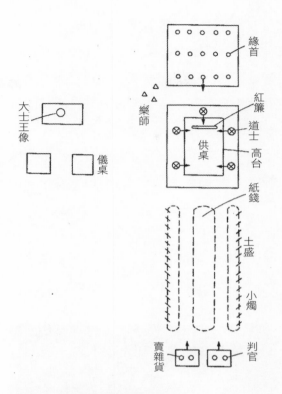

緣首

紅簾
道士 高台
供桌

紙錢

土盛

小燭

賣雜貨 判官

大士王像

儀桌

樂師

圖 83　龍躍頭建醮大幽配置圖

照片 153　龍躍頭建醮大幽一

場地內主要有和大士王像並排的道士團所坐高台，高台對面有小幽木偶（"兩判官"和"賣雜貨"），小幽木偶前有兩列土堆，插了兩排小蠟燭，其間散佈和堆積了大量紙錢。高台斜後方是樂師席，再後面就是緣首席，鋪著蓆子。高台儀桌上有米飯、水果等許多供品，豎著紅簾。

九時四十分，結束了三清壇念誦的道士團跟著緣首來到大幽場地。先全體向大士王像行拜禮，接著道士團往高台、緣首往後面的席上落座。

高功念誦"普施科"，宣讀緣首名，結印咒，行超度孤魂之禮。念誦需時一小時，晚十一時十五分結束。緣首把大士王像搬往土堆前，點燃小蠟燭和紙錢堆。

照片 154　龍躍頭建醮大幽二：大士王

三名道士對著火堆念誦，待火漸滅，向火堆撒米飯和儀桌上的所有供品。

此時，放倒第一幡以下的所有幡竹。

接著到大士王像處，把大士王像的方向從西北轉向東南。這是瞭望四方之狀。再把小幽木偶投入土堆間的火中焚化。最後是將大士王像在原位點火，焚化。近午夜的十一時四十分結束。

至此，"大幽"這一建醮最重要的活動全部完成，鄉民從齋食起就不再參與。

五、建醮後一天的禮儀

這一天，舉行"送神""回位""扒船"禮。

（一）送神

建醮期間，為奉迎天后以下諸神，感謝其助力，要舉行"酬神"禮。

上午十時四十分，一名道士跟著緣首拜神棚。此時，大部分緣首都脫去長衫，以常服參拜。

上午十時五十分，祠堂門外堆起城隍像、迓聖牌門、大榜、款榜、幽榜等祭祀所用紙品（此時三清壇的畫像已經搬出）。在此之前，設儀桌，供金豬，一名道士跟著緣首誦經。

十一時，堆起意文、意亭，點火，焚化全部祭器。"酬神"禮畢，眾神都享用了金豬，接受了"酬勞"。

晚九時，神棚前許多鄉民來參拜，供金豬，再拿回，意思是眾神飽食金豬後就歸位。在大約一個半小時期間，奉供金豬的鄉民數量眾多，都是在神棚跪拜然後退回。九時五十五起三清殿開始撤去。

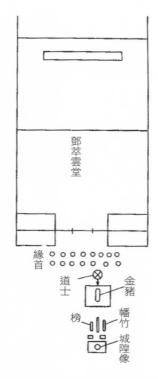

鄧萃雲堂

緣首　○○○○○○○
　　　○○○○○○

道士　⊗　金豬

榜　▮▮　幡竹

　　　▭　城隍像

圖 84　龍躍頭建醮送神配置圖

照片 155　龍躍頭建醮酬神

（二）送神回位

上午十一時三十五分，把天后像從神棚搬入天后廟內“回位”。神位牌板也搬入天后廟，安置於壇前（以後保管在祠堂內神龕下）。以上在音樂伴奏下由一名道士和緣首完成。

（三）拉鴨扒船

以拿著紙船和紙馬的少年（分別稱為“船仔”“馬仔”）為中心，一名道士、十五名緣首和幾名村民（其中兩人拿著頒符）組隊，繞五圍六村的各戶鄧姓，用船接收各戶的垃圾，按符行走。下午一時四十七分出發。

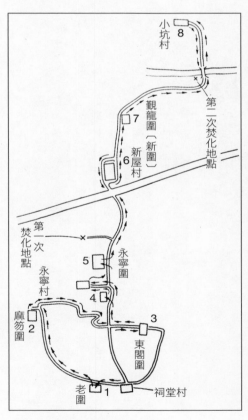

圖 85　龍躍頭建醮送神巡路圖

順序與"迎神"時相反：（1）老圍、祠堂村→（2）麻笏圍→（3）東閣圍→（4）永寧村→（5）永寧圍→（6）新屋村→（7）新圍（觀龍圍）→（8）小坑村。

　　因為紙船很小，接收的垃圾（雞鴨毛、豆子等）有限，只能倒入筐裡。各戶把垃圾倒入紙船時，少年行祝儀。過了永寧圍後，把筐中的垃圾焚化。到最後一站小坑村時，扒船結束，回程時在橋旁把紙船焚化。下午五時四十分，儀式結束。全程大約需

照片 156　龍躍頭建醮拉鴨扒船

要四個小時。林村鄉的扒船只在全鄉二十三村中的四個本地人村子裡巡迴，與此相反，龍躍頭則無差別地涉及全村各戶，反映了該禮的本來樣態。

至此，以道士為中心的禮儀全部結束。

第三節　祭祀演劇

在醮事日程表上，演劇的演出自建醮前一天晚起，至第三天晚止，共進行三天四夜。1983年龍躍頭建醮的粵劇演出，由威寶劇團擔任。（劇碼見表46）

表46　1983年龍躍頭建醮粵劇劇碼表

日期（農曆）	日場	夜場
十月二十三日		《賀壽大送子》《王昭君》
十月二十四日	《雙龍丹鳳霸皇都》	《金釵引鳳凰》
十月二十五日	《賀壽大送子》《旗開得勝凱旋還》	《香羅塚》
十月二十六日	《征袍還金粉》	《一代天嬌》

從劇碼安排可知，日場劇目皆為武戲，夜場劇目皆為文戲，整個劇碼安排以女性觀眾喜愛的才子佳人戲為重點。不過，日場集中演出武戲這一點，卻保留了古老的村落演劇傳統。

在龍躍頭的演劇演出活動中，應該特別指出的是，在第一天夜場開始之前，要演一個帶有驅除劇場災厄意義的禮儀性節目《白虎》。這個節目，是粵劇團在其從未進行過演出的地方，首次搭棚開演之時，為淨戲棚而進行的"淨棚"儀式。以往龍躍頭建醮時，總是表演木偶劇，即所謂"木頭公仔戲"，由演員演出"大戲"還是從1983年開始的。因此，搭建在天后廟前的戲棚，是當地的第一個戲棚，粵劇團就有必要"淨棚"。如果懈怠了"淨棚"禮,據信演出中就會發生事故（武打時會被刀劍砍傷等），這種禁忌,並不僅限於粵劇團,福建系潮劇和海陸豐劇劇團也存在,而且不管是新戲棚還是舊戲棚,每逢開演都要舉行"淨棚"禮。不過,由於粵劇只限於新棚（即從未有過戲棚的地方首次搭起的戲棚）開演之前,所以現在在香港上演的機會非常少。

《白虎》的演出過程如下：

十月二十三日晚七時五十分,開鑼。戲台中央置桌、椅,一名武生裝扮"財神"（冠盔、黑袍、藍鎧、白面,眼圈勾紅、長髯）,右手握劍,從戲台左側來到戲台中央,表演武功。顯露幾次揮劍身段後,從台正中的坐椅中躍上桌子,站穩亮相。

稍停片刻,身穿黃色虎裝的白虎從台左登場,白虎之"白"意為五行中之西方,與青龍相對。白虎在桌下來回爬,桌上的財神右手高舉寶劍,俯視白虎的行動。正當白虎從台左向台右移動的時候,財神從桌上飛身而下。此時,白虎後足豎起,撲襲財神。財神揮劍應戰,白虎又返身從台右向台左回撲。格斗幾個回合之後,財神騎上虎背,用鎖捆縛住白虎,從台右側退場。

照片 157　龍躍頭建醮粵劇《白虎》一

照片 158　龍躍頭建醮粵劇《白虎》二

照片 159A　龍躍頭建醮粵劇《白虎》三

照片 159B　龍躍頭建醮粵劇《白虎》四

上述演出時，制服白虎的武生，粵劇稱之為"財神"，潮州劇"淨棚"中降鬼的則是李世民，或田都元帥（又稱"田公元帥"），海陸豐劇"淨棚"中則是"鍾馗"。從粵劇中"淨棚"的武生扮相來看，與鍾馗相似，因此，與其稱他為"財神"倒不如把他看成是鎮鬼的"鍾馗"更貼切。白虎雖被認為是土地的精靈，實際上卻象徵著來自西方的幽鬼。這個節目是想演成鎮撫幽鬼和惡鬼的鍾馗戲。

第四節　小結

綜合以上論述，這裡對序論中提出的相關問題作一總結。

（一）關於單姓複村龍躍頭祭祀組織的結構問題，可以發現它具有兩個特點。

第一，龍躍頭十年例醮祭祀組織的正式成員，據意文和榜文的名單記載，其範圍只限於鄧姓，所有外姓都未包含在內。在前述林村鄉建醮意文、榜文中，對各村宗族成員以外的外姓成員，只要在此居住了十年，就允許附記於各村宗族的排名之後，而龍躍頭卻排斥了一切外姓。由於外姓佔全部人口的百分之十左右，所以，排除外姓的祭祀組織，與其說是村落組織，還不如說實質上是一個同姓同族組織。僅此一點，就說明單姓村落祭祀比宗族聯合祭祀，更集中地發揮了宗族的組織功能。

然而，第二，我們應該同時注意到，龍躍頭意文、榜文所記載的鄧姓家族，絕沒有包含村內全部鄧姓。如前所述，1960 年至 1968 年，龍躍頭有二百六十戶、二千五百人。近年雖有減少的傾向，但應該不會低於此數的一半。可是在意文和榜文中，作為醮信記載的鄧姓只有一百零五戶、八百七十一人，還不到鄧姓全部戶口的百分之五十。這說明了什麼？詳細的調查當然無法進行，有一點卻可以看出，在構成龍躍頭十一村的五房鄧姓中，支撐著建醮祭祀的，只有龍岡祖直系的長子宗仁房、第五子宗智房及末子宗和房三派，另二房或全然不參與，或最多只是部分參與。這就是說，居住在鄰近祠堂的老圍、祠堂村、永寧圍、永寧村、麻笏圍、麻笏村中的龍岡祖宗仁房、宗和房等與始祖相近的世代，組成了公產經營和祭祀組織的核心，而新圍（宗智的子孫）、新屋（宗和的子孫）、小坑（修德系的支派）等村，因為自清朝中、後期起就從老村分化了出來，他們與這個祭祀組織的關係，就變得相當疏遠。可見，即使是單姓村落，只要聚落分散成複村，那麼無論如何，也會在祭祀組織中出現核心集團與邊緣集團的分極現象。反過來說，正因為內部發生了分裂，才會進行分村。總之，核心集團一般情況下都掌握著公產，如龍躍頭的宗仁派、宗和派，都各自擁有祖產。在這種條件下，一旦發生分極化，勢必使宗族中樞對末梢的控制有所鬆弛。龍躍頭建醮意文及榜文中的醮信名單，原為一百零五戶、八百七十一人，如果把一百零五名戶主當作首領，把他們的家屬掛在戶主名下，形成一百零五個集團，這本來已經足夠了，現在，還要再把其中的四百三十八名丁男全部標明為戶主，家屬姓名也重複登記在各個丁男名下，於是變成了四百三十八個集團。結果，排名總數達四千名，超出了實際數據五倍。掌握祭祀核心權力的集團（宗仁房、宗和房），把本派的丁男（包括年幼者）全部獨立排名，以尋求上天護祐，這一形式可以理解為是出自一種以丁男為中心的宗族主義觀念。然而，不僅是丁男名，繫屬其下的家屬名也被全部重複登錄，這就過於浮誇了，其意圖顯然是為了炫耀本派的勢力。這也從反面預示了宗族中樞控制能力的限度。

由此可見，龍躍頭鄉宗族的控制，雖然以祠堂和公產為中心被強有力地維持著，但因為全鄉分散成十一個村落，所以實際上，就在邊緣和新村地區出現了宗族的失控點。

（二）關於祭祀禮儀的構成問題，同樣表現出了單姓村落的特徵。

　　首先，作為建醮禮儀中心場所的醮壇，被設置於祠堂內，這一點就是單姓村落特有的形態。由於建醮祭祀本來是為淨化村落（地緣組織）所轄地區的，故社稷和土神應該成為主角，神棚內理應奉迎這類"外神"。祖先是"內神"，與建醮祭祀沒有直接的關係。以龍躍頭建醮而言，應該以外神天后廟為中心設置醮場，神棚、醮壇等應該搭建在天后廟門前，同時，神棚內奉迎的也應該是各村全部土神。林村鄉就遵守了這一規則（參見第二篇第二章第二節）。可是在龍躍頭，中心場地並不是天后廟，而是鄧氏祠堂"萃雲堂"。作為祀神禮儀中心的神棚，設於祠堂外庭，而且不奉迎除天后以外的其他土神神位，相反，卻奉祀一塊以鄧氏祖先神位"南陽堂上鄧氏歷代宗先之神位"為中心的土地神位牌。在這裡，內神是主角，外神則成了配角。其他作為道士團主持的禮儀場所醮壇（三清殿），也設在祠堂內陣，與宗族的祀祖祭祀相類似。祠堂入口處的對聯是"西竺誦檠經六祖降臨壇上座，龍山演粵劇天姬送子意中人"，這裡所謂"六祖"是雙關語，似乎是指禪宗六祖，同時，作為"天姬"的對詞，又可以看成在暗示龍躍頭的奠基者、鄧氏六世祖松嶺公。或者也可能指松嶺公之子龍岡公，加上他七個兒子中留在龍躍頭的五人（宗仁、宗禮、宗智、宗信、宗和），並把這六位遠祖比附為禪宗分派前的六祖禪師。由於對聯在這裡無論如何不可能涉及禪宗，所以這個"六祖"，肯定是指鄧氏的祖先。如果確是如此，那麼，即使在這裡，也是將內神充當為外神祭祀的主角。祭祀活動內神傾向之強烈，於此可見一斑。新界農村中單姓村落的建醮祭祀並不都在祠堂內進行。從這個意義上說，龍躍頭出現的這種與祠堂密不可分並且接近於內神祭祀的建醮形式，就是在易受宗族牽制的單姓村落祭祀中，也體現出了強烈的宗族主義傾向。

　　（三）在祭祀禮儀的組成上也表現出了宗族主義傾向。

例如，啟壇和啟人緣榜中，道士、緣首所進行的"肅衣整冠"儀式，就非常周到和完備。這種儀式，遵循著祠堂內春秋祀祖祭祀中的儒禮形式，給人留下了很深的印象；又把原先在深夜至凌晨舉行的"啟人緣榜"，改到正午至下午二時之間；屆時，在族人眾目環視之下，於祠堂內舉行道士、緣首間人緣榜的授受禮；又將展掛人緣榜的時間，與戲棚內演出《天姬送子》的時間吻合起來，使其類似祠堂內舉行婚禮那樣，當族人最為集中的時候，將宗教儀式推向高潮，表現出舉族同慶"添丁發財"的盛況。以上這些，都可以說是單姓宗族特有的宗族主義式的禮儀組合。而在某些場合，如深夜舉行的"迎聖"禮，作為宗教禮儀固然非常重要，但由於參加者不多，就省略了三叩頭之禮，將儀式簡化了。按照宗族的需要調節禮儀的繁簡，這就體現了一種現實的宗族主義。

至於禮儀的藝能性內容，一方面省略了野外"小幽"時"兩判官""賣雜貨者"與道士的問答，另一方面又保留了醮場（祠堂）內的"打武"。這同樣說明主持者是根據祠堂內觀眾較多這一條件來確定禮儀的省略與否。近年來，各個村落都富裕起來，建醮活動中也不再演木頭公仔戲而代之以大戲，農村日常文娛活動不斷增加，曾經取悅於農民的道教禮儀中的藝能部分，因而喪失了它的重要性，表現出逐步退化的傾向。"打武"的前景也是如此。在近年的醮事中，"打武"表演得越來越少（傳授這種高難技巧的老道士銳減也是一個原因）。在龍躍頭的醮事中，正因為以寬敞的祠堂為場地，而且人人都在宗族觀念下尊重傳統的道教禮儀，所以這種古老的"打武"儀式才有演出的機會。祭祀演劇中能演出《白虎》，也是同樣的道理。使這種古老的儀式、藝能得以演出的傳統環境和舊有的祭祀觀念，仍然保存在這一單姓村落中——這正是單姓宗族村落充滿保守性的特色。

第二章　粉嶺彭氏元宵洪朝祭祀

序節　粉嶺彭氏和三聖宮

　　與龍躍頭鄉相鄰的粉嶺彭氏的元宵祭祀組織，屬於單姓村落中的第二種類型（見本篇序章），即聚居於狹域的單姓複村類型，本章將考察這一祭祀組織及其禮儀和演劇。

　　主宰粉嶺圍村的彭氏宗族，是從中國北方經陸豐縣進入廣州東莞新安縣境內，然後又定居於粉嶺並在此經營發展的。這裡概述一下該族的沿革過程。

　　粉嶺位於廣東省深圳往南約六公里的新界地區。據 1960 年人口統計，人口為一千九百八十五人[1]。該村是被堅固的土牆包圍起來的一個圍郭村，由粉嶺正圍（粉嶺大圍）、粉嶺南圍、粉嶺北圍三部分組成。東面稍遠的粉嶺樓也是彭氏一個分支，有四百二十五人。以上人口均為彭姓，稱為粉嶺彭氏。西面還有兩個互為分離的村莊掃管埔和雞嶺，雖然不是彭姓村，但卻從屬粉嶺，與粉嶺處於合體關係中。

　　據 1898 年《駱克報告》的紀錄，粉嶺人口為一千二百人，都是本地人[2]。1911 年人口統計有所區分，其中粉嶺九百一十四人（男四百七十二人，女四百四十二人）；粉嶺樓九十一人（男四十六人，女四十五人）；掃管埔四十三人（男二十二人，女

1　*A Gazetteer of Place Names in Hong Kong, Kowloon and the New Territories* (Hong Kong Government Printer, 1960), P.209.

2　Census Reports in *Hong Kong Sessional Papers,* by P. P. J. Wodehouse 1911. TABLE XIX, Chinese Population of the New Territories by Villages, Sheung Shui District, p.103.

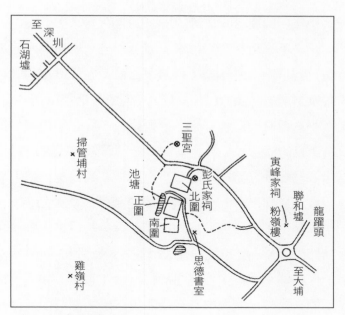

圖 86　粉嶺鄉村落圖

二十一人）[3]，合計一千零四十八人，比 1898 年減少，這也許是因為劃分粉嶺村範圍的方法有差異。總之，清末時已擁有一千一百人左右，從男女比例基本平衡這一點來看，可以說它是一個歷史悠久、安居樂業的大姓村落。

彭氏在上述統計中被當作本地人，彭氏也自稱本地人，正如前面（第一篇第一章）所述，彭氏是新界東部五大姓之一（另外四個是上水廖氏、龍躍頭鄧氏、河上鄉侯氏、新田文氏），但所謂"本地人"，並不是廣府系，反而像是舊時從福建潮州揭陽縣，經惠州陸豐縣到達新安現住地的福建系居民。以下可以根據族譜來考察其遷居過程。

3　*Report by Mr. Stewart Lockhart on the Extention of the Colony of Hong Kong,* Oct. 8th 1898, in Eastern No. 66, Colonial Office, 1900, Appendix No. 4, Sheung U Division, p.71.

據《粉嶺彭氏族譜》[4]記載，彭氏以商代賢大夫籛為其遠祖，由故地鄭縣南下。唐朝時居豫章、盧陵一帶，宋初嗣元公遷居袁州分宜縣。到了南宋延年公（稱為宋始祖）出任潮州刺史時，彭氏遂居於該州揭陽縣浦口村。到桂公一代時（延年以下第四世），該族由潮州遷至寶安縣粉壁嶺，定居至今。現在的粉嶺彭氏即是以桂公為始祖的第十九、二十、二十一代子孫。（見表 47）

如果我們根據族譜來追尋彭氏定居初期的情況，就可發現，始祖桂公剛到新界時，曾住在現在的龍躍頭（龍山山麓）。也許是在元末明初，鄧氏（即龍躍頭鄧氏）自東莞遷來，兩族相爭，龍山遂為鄧氏所奪，彭氏被迫遷居現在的粉嶺樓村[5]。到明萬曆年間，彭氏子孫繼續西移，在現在的粉壁嶺（粉嶺）營造圍牆，形成粉嶺正圍。當時，圍內建有正屋四十二幢，圍門面向西北，宗祠建於圍門之外，即今天的北圍。以後，祠宇倒塌，由十四世祖登朝公率先捐助，於道光二十六年（1846）在今地重建宗祠[6]。南宋時彭氏即來到此地這一過於遙遠的說法雖然不能輕信，但他們與龍躍頭鄧氏爭地失敗、西移，明萬曆年間於現地建圍的說法，由於是三百年前的事，所以還是比較可信的。不過，乾隆年間重修宋始祖到其以後三至四世祖的墓跡，大都是在康熙初年的"遷海令"撤銷後，再度入境重新佔據了這塊土地之後。舊傳說中也

4　《粉嶺彭氏族譜》抄本，香港大學馮平山圖書館藏，封面題"茂德建造澤猷家譜，丙寅年秋季重抄"。

5　據上引族譜記載，"宋始祖彭桂公，公乃澤公之次子、營公之孫也。字秀華，妻王氏，公以稼穡開基。始卜居新安龍山居焉。後因鄧姓由莞城而來。與祖為鄰，後龍山為鄧所僭。公之子孫，因徙居樓村。後子孫於萬曆年間復徙居於粉壁嶺，遂立田以居。圍內正屋四十二座，坐辰向戌兼乙辛。立祠於圍之北村。始亦辰山戌兼乙辛，分金之原。"

6　譜載："……後因祠宇頹塌，公之十四世孫國學生步進、倡率兄弟樂為捐助。於道光丙午年請地理。邑庠生鄧鳴韶復修祠宇，遂立辰山戌旁線之向。""十四世登朝公……諱步進，號梯雲，國學生。"

表47　粉嶺彭氏世系表

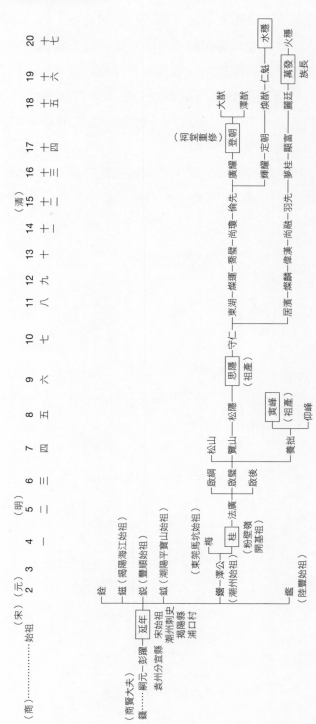

說，彭氏本來控制著偏北的上水，後受客家廖氏逼迫而南下，這
是當"遷海令"解除後，重新入境時發生的糾葛。總之，彭氏無
疑是比當地強宗龍躍頭鄧氏和上水廖氏更早進入該地、並佔有耕
地的一個宗族。只是因為彭氏在整個清代沒有出過舉人和進士，
故其勢力直到今天還受鄧氏、廖氏的壓制而難以伸展。作為一
個族群，彭氏長期以潮州為故地，福佬與客家兩要素可謂兼而
有之。

　　彭氏宗祠有建於北圍的彭氏總祠和彭氏家祠，大殿神龕內分
上、下七層供奉始祖桂公以降十六世代、八十八位祖先神牌。

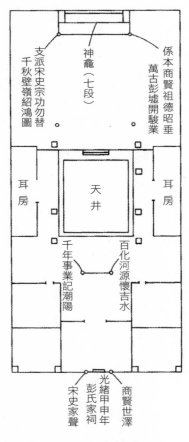

圖87　粉嶺北圍彭氏家祠平面圖

在南圍有思隱公派的家祠"思德書室",分上、下五層供祭明六世祖思隱公以降十六世祖先神牌[7]。

東面粉嶺樓另有寅峰家祠,分五層供祭同派十五世五十六位祖先神牌。祠堂入口處有"恩紀潮陽系鳳閣,春攢嶽秀獻龍樓"的對聯。粉嶺樓彭氏雖是粉嶺大圍彭氏的同族,但關係不太好,所以不參加大圍的建醮祭祀和元宵祭祀。作為祭祀組織,它屬另一個系統。

1980年,粉嶺舉行十年例醮時,該村建醮委員會發行的《粉嶺村十年一屆太平清醮特刊》,開列了彭氏近年來的族老、族長名單:

本圍近代族長任期:

彭興遠(十五世);

彭容福(十六世)1951年~1956年

彭萬發(十六世)1956年~1959年

彭火賢(十六世)1959年~1968年

彭廣全(十六世)1968年~1975年

彭嘉壽(十六世)1975年~1980年

以上六人中,只有萬發出現於前引世系表內。另外,1980年時,尚存的十六世裔孫,僅有嘉壽、根賢、日全、培壽四人。因此,目前彭氏少年、青年、壯年男子,集中在第十七、十八至二十一世代。

現在粉嶺圍人口也增加了,圍內舊屋大多改建成二層樓的新房,往日井然有序的圍郭村已逐漸消失。只是建於圍郭前的圍

---

7 (日)多賀秋五郎:《中國宗譜研究》下卷,55頁,其中,"思德"誤為"思隱"。

門，還保持著當年氣勢恢宏的風姿，堅固的牆郭上寫有一幅“前環鳳水，後擁龍山”的對聯。

　　儘管處在激烈動盪的環境中，變化在所難免，但舊時的傳統卻依然保存著。

　　把北帝、關帝、文帝三帝當作土地神祭祀的場所，稱為“三聖宮”。祭祀北帝，含有福佬系因素，祭祀文武二帝則含有客家系因素。因此，也可將彭氏視為一個兩系混合集團。

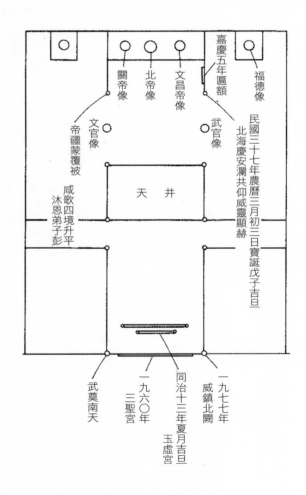

圖 88　粉嶺三聖宮平面圖

第一節　元宵三聖宮太平洪朝祭祀組織

每年農曆正月十五，粉嶺都要舉行元宵祭祀活動，名為“太平洪朝”。先概述作為這一祭祀活動中心的祭祀組織。

在農村，元宵祭祀一直受到普遍重視。一方面，它是一個預祝農事興旺的傳統儀式，對於宗族這個人群組織來說，它又是向神靈祈求保祐宗族增加人口（男子）和增長財富的機會。因為一般認為，從春節到元宵這一年中的最初幾周，是自然界萬物生長的起點，也是人類集團（宗族）生命繁衍的起點（基於古代人關於自然過程和人為過程互參的觀念體系）。在香港新界，特別是在擁有悠久歷史的宗族村落中，經常隆重舉行這類元宵祭祀活動。粉嶺彭氏的“太平洪朝”，即為其中之一。

以族長為中心的長老組織負責經營祭祀活動。祭祀所需費用共計兩萬港元（包括招聘歌劇團、道士團，搭建神棚、歌台，籌辦供品的費用），除了歌劇團的聘金一萬元屬捐款外，其他部分都由宗族（彭氏宗祠）公產支付。這筆祠產以六世祖思隱公的財產為基礎，經十四世祖登朝及其子大猷、澤猷兄弟努力，積聚成擁有百餘石租米的財團，稱為“思隱祖祠”。因為由祠產出資建造了“思德書室”，所以現在，祠產作為一個與“思德書室”同樣的組織被人經營。關於思隱公，《彭氏族譜》有如下記載：

> 六世祖思隱公，乃松隱之二子也。妻文氏生三子。……公之第九世孫，即開基祖之十四世孫國學生字登朝者，始權持嘗產，至租穀近百石而卒。及其子大猷、貢生澤猷兄弟繼父志，主持不倦，權至百餘石以備祭掃之需。後之眾孫咸多賴焉。祖之地形名“喝翡翠下潭”，每逢九月十五日，登墳拜掃。民國十二年謹擇九月十二日寅時重修。

"思德書室"至今猶存。與由祠產支付上述神功費用不同，由於"太平洪朝"時每丁分配一百元（粉嶺彭氏丁男為六百至七百名），所以為建歌台，每人即使只出十五元左右的捐款也足足有餘了。因此，太平洪朝的費用可以說全是由公產支付的。粉嶺彭氏之所以每年舉行大規模的元宵祭祀，不能不說是託福於這筆豐厚的公產。換言之，不通過個別的捐贈，而是由公產維持祭祀，這正是單姓村落祭祀的特徵。

再看居民代表"朝首"的選定。太平洪朝活動中，彭姓共有八名男子作為"朝首"與道士一起參加全部禮儀，"朝首"又稱"神頭"，根據彭氏已婚男性結婚登記的順序來任命。人數原先規定每年四名，隨著人口的增長，因擔心這一差事輪不過來，於是從 1978 年起增加到八名。如果在擔任神頭時遇到喪事或其他意外，就要令其退職。由於已婚者數目有兩百至兩百五十人，所以，即使每年只有八人當神頭，也要三十年才輪到一次。婚後三十年輪到一次，即使早婚者此時也已四十五歲以上，大部分人都五十多歲了。事實上，1983 年、1984 年兩次太平洪朝中，神頭幾乎都將近六十歲，四十歲左右的不過一至二人。一生中能輪到兩次的極少。在過去人口一千人、戶主約兩百人的時期，每年只有四人充當，按此推算，當時要五十年才輪到一次，據說只有到了古稀之年才能當上神頭，所以"朝首"被一致認為是高齡者的名譽職位。但是在彭氏宗族中，只要你在這裡出生、成家、定居，並健康長壽，就一定會成為朝首。這充分體現了彭氏的宗族平均主義和論資排輩思想。

第二節　祭祀日程‧場地‧祭祀禮儀

雖然委託廣州占卜家蔡伯勵決定祭祀日程，特別是"開燈"

的日期，但"開燈"日大多仍按慣例定在正月初八[8]。主要的禮儀有正月初八的"開燈"；正月十五的扒船、功德、發奏、啟榜；正月十六的問杯、劈沙羅等。正月十四、十五兩天夜裡，以往是在歌台唱"山歌"，現在只是在十六日凌晨朝首向神壇獻唱的"麻歌"中，才見到這一傳統的一點遺跡。

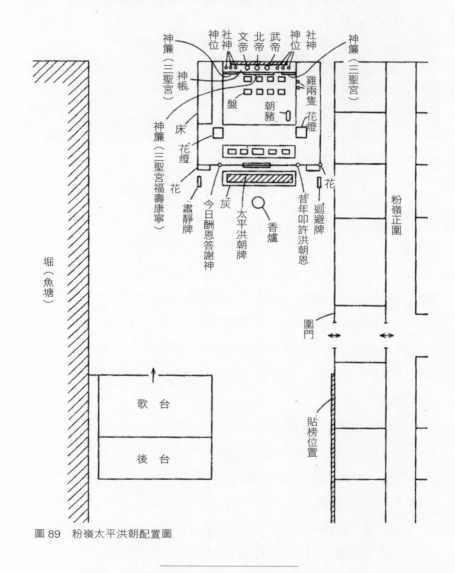

圖89　粉嶺太平洪朝配置圖

8　本書日文版有表66〈粉嶺彭氏太平洪朝日程表〉，略。

照片 160　粉嶺太平洪朝神棚、歌台遠景

　　在正月十五、十六的日程中，先舉行 "扒船" 禮，然後再進
行開壇、發奏、啟榜、迎神歸位等祀神禮，這就顛倒了原有的程
序。在長洲太平清醮、林村太平清醮和龍躍頭太平清醮中，"押
花船""拉鴨扒船" 都是在祀神禮結束之後，與 "頒符" 同時舉
行。因為按程序是要以祭畢眾神獲得功德之後，才能進行驅除污
穢的 "扒船""頒符" 禮的，所以，粉嶺彭氏的做法不能不說是
一個變例。

　　粉嶺正面圍門前廣場設有小型神棚和歌台，棚、台正面相
對，但不在一條直線上。歌詠活動本身並非出於敬神，主要是供
居民欣賞，神靈只是旁觀者而已。神棚內為奉迎三聖宮的北帝、
文帝、武帝三神像及社神群，設有神龕，龕前置一大供台和燭
台。其外側三排香爐並列，還配有圓形香爐。

　　神棚入口兩旁置有鮮花，供台兩頭上方高懸八面大花燈。花
燈的骨架由竹片製成，高一米左右，周圍貼彩紙。中心部在構成

照片 161　粉嶺太平洪朝神棚一

照片 162　粉嶺太平洪朝神棚二：三聖神座

對角線的橫竹上插一個大燈盞，周邊配四個小燈盞，合計五個。中央部是由四個大面、四個小面構成的八面體，大面上畫顯示吉祥的人物，內容有"五色祥雲集"和"祿官尚賜福"等。

神龕的後面垂掛一幅神帳，帳內的黑布上用金字書寫著北帝誕辰贊文，贊文題名為"恭祝鎮武玄天上帝千秋華壽序"，全文如下：

嘗思神之為靈，昭昭於天下也久矣。粵稽，北方鎮武玄天，上帝尊神也。五虛師相，金闕化身，受寶符於絳闕，垂教令於風霜。北極司機，百神受律，日月同臨，巡行宇宙。龜蛇秉法，掃蕩妖氛。戰水火以成功，祥映八方世界；帝元天而著德，恩覃十部閻浮。是則神之靈，固不離人，而人實賴神而為之憑依焉。自昔先人萃居鴉鵲萌鄉以來，建廟奉祀乎神也由來久矣。初建廟於圍之中，凡雨暘愆惑，災癘不祥，稽首告虔，祈禳輒應，吾鄉實叨阿護焉。迨乾隆辛酉歲□，圍前之右，常有火光焰耀，叟童婦女每夜輒見，僉曰是神靈赫奕也，意者其啟祐是地乎。因踴躍鳩工遷立於此。按其形勢，則坐東朝西，拱羅天山於前，枕梧桐嶺於後，左則龍樓聳崎，右則旗鼓懸佈；更有綺岫雲峰，屏藪羅列，成為仙室。神居，神人共樂人所也。我鄉動展，荷蒙於帝力，營為多賴乎神功；沐恩靡涯，被德不淺。□化育於無窮，極形容而莫盡，而歌功頌德之餘，恆思有以報之，但自愧下土凡庸，塵囂末品，安能躋玉座之旁，進南山之祝。況乎神之德又豈區區者所能報哉？然念方今聖天子封川祭嶽，沈璧瘞幣，陵谷百神，固有歲隆報功之典者，惟茲士民，寧不可辦香勺水，攄悃抒忱，仰酬廣大於萬□也。而且醮事十年而一舉，朝真每歲以修行一過，恭迎帝駕蹕，篲地潔塵，猶虞鄙陋難將。對越之誠，念是每歲暮春三日為上帝嵩辰聖誕，闔境長幼藉向製錦，以介壽補觴，聿成先緒。俾舒斯向斯，高曾之敝廬無恙。一丘一壑，孫子之釣弋依□。是以撫茲舊遺神帳，歷年久遠，不無塵封殘缺之感，不有維持更新之，何以對先世而無慚，仰神靈而無愧也。爰集眾信，起而議

照片 163　粉嶺太平洪朝神棚花燈

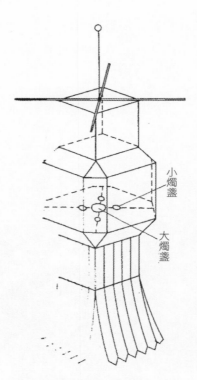

小燭盞

大燭盞

圖 90　粉嶺太平洪朝神棚花燈圖

之，唱而隨之，各展其議，各獻其忱，隨緣樂助，勷茲美舉，而神帳又為之一新，庶世世孫孫相引於勿替矣，是為序。

　　沐恩弟子：彭汝球、彭蒦權……（以下彭氏八十七人名略）

　　據此可知，粉嶺彭氏雖然已向北帝兩次奉祀（十年一屆的太平清醮和一年一屆的元宵太平洪朝），但在聖天子準備地域神祀典時（也許是在清嘉慶以後），還於農曆三月初三的北帝誕辰之日舉行一次祭祀，神帳可能就作於此時。上引贊文就是 1960 年重作神帳時所修"壽序"，現在，每逢太平清醮和太平洪朝，都還在用它作為神棚的背景。北帝、天后、洪聖這類宗族外神的誕辰祭祀向來十分隆重，在農祭（元宵和秋祭）中，宗族內神為主角、外神（包括社神）轉而為配角的情況也很常見，但在這裡，北帝卻直接佔據了宗族祭祀的主角位置。宗族與社神處於兩位一體的關係中，這也許是宗族從村落游離出來以前的古老形態的一種殘餘，也有可能是因彭氏宗族固執地保存了海陸豐系北帝信仰

照片 164　粉嶺洪朝歌台

的緣故。總之，元宵祭祀中幾乎不涉及宗祠，而專祀社神，這種特殊形式值得人們注意。（下文將要提到，通常在宗祠中舉行的新丁登記禮，在這裡也改向北帝進行。）

祭禮開始之前，諸神的神像與神位被迎入並安置於神龕，前面垂下三張神簾。中央記"三聖宮、福壽康寧"，左、右各寫"三聖宮"。正月十五以前，神簾每天早上打張，夜裡關閉。

歌台相當簡單，不作裝飾，無前台、後台之別，演唱者在後面妝扮。

歌台後方有食物售貨亭或賭博台，雖然被允許的只有麻將，但其實對賭博是默許的。

以下，是由道士團主持進行的各項祭禮。

一、洪朝第一天的禮儀

農曆正月八日，舉行"開燈""迎神""新丁登記"（拜神）和"晚參"四禮。

（一）開燈

朝首點燃神棚內的兩個大花燈。先將掛著的花燈放下，然後給五個燈盞注油，點燃後，再把燈升到原來的位置。

（二）迎神

下午二時，在神棚奉迎眾神。迎神隊伍有兩支，一支赴三聖宮，除迎接北帝、文昌帝、關聖帝三神外，還迎宮內諸神神位。另一支赴圍內外，迎接散居於各處的社神、伯公神位。每支隊伍都有四名朝首和一名道士。

眾神共七十三位，從玉皇級大神到伯公級小神，包括了域內一切神。其中有大慈大悲觀音菩薩、北方鎮武玄天上帝、忠義仁勇關聖帝君、九天開化文昌帝君（以上為三聖）、都天致富財帛星君、都天太后聖母元君、南海廣利洪聖大王、南昌五福車公元帥、敕賜五顯華光大帝、天地水陽四界高真、日宮太陽炎光星君、月府太陰素曜夫人、銀河二十八宿星君、上元一品天官大帝、中元二品地官大帝、下元三品水官大帝（以上為三元三官大帝）、今庚太歲致德尊神、北斗七元解厄星君、南斗錄賜延壽星君、敕賜惠濟龍母娘娘、今庚主照本命元辰、加封護國天后元君、九天應元雷聲普化天尊、中天星主紫微長生大帝、南極注生保德大帝、注福注祿注壽三位星君、昊天金闕玉皇大帝、勾陳星官天皇大帝、金花普主惠福夫人、門丞戶尉井灶神君、金木水火土德星君、東方甲乙木德星君、南方丙丁火德星君、西方庚辛金德星君、北方壬癸水德星君、中央戊己土德星君、年月招財和合童子、日月進寶利市仙官、本境護鄉社稷大王、敕賜助法楊侯大將、馬鞍山上望海大王、水㕔山上行雨大王、大帽山上蹉跎大王、梧桐山上發龍大王、各處山河列位大王、敕賜茅洲流水大王、牛潭山上七宮仙娘、各處山頭土地列位福神、開山宿老久住威人、神麓后稷種穀先師、牛皇元主六畜神君、各家香火老幼元辰、展界恩主周王二院、五方解穢童子吏兵、虛空過往無邊眾聖、昔許今酬領願典者靈官、古今前傳後教祖本宗師、前來鑒願諸會冥神、護壇土主興旺福神、護村社稷感應大王（大王爺）、護圍土主福德正神（圍門公）、新井泉地脈龍神（圍內井仔）、南邊村井泉地脈龍神、南邊村護村土地正直尊神、北邊村護村土地正直尊神、北邊村井泉地脈龍神、牛路口地主正直尊神（十字路）、本山土地正直尊神（小朗口）、護廟土生福德門官土生正神、本廟護民關平護民周倉大將、峰崗村社稷感應大王（掃管埔村）、峰崗村新社稷感應大王（掃管埔村）、峰崗村護村土地正直尊神（掃管埔村）等等。

"馬鞍山上望海大王"以下諸神，都是分散在附近各山，以及粉嶺正圍、北圍、南圍內外和掃管埔村的地域神。從迎請對象

甚至包括井神、門神、路神這一點來看，周到程度超過了十年建
醮，然而宗祠的歷代祖先神位卻被排除在外（建醮祭祀包括了祖
先神）。因此，太平洪朝可說是一次標準的外神祭祀。

（三）新丁登記（拜神）

年內（去年元宵後至今年元宵前）有男孩出生的家庭，必須
在這一天到神前報告新丁誕生，感謝神靈的恩典。廟祝登記新丁
姓名，不在者由最近的親屬代為登記。經過登記的新丁，即取得
接受宗祠祠產分配的資格。

另外，年內結婚成家的丁男也要到神前登記。這一禮節除
了具有決定朝首輪次的作用外，還包括求神賜丁的意義。由此可
見，太平洪朝祭祀的目的，是宗族的添丁。

（四）晚參

下午五時，以三名道士為先導，八名朝首向神棚禮拜。晚八
時，花燈熄，神簾閉，全天禮儀結束。

二、洪朝第二天至第七天的禮儀

農曆正月初九到十四日，每天上午"開燈"，下午"拜神"。

（一）開燈

中午十一時，打開神簾。一名道士、八名朝首，拜禮。降花
燈，添油，點燈。

（二）晚朝

下午五時，一名道士、八名朝首，拜禮。

（三）新丁・新婚丁拜神

接受新丁、新婚丁的拜神登記。

每夜八時左右，花燈油燃盡、燈滅後，降下神簾。在神棚再次接受新丁、新婚丁的拜神登記。

三、洪朝第八日（元宵正日）的禮儀

農曆正月十五，從早到晚，根據日程安排，舉行多種活動。以下是 1983 年正月十五、十六兩日的禮儀。

（一）頒符

上午八時，把神棚中準備好的四種咒符（居室用、入口用、廚房用、家畜欄圈用），向正圍、北圍、南圍、掃管埔頒發。數名男子將預備給各地區的配額匯聚起來，統一搬運。咒符已由道士在前一天處理完畢。

（二）拜神

上午九時四十五分，一名道士、八名朝首，在神棚外鋪草蓆行拜禮。神帳從早朝開始開帳。約五分鐘結束。

（三）放雞毛

九時五十分，從神棚內大供桌下綁著的雞中抓出一隻拔毛。登上圍門二樓，從圍門樓正面的圓形窗向外撒雞毛。等在門外的人們爭奪飄下的雞毛。這些雞毛在稍後進行的 "扒船" 儀式上各戶將作為不潔物放到紙船中。

（四）扒船（花船遣送）

中午十二時三十分，"扒船" 開始。這是與長洲 "遣船"、林村、龍躍頭十年建醮的 "拉鴨扒船" 性質相同的儀式。抬著紙船

照片 165　粉嶺洪朝放雞毛（粉嶺圍門）

的隊伍巡遊各戶，各戶將預先準備的雞毛、火炭、麻豆、線香等物投入紙船、焚化。紙船船身尺寸較大，大約長一百五十釐米，高五十至六十釐米，寬五十釐米，塗成紅色，前立黃色煙囪，船頭還畫有船錨。隊伍由以下人員編成：一名少年執旗；二人打鑼；一人扛船；朝首七人；道士一人（便服）；拜年仔一人（少年，紅布纏頭，綠裙）；挑竹籠一人；其他（三聖宮廟祝等）。其中執旗、打鑼者為開路先導，其餘人負責主要活動。拜年仔在稍後進行的"祭煞""打武"時要用道士裝束，做驅趕惡兇的法官。

這個程序原來有三名道士跟隨，近年來改為一人，這說明法官形象本來是讓道士承擔的。各戶把不潔物投入紙船後，拜年仔從各戶門口和朝首一起入戶，對戶主致辭"恭喜發財"，並拜祖先神位及廚神。戶主向他們答謝紅包（現金）。拜年仔接收後與其他物品統一保管。

十二時三十分，道士進神棚，行"問杯"禮，得"吉"，組隊出發。

巡遊路線是進入粉嶺正圍的圍門，先走遍圍內各戶，離開圍門後，略作休整。

下午一時二十分，前往北圍村，先到宗祠前面拜古井，然後返回，繞北圍村，再巡遊南圍各戶。由於南圍村各戶居住分散，所以巡迴需要一小時左右，二時三十分，漸漸回到正圍的圍門前。小歇一會後，於二時四十五分，從圍門前尋小路前往掃管埔村。進入該村後，不遍遊各戶，而只巡遊主要幾戶，到達位於該村村外的焚燒地點。在那裡，道士把塗了黃色、上寫咒符的木柱打入空地，拴上紙船，以示投錨靠岸。將竹籠內的不潔物全部投入紙船，點火，焚化。下午三時，焚化畢，隊伍回到圍前。

如前所述，"扒船"禮應該是在全部祭祀儀禮結束、送走眾神之後，從十六日早上至下午進行的。而像現在這樣在儀禮開始前進行，也許是近代的一種變形。變形的理由，可能與高齡朝首

照片 166　粉嶺洪朝扒船一

照片 167　粉嶺洪朝扒船二：前往粉嶺大圍

照片 168　粉嶺洪朝扒船三：花船焚化

們體力的消耗程度有關。如 "扒船"，要遍遊粉嶺三圍和掃管埔
各地的每一家戶，是一場費時三小時的重體力勞動。如果照以前
那樣在儀禮終了後的十六日前進行，那麼，高齡朝首已經參加了
十五日一晚徹夜緊張的禮儀，體力有了極大消耗，還必須再忍受
三小時的苦行。本來，朝首還應該在開燈日（八日）以降到十五
日以前，不離神棚，徹夜輪班（現在改為聘請中年人輪值），若
再按傳統辦，到十六日以前體力肯定消耗殆盡（現在是十五日晚
一個通宵，已非昔日慣例）。因此，在近代生活環境下，如果不
簡化 "扒船" 活動本身和減輕朝首的負擔（在廈村，緣首不參加
太平清醮；在林村，對巡迴區域加以限制），事實上也已無實現
的可能，結果，就只能改在儀禮開始前朝首還不大疲勞的階段。
禮儀順序雖然發生了上述變化，但朝首巡遊全區和各戶這一活動
的圓滿性反而得到了保證。我們從粉嶺的 "扒船" 中可以看到舊
時的影子。

（五）發奏

從晚八時起，在神棚前安放發奏用的儀桌、功曹馬等，並設祭壇。

主壇上有一個盛米的圓斗，內插五凩幡、劍、牌、奏文（又稱關文）。斗前排列五個大燭台，中間為花燭，左右插有絹花。主壇前設有供桌，桌上有齋菜、飯、茶、酒，每種各排一列。主壇前設置騎紅色功曹馬的功曹使者紙像，供桌前鋪草蓆，邊上有樂師的坐席。

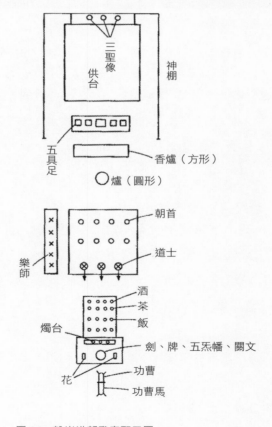

圖 91　粉嶺洪朝發奏配置圖

照片 169　粉嶺洪朝發奏

　　整個格局與林村鄉十年建醮 "發奏" 禮儀相同，雖然細節上略有差別，比如沒有用於淨手和肅衣整冠的水盂、鏡子，功曹馬也只有一匹等。神棚外，向三清以及天地水陽四府眾神發出奏文，請求光臨。

1. 啟壇

　　晚上八時，樂師開始吹奏 "六國封相" 曲，曲罷，八名朝首隨三名道士立於供桌前。高功持五雷牌和水盂，噴水，請解穢使者淨壇。給解穢使者的劄文現在已不用特地宣讀，但還保留著舊時的原形。劄文如下：

　　本壇照據廣東道廣州府新安縣第五都粉嶺圍，吉向居住奉道酬恩集福平安。

　　朝首△△等……偕合眾等即日虔誠百拜。上干……。拯以……今月是晚，法教眾師△△來於本圍，立壇修建混元酬恩集福朝筵法事。一宵。上奉高真，介迎景貺。是晚發奏文字。竊慮壇內人物往來，帶諸不潔，仰憑九鳳破穢宋將軍，加持利器法水，解除天厭地穢，人厭垢穢。六畜禽蟲，百鳥花果暗穢，一一解除，肅令清淨，須至劄者。右劄仰差九鳳破穢宋將軍。准此。

天運△△年正月十五日，本壇劄行。科事臣△△承詰。

三天扶教大法天師張真人，在壇證盟。[9]

接著燒符，八時四十分，禮畢。

2. 拜井神

晚八時四十分，三名道士率領八名朝首，趕赴粉嶺正圍圍門前的兩口井、北圍東端的一口井，祭奠井神。（配置圖見圖 92）

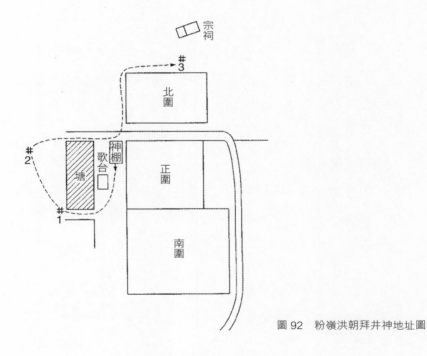

圖 92　粉嶺洪朝拜井神地址圖

9　〈開穢劄〉原文，引自粉嶺彭炳《正一科字式》（香港中文大學東亞研究中心藏）。

503

照片 170　粉嶺洪朝拜井神

　　此時，神棚前匯聚了大批前來聆聽歌台演唱的觀眾。道士、朝首在人群中巡遊古井。井口蓋有直徑二至四米的大型圓蓋。道士、朝首摸黑來到井邊，由高功向井神念誦，朝首獻上供物，點燃紅燭，焚化“元寶”。八時五十五分，回神棚，禮畢。

3. 發奏（發功曹）

　　晚九時十分，三名道士、八名朝首跪坐蓆上，行拜禮。隨後，高功宣告向眾神發奏，從圓斗中取出奏文，都講接過後開始宣讀。奏文如下：

正一酬恩太平洪朝錫福關文

　　今據廣東省廣州府寶安縣第五都粉嶺村，吉向居住，奉道酬太平洪朝，集福迎祥。

　　朝首彭樹有、朝首彭添才、朝首彭滿地、朝首彭美華、朝首彭木夥、朝首彭興華、朝首彭金培。

壽員彭就福……（以下人名略）

信士彭伯維……（以下人名略）

結榜福祿壽，偕合眾信人等，即日上干，虔誠百拜洪造意者。

伏惟：眾等惟見先年本鄉以來，春令之際，寒暑或有違和，疹氣流行，天道之無私，自愧。然人心責實，懷寅畏之懼。眾等聯誠，恭詣社稷大王宮爐前，焚香祝白，告許洪朝一會，金豬雄雞，龍衣千張，寶燭結為平安朝願，自從叩許，果賴康寧庇祐。年年定期正月十五日，虔備朝儀，仗道三員來於本境，立壇啟建正一酬恩保境太平洪朝，功德一宵。上奉高真，介迎景貺，永迓禎祥。以發奏之初，謹具書奏以通傳。鼓角喧天，戲舞歌揚而逐疫；頒符鎮宅，步罡踏斗以除魔。敬請三元宿老之主盟，鑒朝筵而樂利，保鄉閭之有慶，祈各戶以安寧。為士為農，讀者貴而耕必富，行者利而坐者榮。桑麻茂盛，六畜無驚，老者安而少者懷。地頭昌盛，人傑康寧，眾等今用下情，百拜，謹表以聞。

一九八三年正月十五日，表。

奉行主科事，臣彭玄輝承詰發，恭請祖師金闕昭凝妙道元君證盟。

奏文的意思雖然是準備和實行奉祀"社稷大王"，但奏文的對象並不僅僅是社稷大王，還有地位更高的"高真"，同時，奏文還乞願"三元宿老"降臨。因此，奏文真正的宗旨，也許是以社稷大王（土地神）為媒介，乞求三清或三官大帝等上位諸神降臨，並藉此動員北帝、文帝、關帝三帝，以眾神之合力懾服惡鬼兇神，以求得太平無事。

不過，由於祭祀禮儀本身的變化，上引奏文比舊時（清代）的更顯得簡略。下面這篇由粉嶺彭氏道士保存的奏文，則具有舊時疏文的風格：

照據廣東道廣州府新安縣第五都粉嶺圍，吉向居住，奉道酬恩集福平安。

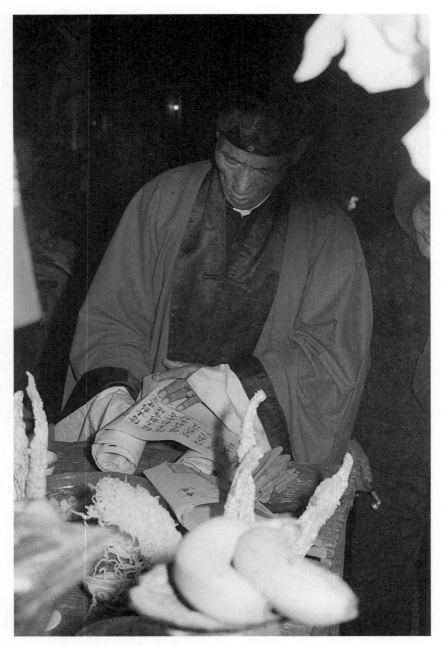

照片 171　粉嶺洪朝發奏一：奏文疏讀

會首△△，藉合眾等，即日虔誠百拜，上干△△。洪造意者：伏惟：眾等乃於本鄉，年光不利，殄氣流行，雨水不均，人民不安，赤眼麻痘相侵，蟲虎為患，盜賊縱橫。人心惶恐，無方可叩。就將一鄉，懇發誠心，虔備三行酌酒，其時詣於大王爐前，焚香祝帛（日），告許洪朝一會，金豬一隻，寶燭千張，結為良願，保祈闔圍迪吉，人物康寧，田禾豐熟，事事如意，老幼安懷。遞年屢屢酬還，蒙神功默祐。茲者不敢違負初心，定期正月十五日元宵節令，六神全通，利宜吉日。會首備辦牲醴果酒之儀。詣於法教眾師來於本處。立壇修建混元酬恩集福平安朝筵法事一宵。上奉高真，介迎景貺。就日舒壇，開啟祝白大道列聖證明。次早，採花船一座，沿門奉送春瘟夏氣，秋疫冬癘，瘡疥麻痘，隨船遣去他方，百福迎回，靈符鎮宅，家家戶戶，俱盡康寧。今則修辦熟成，羅列佈排筵席三十六行，巡酒。完滿依時，周化奉疏，財用申進，謝酬恩恩滿，賽願願還。判官簿內有願，即刻勾銷願許之名。香火案前，注上填還之字。福慶維新更易，鄉村迪吉，人物咸亨，老增福壽，少降麒麟，文星顯耀，耕種豐盈，為商為賈，行坐利營，瘴氣消息，六畜無驚，年無半點之災，月有太來之象，酬恩眾信人等，下情百拜。右疏奉上北方鎮武玄天上帝玉機下。

一九八三年正月十五日吉時，具疏百拜。

根據這篇奏文，可知舉行洪朝的目的，是在遭逢天候不順、作物不長、疫病流行、猛獸猖獗、盜賊橫行等天災人禍時，通過本鄉守護神社稷大王（估計也包括北帝在內），乞求三清等高位眾神來臨，驅除和鎮壓導災致病的瘟神、疫神、惡鬼、兇煞。在隆重舉行「扒船」禮和遣送春瘟、夏氣、秋疫、冬癘、瘡疥、麻痘這一點上，「洪朝」接近福建系所謂的「王醮」或「瘟醮」，但乞求三清十帝降臨卻又與「太平清醮」相似。從上引奏文中，還可得知，每年元宵的洪朝是為了「還願」，因為在苦於疫害流行之時，鄉人曾向北帝許過願準備每年敬奉洪朝。這一點與前述每年舉行的長洲太平清醮的理由類似。但是，正月元宵進行的活動，主要是在農事之初祈求一年"風調雨順"，本質上還是農祭（春祈），超度孤魂幽鬼的色彩較淡薄（當然並非全無），作為補償，祈福的"問杯"儀式進行得非常隆重。這些也都是從農祭或舊時的"社祭"形式中發展而來的。

由於奏文列舉的朝首以下人丁（男子戶主）超過五百人，以每人一行計，奏文長達三十米。一名道士宣讀這份極為龐大的名單，需要一小時左右。名單由八名朝首、八十九名壽員（六十一歲以上的男子）、四百一十二名信士（六十歲以下的男子）、十一名女戶，共五百二十人組成。女姓成員是嫁與彭氏的鄧、陳、莊、麥、文、張、簡、何、袁、黃各姓主婦，因為家中無成年男子，故附載於末尾。名單的構成注重宗族固有的以男子為中心的年齡秩序。男子合計五百零一人，幾乎囊括了粉嶺彭氏所有丁男戶主，而包括女性在內的彭氏宗族總人數則是其四倍，超過

照片 172　粉嶺洪朝發奏二：奏文掛紅

兩千人。由於 1960 年粉嶺三圍和掃管埔人口為一千九百八十五人，這就說明基本不含雜姓的彭氏宗族單獨構成了這個大型村落。

道士宣讀奏文後，把奏文鋪展在蓆上，用雞血酒點紅奏文中的人名，舉行"開光掛紅"儀式。

雞血也為功曹馬點紅。此時，高功持五雷牌，噴水、走罡步後，把奏文結在騎功曹馬的功曹使者身上，一起焚化。最後，向地上灑酒，"發奏"禮結束。給眾神的邀請就此發出。

第三篇
單姓村落的外神祭祀

過去，除了以上寫有戶名的意文式奏文外，還要單獨宣讀一份表文，其樣本保存在粉嶺彭氏的禮儀檔案中。〈請表〉文如下：

秉教奉行朝筵法事。臣誠惶誠恐，稽首頓首，百拜之至，表請上言。奏為廣東道廣州府新安縣第五都粉嶺圍，吉向居住，奉道酬恩，賽願集福平安。

朝首△△等，即日虔誠，百拜上干△△報。以今月十五日，虔備香燭，恭迎法教眾師三員，來於本宮，立壇修建混元酬恩集福賽願平安朝筵功德一宵。上奉高真，介迎景貺，是晚焚香，開啟發奏文字，拜還前願，仰答洪恩，謹具墨表一函，仰順（差）當日傳奏三界符吏四值功曹齎持上詣，敬請三清上聖十極高真，閬苑法院諸司官將，雲岩得道眾位仙娘，是夜光降朝筵，主盟修奉，酬恩人等，下情無任，再拜之至，謹表請。

一九八三年正月十五日吉時，表請。[10]

表文請求三清十帝以及仙界的官將、仙娘降臨。這份表文現已不再特地宣讀。另外還有一份希望三界符吏、四曹功馬迅速到達天界的牒文：

---

10 引自粉嶺彭炳《正一科字式》（香港中文大學東亞研究中心藏）。

本壇照據廣東道廣州府新安縣第五都粉嶺圍，吉向居住，奉道酬恩，集福平安。

朝首△△……偕合通鄉人等，即日虔誠百拜，上干△△報。以今月十五日，是晚命筵法教眾師來於本圍。立壇修建混元酬恩集福賽願平安朝筵法事功德一宵。上奉高真，介迎景貺。今則法壇已備，尤慮聖慈遙遠，香信難聞，未便通知，先申文牒一封，仰差當日傳奏三界符吏、四值功曹，齎持關牒，前去十方三界，分明投請眾聖，是夜光降朝場，主盟修奉。雲程勿阻延留。右請上三清太上老君神號，是夜依時眾位聖慈來赴朝筵。法事周完，奉送各回宮殿家舍，不敢久留。須至牒者。右牒仰差當日傳奏三界符吏、四值功曹，照驗。

天運年正月十五日，本壇牒行。

主科事，臣△△承詰，祖師三天大法師張真人在壇證明。

這份牒文本應與表文同時宣讀，但現已省略。因此，在目前的"發奏"禮中，宣讀奏文成為最主要的儀式，這一點與林村太平清醮的通表儀式相近。

四、洪朝第九天（元宵次日）的禮儀

農曆正月十五午夜，舉行祭煞（祭奠五方土煞神）和迎神歸位（於神棚迎接應奏文之請而降臨的社稷神以下諸神）禮。二禮結束後，即開始正月十六日的禮儀。

（一）祭煞

歌台演唱接近結束的半夜十一時三十分，在神棚內舉行"祭煞"禮，祭祀五方土神。一名高功（穿便服）和朝首一起，在神棚內排列整齊。奏樂後，高功用尖刀把供台上的朝豬（宰畢未煮的生肉）切成三段，取法角，向神壇行拜禮。接著用紅布纏頭，腰繫綠裙，扮成法官，與朝首一起拜禮。禮畢，把尖刀垂直刺入

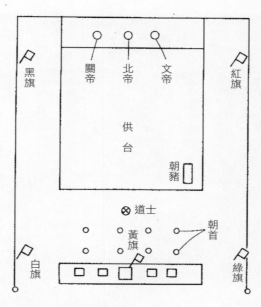

圖 93　粉嶺洪朝祭煞配置圖

豬肉。高功於此時吹響法角，把紅旗插到面朝供台的右後方一角。此為祭祀南方土煞之意。接著，插黑旗於供台左後方（北方）、插綠旗於供台右前方（東方）、插白旗於供台左前方（西方），最後插黃旗於供台正中燭台（中央）。每一次換旗，都吹響法角，與朝首共同拜神。這一整套向五方土煞神獻朝豬、迎神、鎮撫的儀禮，於午夜十二時零五分結束。

（二）迎神歸位

凌晨一時二十分，在神棚外設壇，迎接"發奏"時邀請的社稷神以下眾神，同時送走祭煞時迎來的土煞神。壇在神棚對面，壇前設長几，上覆白布，象徵神自天界下凡所走的法橋（仙橋）。橋中有小筲箕（竹筐），內裝白米和鹽，另有銅錢三十六枚（硬幣稱"蘲"）。插兩根長枝香。

511

照片 173　粉嶺洪朝祭煞一

照片 174　粉嶺洪朝祭煞二

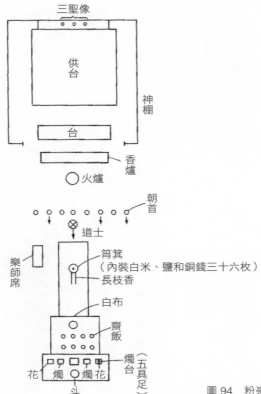

三聖像

供台

神棚

台

香爐

○ 火爐

朝首

道士

樂師席

笪箕
（內裝白米、鹽和銅錢三十六枚）
長枝香

白布

齋飯

燭台

花 燭 燭 花
斗

（五具足）

圖 94　粉嶺洪朝迎神歸位配置圖

照片 175　粉嶺洪朝迎神歸位

高功穿便服，左手持劍，右手持鼓角，站立法橋一端。八名朝首在後排成一列。高功念咒語，吹法角。先把筲箕中的米、鹽和香枝敬呈已迎來的煞神，然後把它們送走，根據銅錢（鬮）的聲音驅逐兇神惡煞，就此完成對土煞神的祭祀。結束後奉迎天上諸神到神棚之內，請求歸座。與儀桌並排的斗、燭台、花形寶燭、齋食、飯、茶、酒及全部祭器、供品，都從白布上滑過（象徵過橋之狀），回歸神棚內的供台。經過此禮，諸神已安坐神棚。最後以朝首拜禮告終。一時四十分，結束。

（三）啟榜

　　"迎神歸位"後略作休息，凌晨二時，開始"啟榜"（"貼榜"）。朝首們在面對圍門的右側圍牆上，貼起長達二十米的巨幅紅紙，上面一人佔一行，是記有粉嶺彭氏人丁姓名的榜文。

照片 176　粉嶺洪朝啟榜

榜文與前引發奏疏文的內容幾乎相同，只在前後部分有很小的差異：

　　正一酬恩太平洪朝錫福關文

　　今據廣東省廣州府寶安縣第五都粉嶺村，吉向居住，奉道酬太平洪朝，集福迎祥。

　　朝首彭樹有、朝首彭添才、朝首彭滿地、朝首彭美華、朝首彭木夥、朝首彭興華、朝首彭金培。

　　壽員彭就福……信士彭伯維……

　　結榜福祿壽，偕合眾信人等，即日上干，虔誠百拜，洪造意者。

　　伏惟：眾等惟見先年本鄉以來，春令之際，寒暑或有違和，疹氣流行，天道之無際，寒暑或有違和，疹氣流行，天道之無私，自愧。然人心貴定，懷寅畏之懼。眾等聯誠，恭詣社稷大王宮爐前，焚香祝白，告許洪朝一會，全豬雄雞，龍衣千張，寶燭結為平安朝願。自從叩許，果賴康寧庇祐，年年定期正月十五日，虔備朝儀，仗道三員來於本境，立壇啟建正一酬恩保境太平洪朝功德一宵。上奉高真，介迎景貺，永迓禎祥，以發奏之。初謹具書奏以通傳。鼓角喧天，戲舞歌揚而逐疫；頒符鎮宅，步罡踏斗以除魔。敬請三元宿老之主盟，鑒朝筵而樂利，保鄉閭之有慶，祈各戶以安寧。為士為農，讀者貴而耕必富，行者利而坐者榮。桑麻茂盛，六畜無驚，老者安而少者懷。地頭昌盛，人傑康寧。眾等今用下情，百拜。須至，謹榜。百福駢臻。

　　右榜通知。正月十五日，榜示。

　　奉行主科事、臣彭玄輝承誥發。

　　仰壇前張掛曉諭。祖師金闕昭凝妙道元君證盟。

　　富貴同登金榜中。[11]

11　引自粉嶺彭炳《正一科字式》（香港中文大學東亞研究中心藏）。榜文中朝首、壽員、信士名，略。

516

但與舊清時代的同類榜文相比，有了明顯的減省。粉嶺彭氏道士現有一份清代榜文樣本：

本壇照據廣東道廣州府新安縣第五都粉嶺圍，吉向居住，奉道酬恩賽願集福。

朝首△△……偕合鄉眾等，即日虔誠百拜，上干△△。伏以：仰荷平安之慶，聊申葑菲之儀。翼翼上陳，高高垂德。伏惟：眾信一介微軀，三才末品，喜遇雍朝之世，欣逢正臘之天，萬民樂業，四海清平。山陬海澨，莫不群頌聖恩者也。言合鄉眾等，先年設立鄉村，修前整後，豈無觸犯妖星，易舊添新，慮有震驚地曜，以致歲月偶兩違和，人物或多不順。眾信會擬，共秉丹誠，聯名共叩混元酬恩集福朝筵道場法事功德一晝宵。設幽三百分位。上奉高真，介迎景貺，今者法教壇初啟，謹召符吏以通傳。道範弘開，恭伸茗香而達悃諒。明德可以潛通，秉諸精虔，寧無孚格。意者上通寶殿，恩光下噴瑤壇。證鑾朝筵，戶戶禎祥，百福駢臻，主盟法事，家家福祉，迎禧節屆。上元正天官賜福之期，值天機新春分法帝司權之候。法述鄉儺，戲舞歌揚而逐疫。頒符鎮宅，步罡號令以降魔。請三元宿老，庇祐人財興旺；召四隅神將，維持家家昌盛。神舟製設，沿門禳送時災。迎回百福，祈各戶以清（吉）妥安。為士為農，讀者貴而耕者富。曰商曰賈，行者利而坐者榮。六畜無驚，桑麻拂擾，老者安而少者懷。壽如山，福如海。共樂綿綿，百拜以聞，謹榜。

右榜曉諭。神人知悉。

天運△△年正月十五日，本宮榜行，秉教奉行科△△承誥。祖師三天金闕玄天大道主在壇證盟。

這篇舊文比現行榜文更詳細地敘述了洪朝的目的和規定的儀式。從"法述鄉儺，戲舞歌揚"這類文字中，可知當年"儺"系雜技（木偶戲等），是比現在更為頻繁地穿插於祭祀活動中的。

花船在這裡被稱為"神舟"，神舟巡行本身又被視為驅逐瘟疫的"鄉儺"（其含意與長洲的"遣船"相近）。太平洪朝所包含的"追儺"意義，在這篇舊文中表現得相當充分。文中還有"設幽三百分位"句，顯然是把對孤魂的超幽，當成了"逐疫"的一部分。總之"啟榜"禮是洪朝祭祀活動中的最高潮，在這裡集中了所有禮儀的重點。

待貼榜完畢，道士開始讀醮信名單。讀完後把儀桌搬到榜尾前，三名道士行拜禮。二時三十分結束，道士略作休息。

（四）麻歌

凌晨二時四十分，粉嶺出身的一名道士，率領八名身穿便服的朝首，到神棚內大供台前就坐，圍著麻歌的歌詞冊，合唱麻歌。

麻歌詳盡細緻地歌唱了麻的播種、栽培、取麻、紡線、製衣的全過程，它繼承了農村春季山歌的形式和傳統，可以說是祈願某一種農作物獲得豐收的歌。以前，麻歌與其他山歌一樣，都是在歌台上演唱的，而現在，歌台成了演唱流行歌曲的地方，不再適合唱麻歌，麻歌只能由朝首在歌台演唱結束後，在神棚內合唱。

麻歌共分八段。第一段以春二月至夏五月為一個段落，歌唱從買種、播種、培育、收割到得麻為止的田間勞作。從中可以大體上看出由農家的父母、姊妹、姑嫂從事麻的栽培這樣一種以女性為主的宗族勞動構成。歌詞本應每兩句押一韻，但事實上並不規則。

以下是第一段：

近山便說山來歷，近河便說水根源。且說當壇佈出處，當壇出處有根源。

照片 177　粉嶺洪朝麻歌

趕牛犁轉一塊地，大牛犁轉小牛耙。耙得麻園如粉碎，上山斬木打蔦纏。

正月十五元宵景，麻米街頭多萬千。姊妹出街來買種，就時開口問價錢。

賣種客人回語答，麻種今年價大貴。姊妹回頭問老大，今年種性價錢高。

麻種買歸盒中裝，咬開麻奶取麻公。正月十九是天機，家家戶戶播麻時。

麻子共灰三合土，擔去田中地壟邊。郎子駱行娘跟尾，一行去了一行播。

郎子先行娘在後，恰似駕鴦同對行。一朝唔出兩朝出，三朝麻仔出泥皮。

亞嫂煮飯亞姑食，亞姑無事去掌麻。亞姑懶懶走去料，斑鳩食了我麻黃。

正月過了二月來，麻在園中黶黶開。亞嫂問姑麻幾猛，泥皮遮過斑鳩背。亞嫂共姑去收草，大家用力擔糞壅。

二月過了三月三，麻在園中黶黶生。爺姐問娘麻幾猛，高過人頭有一探。

四月初八佛生辰，姊妹同行去睇麻。來到園中拍掌笑，麻仔生來咁青奇。

麻公有花唔結子，麻奶有花結子成。

五月初五端陽節，龍船鼓響動天庭。姊妹一齊去打扮，會齊姑嫂睇龍船。

走去河邊摘朵花，四邊男女今齊人。一河兩岸人看景，睇完龍舟歸擔麻。

左手擔來右手接，右手擔麻左手挪。便將左手挪麻樹，便將右手擔麻皮。

以上是從播種到收穫。

第二段唱的是將收穫的麻除葉、煮莖、洗滌、漂白、曬乾的勞作，這些仍然由女性承擔。以下是第二段：

麻葉麻花都撇了，被蒿束起擔歸家。擔歸門前齊下放，子子將來曲麻腰。

麻腰兩頭齊來起，將來束起落灶吹。吩咐亞姑燒猛火，一時煮熟取將來。

擔出陰涼大樹下，陰涼樹下剝麻皮。一枝剮來一子涼，竹篙掛起任風吹。

擔去河邊水面洗，河邊水面洗麻皮。漂得麻皮如雪白，將來擔起收歸家。

第三段唱的是將濕麻曬乾後捲成線團。此時已進入六月，正值收割水稻的大忙季節，所以暫時放下麻，全力進行水田耕作。以下是第三段：

便將竹篙來曬起，竹篙曬起任風吹。擔歸^{十七}亞妹織，織落麻籠細小絲。

便將竹筒來捲起，捲得團圓心內空。五個將來成一束，十個將來成一抽。

六月秋天大小暑，收曬種穀管天時。丟了麻籃且放下，家家男女講耕田。

快催耕田立秋後，懶慢耕田處暑後。

七月耕時七月耕，工夫完滿冇時間。田又完時工又了，你擔我拖同一班。

又講文時又講武，又講今年雨水平。又講今年年月好，又講今年大穀圓。

又講今年禾大熟，五穀豐登樂太平。風調雨順多快樂，通鄉人物太平年。

歡歡喜喜來相會，你擔我拖作一群。拖拖擔擔同一層，捧埋凳仔共麻共。

第四段唱農忙結束後八、九兩個月，買麻車、紡麻線、織麻布以及從麻芯中榨油等勞作。以下是第四段：

娘子織麻又破絲，一人做件熟共衣。

八月十五中秋景，姐妹同行去買車。大姐同行小妹苦，大姐買車小妹擔。

廣椰木仔輪車木，深山木仔作車同。後園古竹輪巡核，園中好木作車同。

便把車繩來絞起，恰如車馬帶車鞍。安車安在高堂下，下坐上堂連下堂。

男人坐上車唔轉，女人踏上車團圓。一條竹仔引紗去，一條椿仔押紗回。勤謹紡紗有衫脫，懶慢織麻半脫鞋。

便把弓車來付起，弓車付起得成紗。

九月重陽節又來，姊妹同行去買灰。㧅倒柴灰三兩斗，三家兩屋取埋來。

姊妹教灰扶答過，又改內頭灶裡灰。吩咐亞姑燒猛火，一時煮熟取將來。

擔去河邊水面洗，亂捶亂打洗拋灰。擔歸門邊擗兩擗，竹篙曬起任風起。

便把麻油來絞起，轆頭纏起石頭棰。沙石做人心窊窈，左右隨娘腳下跟。

弓車便把來付起，弓車付起若投繩。

522

第五段：此時已進入十月份，姊妹們利用農閒請木工來修理房屋，然後繼續紡紗，至於如何使用這些麻紗，家中又鬧成一團。以下是第五段：

十月小陽春又景，姊妹隨村請匠人。請得匠人歸到屋，無茶便把酒來斟。

前特打在祖師安，後特打在屋簷前。師傅行來又行去，來來去去特邊行。

自古三勻檢一交，左手招紗右手耕。左手拈來右手接，檢多檢少交難成。

十個特頭都耕滿，便將木仔又來穿。木仔做人眼小細，眼眼看人穿過紗。

羊羊羊羊角角上，又被石頭跟尾佗。一脫絞來一脫曬，羊角捲成色在郎。

安車安在高堂上，囑是朝廷一任官。布機共娘對面坐，恰如暫歸伴家婆。

左手漂梳右手接，梳仔如同相送郎。能解績麻正好績，爛麻爛紗布難成。

傳得紗來頸又起，咬牙大罵虎狼聲。麻紗好時三日脫，紗炸之時有半條。

昨日辰時上機績，今日午時用尺量。大尺量來二丈九，小尺量來三丈長。

大哥又要做條褲，小妹又要做條裙。仔細算來心不定，^{將來送過}先生作椅布。

至此，製作麻紗的工作全部完成，這也是麻歌最主要的內容。在下面第六段中，插進了一個笑話：一個男子因妻子織不出好麻紗布，只得向別人借了米和衣，去赴叔父的生日宴會，結果喝醉了酒，出盡洋相。以下是第六段：

說盡麻歌無別事，又來且說績麻娘。勤謹績麻有紗賣，懶慢績麻冇紗成。

題起料過村尾去，歸家休見日頭斜。走在屋頭打下望，自歎皇天日不長。

連忙走轉家中去，假作捧凳去績麻。人家煮飯紛紛亂，豬又喊時狗又嘈。

丈夫休見高聲鬧，今黑因何唔煮飯呀。懶人答道天上早，我今唔曾績得一條麻。

績滿三年績得一條布，又欠九尺冇橫耕。算來算去無定放，將來放在門角頭。

老鼠銜泥去作兜，捉到貓兒立亂啾。想著外家叔婆大生日，要去飲酒冇衣裳。

仔細思量算個計，走去隔鄰借升米。借到米時又借衫，思量又想借裙褲。

借到人群（裙）唔開著，足似後生裸滿巾。借到人叙唔開插，好似老鴉銜大柴。

行出大門擔幾擔，好似過門乞食婆。一程去到叔公處，依開牙齒笑吟吟。

滿堂人客紛紛亂，你退我且席中行。不理尊卑和上下，坐在橫頭立亂吞。

一杯斟來一杯飲，汗流汗濕汗長流。口水冇長鼻膿出，引得兩邊男女笑吟吟，

飲酒如同龍宮水，食菜如同牛食炸。食鐽如同龍挑飯，食飲如同龍沖沙。

食飽之時唔起得，眼又花時頭又渾。要起醉時唔起得，走在市中賣鮮魚。

吐又響時屁又響，唬得滿堂走如雲。叔婆大妗高聲鬧，鼻寒吹響得人敬。

叔公出來踢一腳，王公相請令人騰。酒醒起來唔見一個頭鼻，左有尋時右有尋。

個個行埋佐用一咀，一身一勢秋太平。走入廳前問老大，無人朝睬伴門分。

無意無思走在門前企，人講東時佢講西。風魁大過麻包仔，捲到眼眉滿風春。

心中撲撲如麻亂，於今被乜去陪人。齒誓從今唔飲醉，用抱家中去陪人。

這種長而風趣的形式正是山歌的特色。林村鄉太平清醮 "小幽" 禮中兩名道士進行的 "兩判官" "賣貨郎" 間的歌唱問答，也繼承了山歌的這一傳統。

第七段是關於農村婦女的生活倫理：

正是人家紅粉女，衣衫老就冇人敬。傳去舊班大小姊，為人每學個個人。

若是人家多教女，衣衫齊整出人倫。若是人家唔教女，衣衫共蔞得人憎。

傳過休佢大小姊，左邊行裙大小哥。男人勤謹是貴子，女人勤謹一嬌姿。

傳與壇前中姊妹，大家句道盡歸齊。

最後的第八段是關於宗族內部的家庭倫理。歌中唱得非常具體，比如父母、兄弟的品行；一家之長應該以家法嚴格地管理家族；丈夫應該比妻更孝順雙親；妻子應該勤謹地侍奉公婆，等等。末尾兩句是祈求人物太平、六畜繁盛。以下是第八段：

麻歌唱完無別事，將來說起謝眾神。第一勸人積善良，大家歡喜拜年時。

家有五男和二女，七姊團圓大吉昌。共人倘有仇和幸，切莫叫人送禍殃。

莫叫隔口人傳講，是非惹起事短長。和氣兄弟如手足，行埋講笑勿成傷。

第二勸人家爺奶，做著雙親愛善良。算來骨肉難成養，孩兒貴過寶珠兒。

若是一時見忤逆，移開據凳在高堂。藤條手執依家教，自言遵命二爺娘。

有等爹娘不_{知貴賤}，亂聲就打幾多句。一時叫子唔聽教，當泥當水幾深傷。

捧頭見血吾憐惜，記得要子見閻王。抱乳三年娘手上，眠乾睡濕費心腸。

富家有丫頭有婢，一日奶開三兩時。父母貧窮單自手，面前抱爛幾幅衿。

若是一朝兒有事，爹媽驚狂請太醫。東處俾人尋道士，西處俾人請先生。

使盡錢銀為子女，望你娶媳酬恩時。切莫聽妻來抗轉，枕頭妻子係君師。

傳與個班中媳婦，事郎第一要遵依。孝敬翁姑和叔老，正能發陰子孫兒。

六十甲子輪流轉，媳婦亦做家婆時。勸過個班中姊妹，人人聽過轉回家。

列位聽過身大旺，合鄉人物保太平。保祐牛豬_{六畜多興旺}，人物平安樂太平。

唱麻歌的整個過程需要四十五分鐘，朝首邊笑邊唱，凌晨三時三十分結束。從此時一直休息到天亮。

（五）讀疏文

上午九時二十分，朝首在神棚內供台前排成二列坐下，道士宣讀疏文。讀畢，道士把疏文交到一名朝首手上，在疏文上寫"大吉昌"，圍成一圈，隨後撕成兩半，與元寶一起焚化。

照片 178　粉嶺洪朝讀疏文一

照片 179　粉嶺洪朝讀疏文二

527

（六）劈沙羅

上午十時，神棚外道士登場。紅布纏頭，腰繫綠裙，手持利斧，作法官狀。朝首列隊起立侍候。道士在香爐外的地上插香放元寶，用斧在地上畫出“井”字。隨後用豬肚子充氣成“沙羅”，放入“井”字中央，以腳尖踢之。按五行的東南西北中五個方向畫“井”字，做同樣的動作，最後用斧劈碎沙羅。

該禮儀是為了淨化井中之水，祈禱六畜興旺。豬肚子即為六畜的象徵。上午十時十五分結束。

照片 180　粉嶺洪朝劈沙羅

（七）問杯

上午十時二十分，朝首排成一列橫隊坐到神棚外草蓆上。道士與"劈沙羅"時同樣打扮，持劍和法角。問杯占卜分三次進行[12]。

第一次用銅杯，占問生子與否。投兩個銅杯，待一裡一外兩卦出來後進行。道士把銅杯放到朝首捧著的木板上，吹響法角後，朝首把銅杯背面向上拋起。可以投兩回，如不成功，換人再投。成功後結束。

第二次用木杯，占問"是非曲直"。投兩個木杯，待兩個都呈現底部後進行。道士與朝首的動作與投銅杯時相同。

第三次用豬蹄，占問六畜興旺與否。投兩個豬蹄，待兩個都呈現外部後進行。道士和朝首動作同上。

照片 181　粉嶺洪朝問杯（用豬蹄）

---

12 以下占卜規則參考當時任職於香港中文大學人類學系的蔡志祥先生的調查報
　　告：Choi Chi-cheung, Lantern Festival in Fanling (Unpublished paper, 1981)。

結束時十時五十分，至此，太平洪朝的儀禮實際上已全部完成。

（八）送朝首

問杯結束後，完成了所有項目的朝首進行回家的儀式。

朝首把從各自家中拿來的大圓筒（米斗）搬入神棚。其中，

照片 182　粉嶺洪朝送朝首（分配花燈）

照片 183　粉嶺洪朝送朝首

竹製的小斗裝米，還有桂葉、柏葉、紅繩、燈芯點火的燈盞。問杯結束後，朝首在神棚集合，卸下懸掛在天井的大花燈，揭下貼在各方位的四張大紙片、四張小紙片。每位朝首分得大小紙片各一張，放入各自的斗桶中。另將用於"迎神歸位"禮中法橋的白布分成八份，分給朝首，也放入各自的斗桶。中午十一時零五分，開始"送朝首"。朝首每人抱一個斗桶，跟著敲鑼打鼓的樂手回家。十一時四十分，儀式結束。

（九）送神

焚化用於祭禮的榜文、紙器，送別諸神。十二時四十分前，在圍門外匯聚這類紙器（包含花燈的殘部）。

十二時二十分，一位道士跟著朝首，背對圍門，在儀桌上供奉金豬，念誦送神經文。念畢，焚化紙器，十二時四十分，結束。

照片 184　粉嶺洪朝送神一

（十）回鑾巡遊

送神畢，把神棚內的三聖像請入神轎，組隊送至三聖宮。少年隊打頭，跟著彩旗，燃放爆竹，舉行盛大的巡遊。下午一時十分，到達三聖宮，神像回位，儀式結束。

照片 185　粉嶺洪朝送神二：三聖像回鑾

照片 186　粉嶺洪朝送神三：三聖像回鑾

第三節　祭祀歌謠（附山歌）

　　粉嶺鄉元宵太平洪朝祭祀中，有兩天（正月十四、十五）是由歌劇團在歌台演唱。1982 年度聘請的是 "櫻花歌劇團"。每晚七時至十二時，連續演出。演唱的幾乎都是流行歌曲，但也可根據觀眾的要求隨時更換曲目。

　　由於歌台上演唱的歌曲不像祭祀演劇那樣是奉獻給神的，所以歌台並不建在神棚對面。但在早些時候，卻是在這同樣的條件下演唱山歌的。上一節所說的麻歌也是一種山歌，它是敬獻給神棚的。因此，如果要追溯歷史的沿革，那現在的歌台顯然源於山歌。如果此說可信，歌台與神就不能說毫無關係。粉嶺的歌台雖然不在神棚對面，但下面將要提到的水頭村歌台卻與神座相對。這樣看來，歌台也與演劇一樣，兩者都具有祭祀中的禮儀意義。正如前引舊時榜文所說的 "法述鄉儺，戲舞歌揚"，可以說，歌台上的歌唱（昔日的山歌）本身，就是一個與 "鄉儺" 即洪朝不可分割的禮儀。現在，能唱山歌的人沒有了，只剩下道士還在繼續唱麻歌。所幸的是，粉嶺現還保存了一些當年山歌的文字材料。下面所錄即是其中一首，由此可窺見舊時山歌的概貌 [13]。

　　這首山歌的內容是假借洪朝儀式中所用的公雞，來說明家

---

13 本資料為香港中文大學東亞研究中心所藏。藉動物轉換主題以創作長篇歌曲的技法，是山歌的常套。中嶋幹起曾舉出 "鼠仔" 歌的例子，參見氏著 Fukienese Folk Songs of Tungshan Island, Research on Chinese Traditional Entertainments in Southeast Asia, Part I. Hong Kong, edited by Kanehide Onoe, *The Institute of Oriental Culture* (University of Tokyo,1982), pp.126-128. 在這首由福建漳州東山島婦女傳承的閩南話山歌中，有大量以鼠、牛、虎、兔、龍、蛇、馬、羊、猿、雞、狗、豬等動物為修辭手法的故事。粉嶺山歌與此不同，登場的只有雞，但是以雞身的不同部位為修辭、陸續改換主題的方法則完全一致。

照片 187 粉嶺洪朝歌台演唱一

照片 188 粉嶺洪朝歌台
演唱二

族、宗族、村落中人們的相互關係和生活道德。形式以七言句為主，但也允許出現變形句，偶數句押韻，不合韻者也很多。一般幾十句為一個主題，韻隨主題而變。下面分段介紹。

首先是一個序歌，敘述雞的靈驗，共十六句：

壇前請出一雄雞，心肝脾肺腎俱平。若問此雞何處出，莫說荒唐冇考稽。

初開天地無雞養，皇母收邪帶番嚓。雙雙羽翼排鱗甲，頭頂紅冠腳踏泥。

日裡扒沙自撿食，晚間唔叫自回歸。風雨飄飄無失信，星斗沉沉不亂啼。

啼醒人間知早夜，稱為五德好靈雞。自古雞紅能治鬼，藉佢靈氣逐邪迷。

祭禮中將雞冠血用於"掛紅"是為了驅邪，山歌的歌唱也意識到了驅邪的魔法，因此就舉出驅邪很靈的公雞，用雙關語進行歌唱。以下先以"雞頭"為雙關語，唱了當時的時代和神靈的庇祐。這一段也可當作序歌的續篇，共三十句：

【開唱】

開書唱到雞公頭，太平盛世樂千秋。

唐宋元明爭佔業，清朝一統永無憂。

自從順治登基後，存下康熙有六十一年。

雍正十三年在位，乾隆六十惟優遊。

嘉慶上皇還廿五，道光三十樂千秋。

自從存下咸豐年，四為作亂咁憂愁。

洪白未分何日舊歸，鄉民殺盡好似報父冤仇。

萬頃糧田日食一口，千間房屋一間拉。

為人莫作虧心事，半夜敲門也不休。

世界咁多難講透，同台食飯各人收，

黃河自有瓊清白，豈有人無運轉頭。

福主今年今日造便神功醮，平安託賴把恩酬。

今晚頒符迎聖駕，將雞唱出一段情由。

書內言詞粗依有，記言衝撞莫心扭。

好著留神聽我唱，眾言唔好請跎之周。

　　這一段歌詞從清朝開基唱到太平天國，述說了人人應該安
分守己的道理。同時，在這天舉行的醮事上，乘迎接神靈降臨之
機，闡明了假託驅邪公雞，陳述勸世之言的意圖。下面是正式的
歌文，文中反映出一種保守的勸世思想。

　　第一段內容是規勸男性家長遵循其生活道德：

（1）唱到雞公毛

　　年少英雄莫逞高，奉勸世人為善好。舉頭三尺有神扶，不可恃強凌
寡弱。

　　切勿裙埋匪黨做強徒，惡得過當年張阿保[14]。海上稱強氣運高，縱橫打
劫燒新造。

　　都要改邪歸正可知無。

　　項羽當年能蓋世，江東父老有功勞。八千子弟今何在，烏江自刎喪
中途。

（2）唱到雞公冠

　　勸人唔好亂打丫鬟，只因爹媽家貧淡。賣過人家作婢鬟，八字生歪

14　即張保仔，清嘉慶年間活躍在香港九龍地區的大海盜，後被清政府招安。參
　　見胡潔榆〈西營盤與張保仔禍亂之平定〉，載羅香林：《一八四二年以前之
　　香港及其對外交通》（中國學社，1959），151-170 頁。

將佢作賤。

骨肉人人父母生，有等把丫鬟作賊犯。時常打罵兩三分，天光使到黃昏晚。

飢寒唔顧佢衣單，茶飯三餐猶佢食飽。縱然教道莫沖煩，不須苛刻來拷打。

恐妨錯手恨難番，

破了錢財唔打緊，有傷陰德積唔番。奉勸世人須隱性，自然天地有循環。

（3）唱到雞公身

大婆阿媽聽言陳，蘭花樹下生為妾，丹桂清香出正身。

阿奶雖然仔憑貴，莫將大婆作為閒。亦有大婆憎阿奶，時時打罵不堪聞。

總要主人做得正，切莫分開樣兩心。皇帝三十六宮七十二院，尊卑品級各分司。

何況一個大婆一個阿奶，四時吵鬧失斯文。八字生歪由本分，家中和順值千金。

（4）唱到雞公口

勸人苦讀莫擔憂，古道萬般皆下品，不如讀書講為頭。

富貴貧窮四個字，蒙正還在破窯丘。得接繡球時運就，丞相嫌佢乞兒流。

寺裡攞齋堅力守，專門苦學度春秋。小姐眼中知有貴，情願跟隨不畏羞。

守得雲開方見日，狀元高中佔鰲頭。讀書唔論家貧淡，手拈管筆有人求。

家有千金唔識字，猶如盲佬向燈頭。

（5）唱到雞公頸

五虎平西是狄青。

宿世姻緣天注定，雙陽公主逼成親。待君去取騎和馬，狄青反面起無情。

誰料歸家身有難，雙陽情重把兵興。狄青反面同交戰，相逢陣上產雙嬰。

為媒幸得憑劉慶，金階奏旨結鸞成。

（6）唱到雞公眼

夫妻結髮莫當為間。

丈夫有過妻當諫，莫話一言唔合眼關關。性起番來方撞扳，一時知錯恨難番。

莫學當年陳世美，貪圖駙馬不認嬌顏。感得包公來審斷，判佢忘恩負義男。

逆旨欺君應問斬，生離死別眼關關。兒女一雙來救打，唔係焉能命得生。

（7）唱到雞公皮

勸人兄弟手足就莫相欺。

莫話兄弟無用處，難中相救要扶持。古云兄弟如手足，唔傷殘拗折桂枝。

你體桃園來結義，拜為兄弟不離時。劉備為兄關羽弟二，排來三弟是張飛。

姓趙子龍為第四，四人協力就登基。孔明能算天機事，三分鼎足不差移。

當日虎牢曾大戰，依依手足共扶持。呂布此時槍法亂，董卓收兵敗戰旗。

千古流傳真義氣，三國英雄天下知。奉勸世人須謹記，縱然好醜莫分離。

（8）唱到雞公膏

勸人唔好十分高。

丟了賭錢唔好去，守份生涯大富豪。況且近來多局賭，抽水河官食到烏。

538

就係買攤難眾寶，紅羅錢內可知無。買佢青龍開白虎，個條攤棒似張刀。

殺盡人家無計數，老千光棍在場撈。撈得周身傳系寶，食得肥鵝大隻一身高。

智遠當初都係賭，馬靈王廟把鑒煲。李公員外來相救，帶佢回歸管馬槽。

後至投軍為帝王，代代相傳記得無。聽我話時從我勸，戒賭除花大丈夫。

唱段（1）根據該地盜賊橫行的局面，以海盜張保仔為例，勸人勿入匪夥，這一點，對居於地域社會領導地位的宗族來說最為關鍵；唱段（2）、（3）勸誡虐待婢女者與蓄妾者，因為這兩點往往直接影響到家庭的管理；唱段（4）引證呂蒙正故事，鼓吹以讀書而求榮達；唱段（5）舉狄青與雙陽公主故事，說明人生大事全由天命注定；唱段（6）引陳世美故事，勸人勿為惡父、惡夫；唱段（7）引《三國演義》，希望兄弟和睦；唱段（8）藉劉知遠《白兔記》，勸誡賭博。這是從宗族的整體立場出發，對居於家長地位的宗族中的丁男，舉出治家過程中容易發生的具體問題，以促使他們更加自重。

以下八段是說宗族家庭內的女性和少年應遵循的生活道德：

（9）唱到難公琶

勸人嫲母莫冤家。

嫲嫲妝奩莫笑他，母有妝奩莫笑他。首飾衣裳唔怕借，幾時著爛個條麻。

家下世間人眼淺，衣衫冇著把人談。

（10）唱到難公板

婦人靜聽我言談。

出嫁不同為女日，嫁歸郎手勿刁蠻。家務工夫唔好學懶，丈夫勤儉你當慳。

倘或丈夫家貧淡，好籮好篸冇也艱難。唔通個個家豪富，古云天地有循環。

莫學當年崔氏女，郎家朱買臣極艱難。終朝吵鬧唔知醜，專心立意反鶯談。

分書逼寫番頭嫁，買臣高中拜龍顏。衣錦榮歸來謁祖，馬頭覆水恨唔番。

（11）唱到雞公槤

為人兒女聽言章。

百善孝心為第一，敬奉雙親不可忘。幾多鞠育兒成長，心血積埋有一汪。

（12）唱到雞公肺

年少莫貪花酒迷。

花迷誤了君心事，酒迷誤了枕邊妻。斗口相嗔因酒喜，傾家亡國為花迷。

朝頭去到黃昏晚，卯時去到戌時歸。歸到家中多吵鬧，癲狂發起打嬌妻。

一腳踢埋門貝底，仔細思量是乜所為。地瘦皆因多種竹，人窮只為兩頭妻。

霸王為酒烏江喪，紂王敗國為花迷。花樓花舫真正耍，無過想睇你一父難。

有錢個日真心事，橫梳亞嫂兩邊拖。若係冇錢相探佢，無情對面把頭低。

奉勸世間人要戒，從今不可亂行為。

（13）唱到雞公腸

諫人姑嫂聽我言章。

古云姑大為人客，縱然嫂大阿姑強。莫學前時柳氏嫂，將姑打罵作

540

梅香。

日間擔水淋花朵，夜來捱磨到天亮。柳氏為人行十惡，手持磨檔打姑娘。

將軍打獵遊山上，母子相逢在井旁。血書攜帶歸朝奏，智遠回歸打磨房。

後來夫妻同相會，風流快活作娘娘。

（14）唱到難公骨

為人須要積陰功。

狼惡奸心無好處，天眼昭昭理不容。眼前見盡陰謀毒，絕嗣傾家斷祖宗。

寶鑒書中曾有話，越奸越狡越貧窮。最怕陰謀私嫁禍，累人妻離子散各西東。

當日燕山人敬重，憐人孤寡濟人窮。後來五子登金榜，千載留傳萬古隆 [15]。

（15）唱到難公心

勸人年少莫貪淫。

古云十惡淫為首，官法姦淫罪更深。近來多少精和怪，裝成窈窕把人侵。

散了錢財唔打緊，又怕染成疔毒又生瘡。又怕路頭瘋疾女，貪圖風月命歸陰。

女人切莫閒遊寺，男人不可去遊庵。個種僧尼心太毒，留人男女把冤沉。

記得靈山有間寺，見師和尚貪邪淫。秀才妻妾來參佛，見佢美貌起姦心。

感得女人貞節義，彈弓打佢不肯從心。見祥彩藥回歸到，師弟相曾

---

15 此指後周竇禹鈞（即《三字經》中的竇燕山）五子登科的故事，見晚明戲曲《萃盤記》。

救佢身。

賣油漢子擔到門邊外，三人苦楚實難禁。幸得王爺知到來查寺，地牢藏禁許多人。

明山寺內稱強霸，後來燒滅化灰塵。書中有本貪歡報[16]，買回家盡看知聞。

（16）唱到難公肝

姑娘小姐要學歸門。

描花繡朵兼裁剪，首先學曉兩三般。千祈學昔旁身便，免得拈開針線見心寒。

個陣唔識橫針兼直至線，補得縱橫好似古仔咁揦。四角猛繒長又短，鈕耳釘成闊又寬。

鞋底腳妨唔愛做，手騰腳振眼看看。丈夫肚內多埋怨，前世唔修實切肝。

聽過各人須要學，免令醜漏失禮家門。

唱詞（9）、（10）、（13）、（16）四段，以家內女性為對象。（9）是要避免妯娌間為衣物而發生爭風；（10）舉《漁樵記》中崔氏因拋棄貧夫而後悔的故事，規勸為妻者須在夫家刻苦忍耐；（13）再引《白兔記》，力誡姑嫂相虐亂家；（16）教導姑娘們精習女工，不要在夫家丟醜。這一切都是非常周到細緻的警告，我們可以設想這首山歌的歌手和聽眾都是以女性為主的。

另外，唱詞（11）提倡孝道；（14）鼓勵要積陰德，如不要"傾家斷祖宗"這類警告，就表明了宗族立場；（12）、（15）是向宗族內的青年男子勸說耽於妓院淫慾的危險，借助"貪歡報"，用淫亂世界的恐怖，向他們提出警告。對於宗族來說，子弟嫖妓是"傾家斷宗"的危險行為。妓院這類場所，即使在農村地區，

---

16 或指《貪歡報》第十一回〈蔡玉奴避雨遇淫僧〉，但沒有歌中唱到的故事。

也都集中於墟市的商業街（整個清代都是如此）。例如在上水廖氏保存的“對聯例”中，與藥材鋪、酒米鋪、打銀鋪等店鋪並列的，就有“妓女寨”，下面就是六副妓女寨對聯：

常來此地非君子，不入其門廢丈夫。

風流快活來尋我，含淚苦楚問對門。

勿為花殘採蝶厭，且看夜靜雅賓來。

花蕊任從高士採，蓬門常為雅人開。

月為有情看不厭，花原無俗敗何妨。

大抵浮生似苦夢，姑從此地正消魂。

石湖墟、大埔墟中一定也有這種“妓女寨”，所以有必要向子弟提出警告。

以上是對宗族內的子女、媳婦的說教大綱。

第三段共四小段，唱的是圍繞著女子和金錢的處世智慧。

（17）唱到雞公膽

媒人做事要參詳。

袋裡年庚有一百，男庚女柬有千張。亦有星期送日子，恭行文定納禎祥。

亦有約人買阿奶，青頭人仔打鴛鴦。貪著人家豪富貴，年庚揀大做填房。

嫁著村夫和蠢子，珍珠成斗也平常。晚間同睡羅緯帳，好似天仙瓦鬼一根床。

個陣金蓮方有五寸，誰知把尺又橫量。亦有豆皮辣撻女，單眼攀毛嘴又長。

綾細思量唔講得，嫁個夫君丈八長。夫妻一向唔合對，並來將近到胸膛。

惟有哩雙真合配，揾胸謀人嫁著背駝郎。媒人說話多門謅，得人成就管他方。

若係他年埋怨佢，唔行條路也何妨。我今奉勸男和女，媒人說話細參詳。

（18）唱到難公脷

世人在上要知機。

富貴貧窮皆是命，前生注定冇更移。既係貧窮守本分，守得雲開見日時。

切莫怨天和怨地，先苦後甜亦未知。當日子牙時運塞，渭水河邊會帝時。

八十歲個年時運至，文王聘佢做君師。個時方得身榮貴，老來行運未為遲。

（19）唱到難公耳

勸人媳婦聽言詞。

古道低頭做媳婦，唔比在家做女時。

天光早起持家暮，切勿貪眠睡到午時。

敬奉翁姑天上理，晨昏侍奉笑微微。

首先莫把家婆治，他年輪你到就知。

老人自古多長氣，執訔言語講過隔離。

亦有家婆無道理，殘言殘語講過兒知。

莫學婆婆丘氏婦，孩兒名字抄姜詩。

冤枉幾多三娘子，叫仔將佢趕逐離。

544

鳳北鶯南分兩地,幸得鄰姑周濟佢。

安安送米尋娘母,蘆茅相會有歸期¹⁷。

女人說話休要信,三思想過未為遲。

（20）唱到難公膽

世人在上聽我言談。

家有千金唔我亂散,荷包唔係太平山。小富由勤隨你賺,使錢容易賺來難。

親戚到來應要使,人情當使莫當慳。有仔慳埋仔享福,冇子慳爭埋爛水罌。

世界做完離手去,何曾帶得落陰間。但係有錢都要食啖,莫將言語當為閒。

唱詞（17）勸人不要中媒人巧舌詭計的圈套;（19）引《躍鯉記》,指出不要輕信女人（《躍鯉記》中的秋娘）的讒言,同時還不厭其煩地規勸媳婦應盡力孝養公婆,因為這是宗族關切之所在;（18）勸告倒運者應該等待時來運轉;（20）勸人在金錢上,既要杜絕浪費,又不能吝嗇。總之,歌詞讚許細心、堅忍的生活方式,因為宗族秩序、家族秩序均要求這樣的生活道德。可以說,山歌確實將這一點表達得相當傳神。

第四段共五小段,羅列了以孝為中心的"忠孝節義"四大道德,同時勸戒人們禁食鴉片。

（21）唱到難公腎

為人子者要知恩。

父母天倫應孝順,首先唔好忤逆雙親。要念懷胎十個月,幾多辛苦

---

17 參見南戲《躍鯉記》（明富春堂刊本）,載《古本戲曲叢刊初集》（北京:商務印書館,1954）。

有誰聞。

哺乳三年唔在講，屎尿時常濕透身。父母在堂唔孝順，死後何須敬鬼神。

拜山都係掩生人眼，酒飯原是老烏丫吞。耕田正知牛辛苦，養子方知父母恩。

但凡知過須當改，他日兒孫勝過人。

（22）唱到雞翼尖

勸人唔好學食鴉片煙。

鴉片洋煙君莫練，傾家絕嗣佢為先。一日一錢雖係小，計來日久散了好多錢。

你體省城有個沈老伯，專門好食鴉片煙。食盡錢財不計數，算計唔通就去賣田。

屋舍樓房都食了，身上吟叮冇個錢。鴉片引來真惡算，一身骨遠實見掩尖。

無可奈何食煙屎，個中下作不堪言。食得肩頭高過耳，骨瘦如柴似個瓦仙。

滿口烏雲生上面，好似玄壇小枝鞭。個件汗衫都睡爛，不能包米可穿錢。

親戚到來唔敢見面，食成仙搵有誰憐。鬼計奸心真惡毒，七鈕八算食為口煙。

今日勸君唔好練，一心想害我中原。好食之人來聽見，話吾一片是胡言。

（23）唱到雞公胸

孔明台上借東風。

火燒連環船亂摧，曹操兵將亦燒窮。殺得奸雄無路走，關公又在守華容。

沔陽雙報當初計，雲長義重放曹公。將頭相倒都唔怕，義重派傳萬古隆。

546

（24）唱到雞公皮

雪梅二八守空房。

愛玉堅心賢德婢，斷機教子習文章。三元連中登金榜，皇恩封誥佢親娘。

烈女古云天下少，牌坊高掛遠傳揚。

（25）唱到雞公鼻

第一忠良是岳飛。

秦檜奸心無道理，枉佢在朝做太師。一程來到風波地，有心人害冇心人。

長舌婦人來設計，假傳聖旨害他佢，殺死岳飛三父子，報仇幸得外孫兒。

唱詞（22）指出了鴉片的危害，又從宗族立場發出警告：若迷醉於鴉片，必引“傾家絕嗣”的大禍，批評了輸入鴉片的英國當局；（21）舉例說明父母的養育之恩，意在勸孝，不過“拜山（雙親之墓）都係掩生人眼”之類的指責，卻是近代人的思想。以下都是忠孝節義的故事：（23）讚揚“華容釋曹”中關羽的義氣；（24）頌揚《商輅三元記》中秦雪梅、愛玉的貞節；（25）詛咒殘害忠良岳飛的秦檜夫婦。這些內容都出於明代以來演出於鄉村舞台上的忠孝節義劇。

最後一段唱的是與上述忠孝節義有關的“二十四孝”：

（26）

王褒聞雷泣母哭，目連救母上天池。唐氏乳姑行孝義，漢廷事母藥先知。

黃香扇枕親娘睡，楊香打虎父身離。文舉孝親成大貴，觀音截手與爹醫。

董永賣身來葬父，天差七姐降麟兒。孟宗泣竹冬生筍，雪梅教子讀

547

詩書。

　　王祥睡雪求金鯉，黃香扇枕果名施。孫堅釣魚歸奉母，龍王出計合婚書。

　　曾參事母心常記，吳猛侍娘蚊無飢。閔子推車因後母，寧願孤寒天亦知。

　　江革負娘因母難，埋兒金賜救娘飢。萊子斑衣親口笑，壽昌別母再尋思。

　　剡子箭歸求鹿乳，黔婁代病有天機。黃庭堅遺聞天下，蔡順窮途米救飢。

　　這個二十四孝的內容，基本上依據元代郭居敬"二十四孝"，但其中沒有虞舜、仲由、陸績、姜詩、丁蘭五人，代之以目連、文舉、觀音、秦雪梅、孫堅。黃香一人出現兩次。除以上五人外，其餘十九人全與郭居敬"二十四孝"相同。新補入的五人中，秦雪梅是節婦而不是孝子，柳毅也以"義"聞名而與孝無關，文舉人物不明，孫堅事跡不詳。至於目連與觀音，本是佛教故事，或是根據佛教故事而改編的戲曲中的人物[18]，都離開了儒教系統二十四孝的原型。這裡的二十四孝，刪削漢代以前的舊例，補入較近的孝子節婦，尤其是添加了目連和觀音這兩個代表著華南閩粵地區民間信仰的人物。"二十四孝"本來就是一種通俗文化，現在又攙入了閩粵社會的觀音、目連信仰，其目的是為了追求更進一步的通俗化。在這裡，表現出了山歌與地方社會、農村社會緊密相關的特色。

　　最末尾，排列了一些說教性的宣傳：

18　目連故事採自戲曲《目連救母行孝戲文》；觀音故事採自戲曲《觀世音修行香山記》。

尚有古人行孝義，將來記起世人知。少年聽過當行運，老者如松壽合宜。

讀書聽過文成器，商賈生財正及時。習武名成香萬里，耕田歲稔不妨飢。

亞嫂聽過夢熊生貴子，姑娘聽過花朵不失機。大家聽過多歡喜，真利市。

好頭兼好尾，福祿壽全好過舊時。

結束時為宗族內的老幼、子女和士農商壯年祈福，這一形式與祭禮榜文、意文或敬神表文相同，也證明山歌是祭祀禮儀中的一個環節。

以上概觀了山歌基本的和傳統的部分，它們構成了山歌的骨架。作為山歌，除了這些基本部分外，還可以加上即興的、流行歌曲的部分。這樣一來，山歌又發揮了形式自由的即興歌曲的特色。例如，在上述山歌接近尾聲的第（25）和（26）小段之間，插入了一首新歌。首先是序歌：

（1）唱到難忘記

有段新文實見奇。

唔怕唱來撞衝你，等我開書唱幾句笑口言詞，

倘或各人唔合意，趕早即時跎跎之。

接下來的故事，是唱一個十三歲的小姑娘與鄰居姑娘結為"相枝"（即義姊妹），成為好夥伴，幾年以後，義姊出嫁他村，孤獨一人的義妹給義姊寫信，希望她早日回家，不料義姊發怒，義姊妹關係就此破裂。下面分段介紹。

一開始唱二人結拜"相枝"的情形。

（2）

女子長成十三歲，行埋就講契相枝。群伴雖多都係假，重話相投契個冇便宜。

古道無針不引線，隔牆二嬸就知機。你係做成哩件事，有對花鞋贈過佢。

二嬸貪圖鞋一對，即時應允冇更移。尋得一位姑娘真合意，才貌相登正合時。

擇定良時吉日子，當天盟誓拜神祇。右里左鄰來賀喜，姑婆九遍賀相枝。

各人飲罷回歸去，相枝攜手入羅幃。個陣兩家口水唔嫌氣，好似沙糖點蜜梨。

喝一只賀喜同心，和糖水藕十多分。初契猶如糖癡豆，分離一刻都話欠精神。

出街打扮同一樣，釵環首飾要分勻。銀兩兩家都不論，何曾見過二三文。

總要兩家同快樂，夜間同枕日同行。

"相枝"的習慣，徵諸文獻不甚明瞭，也許是一種年輕女子共同練習家務活、準備結婚的制度，因為從接近婚齡的十一二歲起，女孩子就不能獨自外出了，於是就在相睦的女性之間結伴為義姊妹。"相枝"是為了創造一個環境，作為家庭主婦的預備期。

然而，幾年後，義姊外嫁他村，下一段描寫她的婚禮：

（3）

等過幾年人話嫁，個時只著要相分。吹打入門來娶佢，大銅含哄到來臨。

個班細樂八音好似叮叮咁聲，個時銅鼓打來好似嘭嘭咁聲。

個陣好似掩豬和吊狗，各人叫喊且攀筋。一來難別同心妹，多蒙妹你咁真心。

記得頭暈唔食飯，親到床邊問幾句。二來難捨親生母，難報劬勞養育恩。

當作女兒歸地府，勿為奴奴掛在心。三來難捨同群妹，多得當年教指針。

個陣你又率時我又說，假情假意喊得亂紛紛。眼淚各人流上白頰，轎夫催趕兩三句。

有位姑娘真正擓掯，做乜催人上轎咁頻輪。鬧得轎夫騰騰振，縮埋條頸似個田雞。

高興各人喊出引，床板幾乎比佢喊崩。大妗把手掙盡嚇佢，連忙走入轎中心。

嗳，做乜你都唔拜祖宗咁就去啦，阿舅連忙點著個枝燈。

開遮撒米唔在話，炮響呀呤嘭嗗轎起行。

三步那埋兩步走，一程來到見新君。二家食了暖房飯，洞房花燭會新人。

歌詞細緻地唱出了告別雙親、姊妹、姑嫂，離開娘家而去的新娘的心境與模樣，充分表現出山歌擅長描寫女性世界的特色。舊時山歌的演唱者和聽眾都是女性，它作為女性勞動時的歌曲已有相當長的歷史，以上描寫也一定是出於女性之手。

接下來是唱新娘查收、點理一下子變成孤獨一人的義妹寄來的信和禮盒。

（4）

不覺三朝日子又到，同心盒仔轉來臨。

揭開擺在房間外，等我解過你知聞。

重有哩盒胭脂和水粉，個陣煙水雲山共你隔萬層，山遙水遠難親近。

下面就是義妹的信。信中仔細地寫了義姐走後自己羨慕的心情，希望姐姐早日歸來，又送上柿和餅，希望她和丈夫共用，祈願姐姐明年生一個娃娃。

　　（5）真肉緊

　　憑誰來到問，囑咐同心早日轉程。重有圍眼莫閒藏住香信，望穿雙眼為憶同群。

　　自係同心分別兩日，虧我顏容減了十分。飯亦不思茶懶飲，問嬌知到定唔會。

　　我日夜思嬌門外等，如何幾日有句回音。哩盒京柿兼餅仔，但凡肚餓食番心。

　　若係姐夫來叫你，二家同食莫相爭。紅紙剪成貝子帶瓜，等你明年孭仔轉回臨。

　　話頭到此急轉直下。義姊看了上面這封信，覺得義妹竟然說出希望自己明年生孩子這種話，等於是干涉了自己的私生活，不禁心頭火起（發怒的原因不明，有可能原歌詞中脫落數句）。

　　解得同心真火起，等我回門共佢拆分。般般話我心都混，做乜話我明年生仔轉回臨。

　　就這樣，義姊回到娘家與義妹大吵起來。

　　（6）

　　請嬌回門歸到屋，相逢兩個眼睜睜。你鬧我時我數你，二人嘈吵亂紛紛。

　　嗰陣打得頭披兼共髻撒，前時盟誓化為塵。撠到衫崩和褲爛，打失銀簪兼共髻針。

552

看到她倆可怕地扭作一團，隔壁二嬸嚇壞了，趕快將她們拉開，故事到此為止。收場唱段是：

（7）

驚動隔牆單眼二嬸，相救佢二人不得脫身。引動隔鄰兼共俚，一個頻輪跌濕身。

咁樣相枝唔好契，打醜家門失禮人。

以上七段唱詞雖然是插入部分，但故事本身卻是真實可信的。這就是說，山歌中除了麻歌（屬農耕勞作歌）和傳統的勸善歌（專唱宗族村落中的生活道德）外，作為一種新創作，還可以附加上面這種即興式的表現日常生活的歌。農村祭祀中演唱的山歌，最初自然是以勞作歌和勸善歌為主，隨著時代的發展，山歌中新的生活素材日益增加，山歌就逐漸接近了俗曲和流行歌曲，終於發展到以現在這種專唱流行歌曲的歌台取而代之的程度。粉嶺的山歌資料和歌台的現狀，從多方面暗示了由山歌向歌台變遷的過程。

順便指出，這類山歌，特別是新作山歌，在各種地方戲由正字戲（即中原音戲曲）向白字戲（即方言戲曲）轉化的過程中，起了重要的作用，這一點，我們應當予以注意。例如，潮州劇的白字戲，即出於山歌系的"唱歌冊"；閩南的薌劇出於山歌系的"歌仔"，所以被稱為"歌仔戲"；浙江的越劇，則是從與紹興大戲（正音戲）相對的嵊縣（今浙江省嵊州市）山歌系歌曲中發展而來的。一般說來，正音戲是由以道士禮儀為母胎的嚴格的形式構成的，曲牌規律井然，而與此相反，出於山歌的白字戲，其形式自由，不受曲牌的制約，題材上也吸收了山歌的傳統，容易對日常的生活素材進行自由的改編，從而脫離古典題材的制約而顯得富有人情味。而且，與正字戲的演員都是清一色的經過職業訓練的男性不同，山歌—白字戲以業餘的女演員為主體。因此，雖然演出規模不大，卻往往能發揮演出不論場地的這一優勢。由此可見，山歌—歌台，也是可以在祭祀演劇的範圍內得到解釋的。我們並不能把粉嶺太平洪朝的歌台僅僅看作是一種流行歌曲的助興，它與農村的祭祀演劇有著很深的內在聯繫。

第四節　小結

　　雖然我們把粉嶺彭氏太平洪朝當作聚居性單姓複村的一個實例來探討，但它卻充分表現出了宗族共同體（以宗族為一個整體，實現對土地的支配）的特徵。

　　首先，在祭祀組織上，作為宗族村落的特徵，粉嶺三圍彭氏一個宗族獨佔了整個組織，排除了掃管埔和雞嶺村中外姓的資格。彭氏使族中所有戶主丁男都成為祭祀組織的成員，數目超過五百人，其中六十一歲以上者，又特尊為壽員，反映出一種強烈的重視年齡構成的宗族觀念。祭祀主持者的代表是朝首（又稱神頭），他們由丁男中的已婚者按結婚登記的先後次序輪流擔任，這同樣出於重年齡的觀念。這一點比前述龍躍頭鄧氏和林村諸姓都要徹底。即使粉嶺被稱為複村，它也近似於以圍郭為中心而聚居的單村，這是因為日常生活中同族關係密切，這種宗族特有的平等原理容易產生作用的緣故。僅此一點，就使宗族內部統一，團結牢固。作為祭祀的財政基礎，思德書室這份公產也對祭祀的安定和維持有所助益。

　　其次，粉嶺太平洪朝祭祀禮儀有一個特色，即它雖然具有"太平洪朝"這樣一個特殊的名稱，然而在最廣泛的意義上，它只相當於為保衛莊稼而進行的建醮賽願，也就是所謂"保禾""保禾苗"的祭祀。這一點，清代的太平洪朝榜文、疏文上已有所指（比如說，近年"寒暑或有違和，殄氣流行"；"年光不利，殄氣流行，雨水不均，人民不安，赤眼痲痘相侵，蟲虎為患，盜賊縱橫"等），總之，它是以驅除天候不順、疫害流行為目的的祭祀，可以看成是一種農村中最傳統的"保禾苗"禮儀。"保禾苗"賽願對農村共同體來說，是一種最基本的祭祀，太平清醮只不過是它的擴大、延伸罷了。為了進行比較，我從《莊林續道藏‧陳氏文檢》中摘引同為福建系道教禮儀的"保禾苗"疏文〈合鄉建醮保田禾疏意〉：

伏以：積聚收藏，兆姓功歸於造化；初陽來復，六物有事於明禋。惟德動天，無遠弗屆。主持醮事凡昧小臣陳□□誠惶誠恐，稽首頓首，百拜上奏。謹為大清國福建省△△縣△△居住，奉道建醮，酬恩保豐，祈安植福。醮主△△等同誠叩干。恭惟：皇清仁覆，普惠靡涯。荷雨大以生成，賴百靈而呵護。既降百穀以滋培，復簡先稿穀主諸聖而化育，年登稔豐，百穀以為滋養。黍稷生，鋪芸生。因而數載以來，耕種不稔，歲序少和。螟蟘蟊賊，苗莠肆蔓，以致粒食維艱。眾等各發丹誠，共裹禱告。於△月△日吉旦，仗道焚香。具疏恭對三界天神地祇神農上帝列聖雲前，叩許清醮，良願祈保。士女均安，俾稼穡之利，無水患之災。得以豐年大有，各室盈盈等因。恩有感而當報，願有禱以當酬。謹涓△月△日吉旦，仗道立壇，修崇。敲金戞玉，寅迎諸天聖駕。銜花獻果，茗烹雀舌，酒進醇醪，恭行△天法事，禮誦諸品經篇，共披就日之丹，永荷如天之福。伏願帝心簡在，天耳遙聞，鑒此微誠，留恩降福，祈保熏風阜物，年歌大有。四民樂業，各家平安。文壇樹幟，雁塔題名，倉箱萬億，貫朽粟陳披，芸跨海宇，財貨陶崇。百事叶吉，諸事咸良，擊壤咸歌帝力，鼓腹共樂堯天等因，恭望聖慈俯垂省覽，下情無任瞻天仰聖，激切俟恩之至。謹疏聞。

天運△年△月△日，下民等熏沐文疏，百拜上申。[19]

---

[19] 《陳氏文檢》第十九冊〈合鄉建醮保田禾疏意〉，載 Michael SASO 編：《莊林續道藏》（台北成文出版社，1973），5600-5604 頁。

這裡有很多方面是與粉嶺太平洪朝相同的，比如因天候不順，莊稼遭受水旱蝗蟲之害，懇求神靈護祐，並約定如果靈驗，即以清醮獻禮；舉行清醮的時間是 "初陽來復" 時，也許就是農曆正月；"仗道立壇"，招聘道士，念誦各種道典，"敲金戛玉"，以禮眾神，等等。作為名稱，一般就稱為 "保田禾" 或 "保禾苗"，不管叫什麼，都是祭祀社神、土穀神等農神的農祭。粉嶺 "太平洪朝" 也向 "社稷大王" 酬願，具體說來，就是以北帝以下社神和多數伯公群作為主神進行獻祭。另如前述，還要祭祀 "井神" 和五方土煞神。由於始終是祭祀土地神，所以宗族祖先神並不登場，人們也不參拜宗祠。既然 "保田禾" 不是族祭，而是一村的農祭，那麼這種現象是理所當然的。但是龍躍頭和林村的太平清醮，雖然基本上屬外神祭祀，但卻又抬出作為內神的 "歷代祖先神位"。兩相比較，粉嶺的太平洪朝外神祭祀的觀念顯然明確得多。然而，一方面，在祭禮上具有如此徹底的外神祭祀（村落祭祀）觀念，但另一方面，祭祀組織卻清一色由彭氏組成，完全不許外姓加人，我們無法否定從中強烈地表現出來的這樣一種由單姓宗族支配村落祭祀的現象。就這個意義而言，前述諸實例中，粉嶺彭氏的太平洪朝＝保田禾祭祀，可以說顯示了宗族支配的最高水準。其強大的排他性組織力和支配力，是從聚居型單姓村落（單姓的區域集中統治）這種類型的宗族村落中發展而來的。在這裡，我們既可研究宗族支配的幾種類型，又可看到最強固的宗族支配組織。

粉嶺太平洪朝還有一個重要特點，即，它的祭祀藝術不是演劇，而是由舊山歌發展而來的歌台。就是說，在單姓宗族村落共同體這樣的水準上，雖然每年都舉行 "保田禾" 祀祭，但每一次都不具備演出演劇的經濟能力，於是，就很自然地轉到業餘性質

的藝術活動上 [20]。由於宗族村落中姑嫂、姊妹、孀姆（妯娌）的團結很牢固，在她們的勞動組織中形成的山歌（麻歌即其中之一），就有可能作為最普及的業餘藝術奉獻給神。另外，像木偶戲這種半業餘性質的藝術，登場表演的機會也很多。換言之，由專業演員承擔的演劇，只局限於市場地或村落聯合這種規模的大型祭祀組織，至於那些單姓村落以下的祭祀組織，只有十年一屆的建醮活動時，才有可能獲得演劇的機會。即使在龍躍頭、粉嶺、大埔頭、廈村等比較大型的單姓村落中，十年建醮時進行演劇活動也只是近二三十年才有的，在這之前演出的都是木偶戲。總之，單姓村落有很多共同體式的祭祀活動，如"保田禾""祈雨""保六畜""逐疫"等等，由於經濟上不允許每次都安排演劇，所以業餘性的農村藝術活動才能發展並傳播到這樣的水準。因此，即使從地方藝術史的角度來看，單姓村落祭祀活動的重要性也是不能否定的。

---

20 "太平洪朝"活動中也有奉獻演劇的例子。如金錢侯氏，在進行元宵"洪朝"時就不間斷地向福德正神獻演粵劇，"扒船"時也同時進行。後文將要提到的河上鄉侯氏的洪聖誕粵劇本來也是"太平洪朝"的一部分，"洪朝"取消後方才獨立呈現。

第三章　河上鄉侯氏洪聖神誕祭祀

序節　河上鄉侯氏與洪聖廟

　　本章討論單姓單村（由單一宗族獨立構成的狹域村落）中的祭祀組織。實際上，狹域的單姓單村是極少以獨立的祭祀組織形式來進行祭祀演劇活動的，因為，如果不是一個兩百戶以上、一千人左右的村莊，就不可能單獨持續地進行演劇活動。本章例舉的單姓單村即河上鄉侯氏，並不是一個嚴格意義上的單姓單村，其與同為侯姓的燕崗、金錢、丙崗三村聯合成一個四村聯合體，河上鄉侯氏不過是四村聯合體的一個分支而已。第一篇第一章已經提及四村侯姓聯合參加上水廖氏石湖墟周王二公書院祭祀

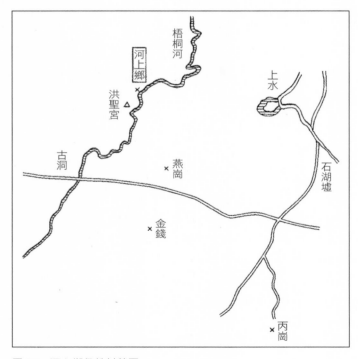

圖 95　河上鄉侯姓村落圖

的情況。各村之間相隔一至四公里，四村同姓聯合並沒有形成共同體式的結合關係，它們一方面互相獨立為村，另一方面在需要以同祖同姓出面的時候，採取共同步驟。祭祀組織也各自獨立，分別祭祀各自的社神。因此，河上鄉村雖然具有兩重性：既是四村聯合體的一個分支，又是一個單姓單村，但從本質上說，將其看成獨立村落比較符合實情。正是在這個意義上，筆者將河上鄉作為單姓單村的一個近似實例來加以研究。

新界北部、靠近上水石湖墟的地方，有河上鄉、金錢、丙崗、燕崗四個村落，均屬同一侯姓宗族。侯氏是石湖墟周王二院的五股之一（參見第一篇第一章），是早就定居於該地區的望族。四村作為侯氏宗族，保持著同族意識，也經常採取聯合行動。四村的核心無疑是河上鄉侯氏。這裡，我們先對四村作一綜覽。

1898 年的《駱克報告》[1]、1911 年的人口統計[2] 和 1960 年的《香港地名志》[3]，對四村的人口作了統計。1911 年的統計不夠完全，缺乏資料價值，故略去。

可見，從 1898 年至 1960 年的六十多年間，河上鄉與金錢村人口增加了一倍左右，1960 年時，兩村共約一千人，四村共約一千兩百人。如果把四村當作一個整體，其規模為一中型集團，但事實上，河上鄉與金錢村並不是統一的。燕崗、丙崗因人口少，影響不大。

1 *Report by Mr. Stewart Lockhart on the Extention of the Colony of Hong Kong*, Oct. 8th 1898, in Eastern No. 66, Colonial Office, 1900, Appendix No. 4, Sheung U Division, p.71.

2 Census Reports in *Hong Kong Sessional Papers*, by P. P. J. Wodehouse 1911. TABLE XIX, Chinese Population of the New Territories by Villages, Sheung Shui District, p.103.

3 *A Gazetteer of Place Names in Hong Kong, Kowloon and the New Territories* (Hong Kong Government Printer, 1960), P.209.

表48 河上鄉等侯姓村落人戶表

村名	1898 年	1960 年
河上鄉	250 人	580 人
燕崗	120 人	95 人
金錢	240 人	460 人
丙崗	120 人	110 人
合計	730 人	1245 人

由河上鄉保存下來的《侯善行堂族簿》（以下簡稱《族簿》）中，有侯氏二十五世孫侯子城於道光十二年（1832）作的序文，其中論及侯氏沿革：

今夫物本乎天，人本乎祖，尋源溯本，譜系所宜追辦矣。我姓氏啟諸侯，族分他國，官於鄭，著於宋，由是散居諸邦，殊難臚考。下傳數百載，至漢則有霸公，老成持重，爵兼優，光前裕後，侯氏不誠賴有斯公耶。公河內密人也，漢授朝議大夫，知臨淮郡府尹，逆臣王莽篡漢，天下大亂，我公獨能保全其郡。及光武建武四年秋八月，帝微詔會於壽春，拜尚書令，時朝廷無故典，罕舊臣。公明習故吏，收錄遺文，條奏善政良法，帝嘗依施行之。乙丑五年冬十一月，升大司徒，癸酉十三年秋八月卒。日後一脈相承，歷漢而晉，歷晉而唐，歷唐而宋，我祖五郎公，自番禺遷居至此。世傳廿五，歷年八百，而子孫繁衍，遐邇析居。余生也晚，痛昭穆之不明，上原初代，憫枝裔之散失，用昭一宗。然間稽諸系，或名存墓失，或墓在名殊，質之三五父老，竟無能有言之者，始採各房斷簡，拜瞻列祖兆銘，存者筆之，疑者闕之。爰訂斯譜，永為族記。時

道光壬辰十二年冬十一月下浣河上鄉

二十五世孫子城氏謹誌

這份《族簿》，撰於清道光年間。據該簿記載，侯氏乃東漢河內密縣人，以西漢霸公為遠祖；其後，歷經晉、六朝、隋、唐，但傳承世系不明；到了宋代，出了個進士五郎公，他率族經廣東省番禺縣，進入新安縣河上鄉定居下來。

宋代以後的侯氏傳承已可考。進入廣東的侯氏分居於廣州、肇慶和嘉應（今廣東省梅州市）三郡，形成以下六大房：

1. 廣州南海縣一房；
2. 番禺縣一房分系新安縣一房；
3. 新會縣一房；
4. 香山縣一房；
5. 肇慶恩平縣、新興縣同一房；
6. 嘉應州一房。

定居於河上鄉的，是由廣州番禺縣分出的新安縣一房。《族簿》詳細記載了侯氏自始祖五郎公以後的各種事跡。關於五郎公，《族簿》寫道：

> 宋始祖考，五郎侯公，妣孺人孫氏，公乃宋朝歲進士。公乃霸公裔也。負創垂之德，懷裕後之才，東遊寶安東偏，見山川蔥郁，毓秀鍾靈，遂由番禺以始遷。原配孺人孫氏，生一子，名十六郎。公生於宋仁宗天聖癸亥元年二月十五日，終於神宗乙丑八年五月初四日，享壽六十有三。相傳葬於上水松園，即今卓峰公右穴，儕佑公是也。公之遺骸因卓峰重修，誤將陪葬改名儕佑西迪吉房，不得與祭。及與廖姓爭訟金錢

---

4 英國大英圖書館藏，Baker Collection 新界族譜之一，香港中文大學藏縮微膠捲。

村地，遂以銀牌書公及氏，並葬金錢村側，庚山甲向。今已失祭。

姒生於宋仁宗天聖乙丑三年九月初九日，終於哲宗元祐丙寅元年八月初八日，享壽六十有二，相傳葬於土名下徑。

根據這個紀錄，五郎公墓也不知所在，傳承關係也很曖昧。由於侯氏傳自八百年前的宋代幾乎是不可能的，所以這種曖昧不清也很可理解。《族簿》確信的真正始祖，是距宋代始祖三百年左右的明代十一世祖卓峰公。卓峰公在上述紀錄中是作為修復五郎公之墓的人物出現的，但他卻被看作是開發河上鄉村的事實上的開山祖。《族簿》如此記錄卓峰公其人：

明十一世祖考，卓峰侯公，姒黃氏孺人。公乃迪禧公之子也。諱憲德，字壬祐，別字卓峰，原配黃氏，生二子，又娶鄧氏，生三子，側室施氏生一子。長，本初，鄧氏出；次，本周，黃氏出；三，本泰，鄧氏出；四，本祿，鄧氏出；五，本立，鄧氏出；六，本清，施氏出。公開基河上鄉。長、二、三、四房，皆世居於此。五房遷居穀田，六房世居吉田。

表49A是據《族簿》記載編制的河上鄉侯氏世系表之一。

明十一世祖卓峰公開發河上鄉，他的六個兒子中，長子、次子、三子、四子四房世代居住於河上鄉。據《族簿》記載，可以看到河上鄉侯氏一族在十二世祖之前，葬於金錢村者甚多，也許在金錢村有其族墓，並支配著這一地區。但正如前引紀錄所說"與廖姓爭訟金錢村地"，侯氏在與相鄰的大姓廖氏宗族爭奪金錢村失敗後，就失去了一部分土地。然而，侯氏對金錢村的支配權本來就是確定的，所以金錢村至今仍為侯氏居住地。由此可見，明初以來，卓峰公的長、二、三、四房，掌握了金錢村與河上鄉兩村。《族簿》中還說，第五子本立之子孫來往於金錢與燕崗之

表49A　河上鄉侯氏世系表（自始祖至明十一世祖）

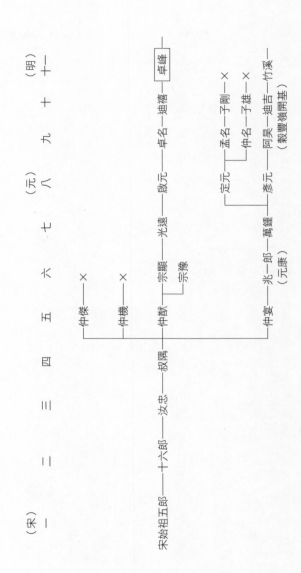

（宋）一　二　三　四　五　六　七　（元）八　九　十　（明）十一

宋始祖五郎——十六郎——汝忠——叔隅——仲傑——×
　　　　　　　　　　　　　　　　　　仲機——×
　　　　　　　　　　　　　　　　　　仲獻——宗顯——光遠——啟元——卓名——迪禧——卓峰
　　　　　　　　　　　　　　　　　　　　　宗豫
　　　　　　　　　　　　　　　　　　仲宴——兆一郎——萬鍾——定元——孟名——子剛——×
　　　　　　　　　　　　　　　　　　（元康）　　　　　　　　仲名——子雄——×
　　　　　　　　　　　　　　　　　　　　　　彦元——阿昊——迪吉——竹溪
　　　　　　　　　　　　　　　　　　　　　　　　　　　　　（穀豐嶺開基）

表49B　河上鄉侯氏世系表（自明十一世祖至清二十一世祖）

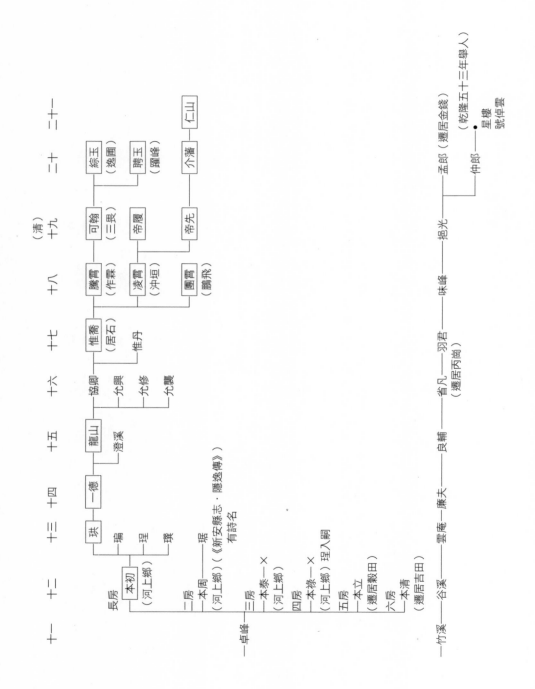

間，侯氏另一分支迪吉房第十五世祖良輔的子孫開發了丙崗。因此，侯氏是在明代中葉，即第十五世祖時，掌握河上鄉、金錢、燕崗、丙崗四村的。表49B是根據《族簿》記載編制的河上鄉侯氏世系表之二。

現在的河上鄉侯氏的宗族組織稱之為"侯四本堂"，所謂"四本"，是指本初、本周、本泰、本祿，即長房至四房的各祖系。全族認明十二世祖為河上鄉的開山祖。

河上鄉侯氏有宗祠，祠堂冠以十七世祖居石公之名，題作"居石侯公祠"，上懸乾隆二十七年（1762）匾額。祠堂為二進構造，大殿內分層供奉神位。（見圖96）

最上層以宋始祖五郎公為中心，左為穆祖（開基祖十一世卓峰、十三世祖珙、十五世祖龍山），右為昭祖（十二世祖本初、十四世祖一德）。另特祀宋代侯氏名士蒙公、師聖公二位；第二

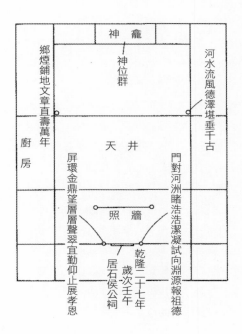

圖96 河上鄉侯氏宗祠平面圖

層跳至十七世祖居石公，不祀十六世神位。第三層集中十八至二十世神位，最下一層為二十一世神位。有神位的祖名，不出居石公長子、次子、三子的系統。（見表 50）

　　由此可知，河上鄉侯氏確立其在當地穩固地位是在居石公時代，即明末；其後，經十八世、十九世兩代，繼續建設河上鄉村，至清代中期就達到了現在的規模[5]。祠堂建於乾隆期，當時，以居石公的名義設置了祖產，形成了侯氏宗族的中心組織。根據祠堂建成後入祠的神位只限於居石公的直系子孫，特別是偏重清代三世（十九、二十、二十一）的現象，可以看出河上鄉侯氏的本地權力，早至明末清初，最遲至"遷海令"解除後的康、雍之際，就以居石公系為中心而形成了。

　　侯氏一族在宋始祖時代進入廣東之後，先是居於嘉應，這一點可以從廣東分派六房中，嘉應一房位於最東部看出。進入嘉應以後，再陸續向廣州、肇慶遷移。如果把嘉應作為進入廣東內

5　居石公及其子、孫、曾孫的小傳，見於《侯善行堂族簿》，摘引如下："明十七世祖考惟喬公，妣孺人鄧氏（錦田人），公乃北沼公長子也。字崇山，號居石。原配鄧氏，生三子，長騰霄，次凌霄，三團霄。公妣葬鱟地隔仔，有名鱟公形，土名松園。明十八世祖考騰霄公，乃居石公長子也。諱應龍，號作霖，原配孺人鄧氏，生一子，名可翰。凌霄公乃居石公次子，名應鳳，號沖垣，姒口氏，生子帝履、帝先等，俱邑庠。帝先生介藩，邑庠。帝履無子，帝先長子入嗣。介藩生仁山。團霄公乃居石之三子，名慶麟，號鵬飛，其後系式微。……清十九世祖考可翰公，乃作霖公之子也。字遊龍，號三畏，原配錦田鄧氏。又娶莘塘鄭氏，又娶龍躍頭鄧氏，又娶崗下文氏，又娶筍崗何氏，共生二子，長琮玉、次聘玉。聘玉公乃可翰公次子也，字信君，號躍峰，原配鄭氏孺人，莘塘奕貞公長女。繼妣林氏石步寧靖公長女，公入文庠。公生於順治已亥年正月十一日寅時，二十一歲進泮。終於乾隆十年三月十六日酉時，享壽七十有九，葬於寒牛左穴地。清二十世祖考諱琮玉公，乃可翰公長子也。號會君，字逸圃，邑庠，原配鄭氏孺人。"由此可見，與居石公時代相比，居石公之孫帝先、帝履，曾孫聘玉、琮玉等，可謂邑庠生輩出，已將居石公一派的勢力提升至侯氏中心的位置。

表50　河上鄉宗祠神位排列表（第二層以下簡略，數據為世次）

祖考進士宋官登知府樞密院詹事	誥授金紫光祿大夫諱蒙公神位	五世祖	三世祖	開基祖	宋始祖考	二世祖	四世祖	宋大祖考理學名儒諱師聖侯公神位
		考處士龍山侯公／妣淑德翟氏孺人	考處士珙侯公／妣淑德鄭氏孺人	考處士卓峰侯公／妣淑德鄧氏黃氏孺人	歲貢進士五郎侯公／妣淑德孫氏孺人	考處士本初侯公／妣淑德鄧氏孺人	考處士一德侯公／妣淑德何氏孺人	
	20 邑庠逸圃侯公	18 處士沖垣侯公	孺人鄧氏	17 居石侯公	處士偉裕	18 處士作霖侯公	20 邑庠躍峰侯公	
	邑庠適選侯公	20 邑庠介藩侯公	進士介夫侯公	19 邑庠帝理侯公	處士抱璞侯公	19 郡庠三畏侯公		
	處士廉貞侯公	18 處士鵬飛侯公	顯考宿儒暢國侯公	顯祖考處士恆嶽侯公／妣淑德鄧氏孺人	19 邑庠帝先侯公	21 顯考太學生仁山侯公		顯考冠帶壽官恬強侯公

第三篇　單姓村落的外神祭祀

地的據點，那麼侯氏本來就是客家人。雖然現在侯氏自稱為本地人，但他們很早就與同為客家人的上水廖氏締結了通婚關係，這說明侯氏本身肯定出自於客家。河上鄉社廟洪聖宮內設有觀音堂，奉祀配有關帝、北帝的神位牌，在宗教信仰上仍保留著客家色彩。

洪聖廟大殿中央為洪聖王像，左面為福德正神像，右面為諸神神位牌。神位牌兩側有一副對聯（"百年蘋藻沾餘澤，萬里香萊結勝因"），當中是五位神名：

北方真武玄天上帝

忠義仁勇關聖帝君

大慈大悲觀世音菩薩

護國庇民天后元君

都天至富財帛星君

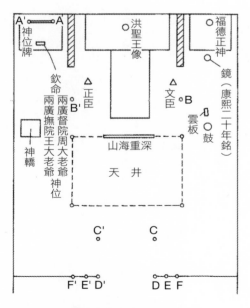

圖97　河上鄉洪聖廟平面圖一

568

在這裡，"觀音"位置提前了一級，作為中心奉祀，這種形式體現了客家系信仰的特徵。

福德正神像之前置一鏡，上面有"康熙貳拾年"字樣，其他字跡已剝落，無法辨清，但由此證實至遲在康熙二十年（1681）左右該廟已經建立。

鏡前另有古磬（雲板）一塊，上有乾隆季卯銘文，原文如下：

> 乾隆季卯年仲秋吉日，沐恩弟子侯祐中，男天澤、天弼、四福，偕洪廣賢、男啟周、三妹，同立奉酬。

儘管銘文中"乾隆季卯"疑為辛卯，"洪廣賢"疑為"侯廣賢"，但不管怎麼說，洪聖廟建於乾隆中期這點是確實的。

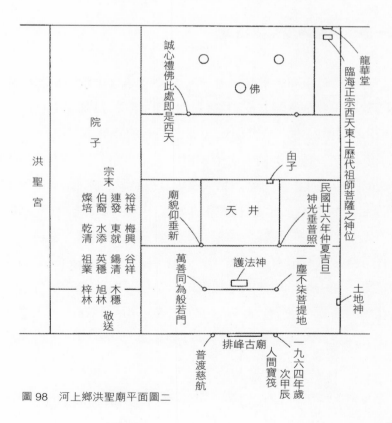

圖98 河上鄉洪聖廟平面圖二

廟內還有五幅作於光緒以後的對聯，內容都是對洪聖德行的頌揚。洪聖原為廣東的土神，很可能是在侯氏定居廣東以後，或是成為廣東本地人以後才加以奉祀的。而在定居於這裡之前，顯然只祭祀觀音、關帝等客家系諸神。該廟在左廂配祀著一個稱為排峰古廟的佛殿，可以進一步證實上述推論。由於它基於客家人的觀音信仰，所以內部全由佛教系諸神佔據。

佛殿正面，寫有"排峰古廟"四字，令人猜測此殿本為社廟。民國二十六年（1937）時的對聯"神光垂普照，廟貌仰垂新"中有"神光""廟貌"之類用語，都不是佛殿用語。也許以前這裡是主祀觀音菩薩和配祀關帝、北帝、天后、財神的地方，只是當這些神位移往洪聖宮後，這裡才被改建成佛殿，客家傳統的觀音信仰為此而進一步擴大。

第一節　洪聖神誕祭祀組織

河上鄉以每年的農曆二月十三為中心舉行洪聖王神誕祭祀，屆時還奉演粵劇。其祭祀組織以"侯四本堂"為基礎而組成。如前所述，"侯四本堂"是由侯氏真正開基祖卓峰公的四個定居於河上鄉的兒子長子本初、次子本周、三子本泰、四子本祿的後代構成的一個同族組織。侯四本堂據說擁有雄厚的族產（水田等）[6]，祭祀活動的費用主要就是靠這份公產。河上鄉現約有一百戶、五百六十人左右，村落規模很小。而且，它與燕崗、金錢、丙崗各村分離，很難聯合成一個祭祀組織，結果，只得形成單獨的祭祀組織。在這樣小規模的、狹域的村落中，每年要能維持包括演戲在內的祭祀活動，只有靠雄厚的公產。新界地區很多的單姓單村中，兩百戶左右規模的村落，每年都舉行演劇演出，這種現象

6　參見（日）多賀秋五郎：《中國宗譜研究》下冊，51 頁。

在其他地方是沒有的。僅此一點就說明公產基礎所起的巨大的穩定作用。不過，由於演戲的費用共需五萬五千元（搭建戲棚約一萬元，招聘戲班約四萬五千元），為了補充公產的開支，一般都接受鄉內外居民的捐款。侯姓中有特地捐款的，但外姓捐得更多。1980 年捐款者一百二十七人，金額達三萬一千一百七十元。因此，公產負擔數為兩萬五千元。一百二十七名捐款者中，侯姓個人不過十二名，其餘一百一十五名中有近百分之八十是外姓，但捐款額較大的商號中包含了不少侯姓，故侯姓在三萬元的總捐款額中大約佔了五千元[7]。這樣，在五萬五千元的總演出費中，侯姓以公產為主，負擔了三萬元，外姓負擔了其餘的兩萬五千元。外姓的貢獻雖說不小，但這筆錢大部分是雜姓湊合或徵收而來，構不成足以與侯氏對抗的勢力。由於平時外姓人的生活受侯氏經濟勢力的影響，所以他們能捐這筆款，這一點也顯示了侯姓支配力的強大。就整體而言，洪聖神誕祭祀組織，無論在組織經營上還是在財政上，都充分體現了侯氏的支配地位。

第二節　祭祀日程‧場地‧祭祀禮儀

祭祀日期每年固定，以洪聖大王神誕日農曆二月十三日為祭祀正日，祭祀活動從二月初十開始，至十三日結束。三天四夜的祭祀形式，是客家系村落祭祀的定制。主要的祭祀節目是"搶炮"和演戲，重要的儀式集中在最後一天進行。場地簡單，洪聖廟前為"搶炮"場地，宗祠為"演戲"場地。劇場為中等規模，坐席共十五至二十排，每排三十座，約五百席。河上鄉全鄉雖只有一百二十戶，約五百六十人，但來自鄉外的捐款者有一百人，如再加上本族金錢村、燕崗村的來賓，五百席之數是需要的。

7　本書日文版有表 70〈1980 年度河上鄉洪聖誕捐款表〉，略。

照片 189　河上鄉洪聖廟

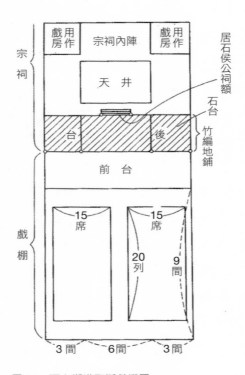

圖 99　河上鄉洪聖誕戲棚圖

照片 190　河上鄉洪聖誕戲棚

　　最主要的祭祀儀式，除了演戲，就是於神誕正日（農曆二月十三日）中午前後在洪聖廟廣場上進行的"搶炮"儀式了。

　　中午十一時三十分，村內七個花炮會跟隨醒獅入場，各自向洪聖廟前供台獻上一個花炮。供台上，除了並列七個花炮，還放著七個由各花炮會交還的"鏡額"。

　　此時，河上鄉父老穿長衫守候在廟內，安排神前行拜禮者。十二時一過，戲班藝人在廟內行拜禮，表演八仙、加官、送子等節目。結束後，休息片刻。下午一時，正式開始"搶花炮"。近年來，在香港地區禁止進行使用傳統火藥爆芯的"搶花炮"，而改成用膠帶彈弓將花炮射向空中的方式，或用抽籤的方式。不過，在河上鄉洪聖神誕活動中，依然按照舊制，舉行使用火藥爆芯的正宗的"搶花炮"儀式。首先，由作為村代表的河上鄉父老從洪聖宮內供台上的七個花炮中取一個，又用神像前的大燭點燃長香，然後，拿著炮和香來到廟外廣場的草地上。

照片 191　河上鄉洪聖誕飛炮

照片 192　河上鄉洪聖誕
神壇前鏡額

廣場上架設著炮芯發射台，父老將炮芯放在台上，用香火
點燃炮芯的點火口，引爆炮芯，射向空中。等候著的各花炮會年
輕人蜂擁而上，爭奪掉下的爆芯，奪得爆芯的花炮會就去接受下
一年度的第一炮。這樣的儀式反復進行七次，待所有花炮都發射
完，七個花炮的歸屬都決定以後，儀式就結束了。在其他地區被
嚴令禁止的火藥爆芯，只有在河上鄉被默許使用，其間緣由固然
難解，但作為默許的背景，也許與河上鄉洪聖廟背後即是小山，

照片 193　河上鄉洪聖誕搶炮一

照片 194　河上鄉洪聖誕搶炮二

前方亦為廣場，絕無發生火災的危險，同時河上鄉本身位於偏僻之地，人口較少，不大可能引起混亂等等因素有關。如果作進一步的推測，河上鄉作為單姓村落被侯氏完全控制，或許也是一個條件。花炮數只有七個，比其他鄉大規模祭祀用得少。根據筆者的經歷，群眾遠遠地圍觀廣場上進行的"搶花炮"，看上去秩序井然。該儀式於下午二時結束，觀眾移往祠堂內的戲台。

第三節　祭祀演劇

演劇活動聘請一中型粵劇團（彩龍鳳劇團）擔任，連續進行三天四夜的公演。（1981 年和 1983 年的演出劇碼見表 51A、51B）

表51A　1981年河上鄉洪聖誕粵劇劇碼表

日期	日場	夜場
二月初十		《一柱擎天》
二月十一日	《虎將奪奇花》	《蝴蝶杯》
二月十二日	《衣錦榮歸》	《一曲鳳求凰》
二月十三日	《彩鳳戰金龍》	《英雄兒女保江山》

表51B　1983年河上鄉洪聖誕粵劇劇碼表

日期	日場	夜場
二月初十		《金鏢黃天霸》
二月十一日	《紅鸞禧》	《征袍還金粉》
二月十二日	《夜夢洛神》	《血證嫁衣仇》
二月十三日	《燕歸人未歸》	《今宵重見鳳凰歸》

從劇碼內容來看，1981 年雖然以《一柱擎天》《虎將奪奇花》《彩鳳戰金龍》《英雄兒女保江山》等武戲為主，但保存了一些"古色"；三年後的 1983 年，武戲只剩《金鏢黃天霸》和《征袍還金粉》兩齣，其他五齣都改成了文戲。這說明觀眾層出現了新、舊交替的現象，以往單姓單村對武戲的欣賞趣味，逐步讓位於現代觀眾對文戲與愛情戲的嗜好。

這裡值得注意的，是於正日十三日日場演出之前，先在廟內上演《八仙拜神》《跳加官》《天姬送子》三個節目。

中午十二點過後，演員走下祠堂戲棚來到洪聖廟。在天井中鋪蓆叩首之後，左、右兩側的樂師奏樂，演員在席上向洪聖像奉演《八仙拜神》《跳加官》《天姬送子》三齣禮儀性節目。三個節目都很簡略。由於戲棚不設在洪聖宮對面，而是設在相距十幾米的祠堂內，所以就不採取通常那種直接從對面的戲台向神奉演三節目的形式，而是演員走下戲台，來到神殿，在神前演出。不過，即使舞台就在對面，演員於祭祀正日到神殿前演出，原先也是正式的禮儀。因此，與其說洪聖祭祀有所創新，還不如說它保存了舊有的形態。

照片 195　河上鄉洪聖誕粵劇《八仙拜神》

照片 196　河上鄉洪聖誕
粵劇《跳加官》

照片 197　河上鄉洪聖誕
粵劇《天姬送子》

第四節　小結

這裡對河上鄉侯氏祭祀組織的探討結果作一總結。

一般說來，聚居於狹域的單姓單村，限於戶口和財力，很少能維持一個獨立的祭祀組織，特別是那種足以單獨進行演劇活動的穩定的祭祀組織。河上鄉侯氏屬罕見的特例，即便如此，其祭祀演劇組織也是建立在相當特殊和優越的條件上的。

第一，河上鄉侯氏是很早（也許是明中期以後）就定居於該地，經過長期的努力，成為掌握村落內外土地開墾權的支配性的地主宗族，能夠用以支付祭祀開銷的公產極為豐厚，這一點很值得注意。侯氏以河上鄉為根據地，在明清之際擴大了其支配地盤，將南部的燕崗、丙崗、金錢等村變為自己的分支村落。清初以後，侯氏因與相鄰的上水廖氏相爭，勢力漸衰，導致四村分裂，各自成為獨立的村落。不過，由於河上鄉是侯氏宗族的中心，生員輩出，故而宗祠、祠產繼續維持下來。因此，河上鄉從形式上說是單姓單村，但在歷史上卻曾為單姓複村的中心村落（與龍躍頭同），祭祀組織是強有力的。可以說這是侯氏在祭祀活動中能夠維持演劇活動的一個有利條件。

第二，河上鄉侯氏能與其周圍廣大地區內的眾多雜姓宗族保持合作關係。在五萬五千元的演劇費用中，周圍雜姓負擔了約百分之四十（兩萬五千元），這就彌補了單姓單村規模小、地域狹的缺陷。

以上，就是河上鄉侯氏建立祭祀演劇組織的兩個特殊條件，同時，它也是由單姓宗族進行地域支配的一個類型。單姓宗族在特定村落中建立根據地，進而控制周圍地區雜姓居民這種類型，近似於第一篇所說的由強宗支配市場地祭祀組織的形態。與本篇第一章廣域單姓複村（龍躍頭鄧氏）和第二章狹域單姓複村（粉嶺彭氏）相比，這一類型當然屬於容易形成的類型；但反過來說，如果一個核心宗族以其強大的實力，還不能收服其四周相當大範圍內的雜姓，那就發展不成足以進行演劇活動的大型組織。沒有以墟市中的貿易關係為前提的支配雜姓的條件，不利用平時的地主—佃戶關係來培養本姓與雜姓、外姓的關係，就不能把多數雜姓吸引到祭祀組織周圍。因此，以祭祀為媒介培養與周圍雜姓間的合作關係，就成為核心宗族所關切的問題。一旦單姓宗族與周圍雜姓間建立起祭祀上的合作關係，那麼，在這一合作關係的結構內部，強宗就有可能通過祭祀來支配周圍地區的雜姓。與單姓複村相比，這一類型實質上實現了更強有力的宗族支配，即實現了由宗族來支配地緣社會。這一發展階段的演劇，在《八仙拜神》《跳加官》《天姬送子》等戲中保存了古風，這也正是集中而強烈地表現了所謂"由宗族支配地緣社會"的結構。河上鄉侯氏的洪聖祭祀可以說就是其典型。

結章　從廣東型向江南型發展的方向

　　本章根據序論中提出的問題——在單姓村落所有類型中，單姓宗族以何種機構、並在何種程度上支配村落祭祀組織？——對本篇各章作一總結。

　　就宗族對外姓的支配機構這點而言，形成了（一）廣域單姓複村→（二）狹域單姓複村→（三）狹域單姓單村這樣一個嚴格的演進序列。類型（一）的場合（以龍躍頭鄧氏為實例），單姓宗族分散居住在範圍廣大的複數村落中，對這一地區實行區域性支配，宗族結合即使作為地緣結合，也因擁有廣闊的基礎而能自我完成並穩定下來，幾乎不需要與他姓進行共同體式的合作，因此，祭祀組織中也不包括外姓，只限於本宗族內部。由於地緣村落祭祀被血緣宗族祭祀所吸收，這類祭祀組織與其說是村落祭祀，還不如說更接近於宗族祭祀。外姓並不是被支配，而是被排除，村落秩序可以說是不安定的。相反，類型（二）的場合（以粉嶺彭氏為實例），由於單姓宗族只居住在一個狹小的區域內，無法獨立完成一個共同體對水利的管理職能，於是就需要與周圍其他若干村落實行合作。儘管其祭祀組織本身仍由一個宗族獨佔，但外姓可以參與並關注具體的祭祀活動，所以這類祭祀組織雖然實質上仍是宗族組織，不過在形式上卻發揮了村落組織的功能，宗族通過這一組織支配著外姓。就對外姓的支配這一點而言，它比類型（一）顯得精密、穩固。類型（三）的場合（以河上鄉侯氏為實例），由於單姓宗族支配和居住的區域更為狹窄，要維持村落共同體的基礎，就必須通過與周圍雜姓、外姓居民的合作對其進行支配。即使是這種情況，祭祀組織仍由單姓宗族獨佔，但祭祀經費，尤其是演劇經費卻在相當程度上依靠外姓、雜姓的捐贈。對於單姓宗族來說，從平時起就需要維持與這些雜姓之間的關係，努力造就一種以地主—佃戶關係、貿易關係等經濟關係為核心的穩定的支配關係。這就使類型（三）成為一種比類型（二）更精密的外姓支配機構。最後可以得出這樣的結論：（一）→（二）→（三）演進序列中單姓宗族對支配外姓的關切程度逐漸增大，而其支配機構也相應地逐步精密化。

在上述單姓村落中，如果該單姓宗族要在村落及其祭祀組織中以及在與外姓、雜姓的對抗關係中實現獨佔性支配，需要有兩個重要的前提。其一，該宗族必須是一個擁有眾多人口和土地的有實力、有勢力的地主宗族。前述龍躍頭鄧氏有二百戶、二千六百人；粉嶺彭氏有二百戶、兩千人，勢力強大。連河上鄉侯氏一村也有一百戶、六百人，如果加上燕崗、丙崗、金錢三個同族村落，人口則超過一千人。這三族（鄧氏、彭氏、侯氏）都有一段歷史，都曾區域性地支配過比現住地範圍更廣的地盤，都曾是實力雄厚的地主。特別是鄧氏、侯氏，由於在科舉制度下出過不少舉人和貢生，在政治勢力上也具有地域望族的聲譽。可以說，以上三族的經濟、政治（包括武力）實力，遠遠超出山間僻地的小規模單姓村落。單姓村落要能獨立維持祭祀演劇組織，這是一個必要條件。

其二，該宗族必須要有豐厚的公產。上述龍躍頭鄧氏、粉嶺彭氏、河上鄉侯氏，無不擁有用於祭祀活動的豐厚的公產。擁有了公產，才有可能定期地連續舉行耗資巨大的演劇活動，同時，也使該宗族能在祭祀上確立比外姓、雜姓更優越的地位，並能對其進行支配。

不過，在新界地區，極少有充分具備這兩個條件的強有力的宗族，所以單姓村落舉行演劇的現象，要比複姓村落聯合舉行演劇的現象少。就拿十年建醮活動來說，除了以上三村外，再加上上水廖氏、大埔頭鄧氏、錦田鄧氏等，總共還不到十個。但數量雖少，作為由宗族支配村落祭祀演劇的類型，這類單姓宗族單獨組織，卻比複姓宗族聯合組織更純粹、更具有基礎性。宗族的血緣組織原理與村落的地緣組織原理之間的對抗關係，在這裡最頑強地表現了出來。

還有一個值得總結的重要問題，即必須注意單姓宗族祭祀活動中的藝能、禮儀和演劇演出的保守性質。關於這一點，本篇各章在介紹"打武""山歌""白虎"等禮儀時已作了詳述。"打武""白虎"等這些現已被香港新界的市場地祭祀和村落聯合祭祀廢止了的舊禮，之所以還能在單姓村落祭祀中保存下來，是因為在這種發展水準下的觀眾意識和公演環境，還存留著與這些舊時代遺物相適應的東西。"山歌"早已廢止，它被今天演唱流行歌曲的歌台完全取代，然而，這些山歌曾經教導宗族男女要遵循二十四孝和忠孝節義的家庭道德，特別是教誨宗族內姊妹姑嫂要對公婆孝順和忍耐。地主宗族的保守的思想意識，正是通過這種單姓宗族村落灌輸給了以女性為主要對象的村落成員。現在，雖然這類宗族村落中的女性的思想意識也開始了現代化，山歌轉向歌曲，演劇也正由忠孝節義劇轉向愛情劇，但即使如此，單姓村落祭祀特有的保守性格，仍然在祭祀活動中處處留下自己的痕跡。

以上所討論的，是經濟上屬後進地區的廣東農村中的一部分實例。下面，讓我們轉換一個角度，看看經濟發達的江浙地區單姓村落的情況。

先進地區，尤其是市鎮地區，單姓村落大多採取如龍躍頭那樣的廣域複村形態，而且像河上鄉一樣，不少還包容了雜姓。由於捲入市鎮經濟後，單姓村落就不可能孤立存在，外姓、雜姓頻繁地在村域內流入流出的傾向非常強烈。

我們先將第二篇結章所舉的寧波各縣的單姓村落祭祀，作為市鎮地區單姓複村聚落的祭祀實例來加以討論。

正如前兩篇的結論所指出的那樣，在市鎮經濟發達的先進地區，各村落（多數為單姓村落）很少單獨進行祭祀活動，幾乎都與相鄰的幾個宗族村落結成聯合體。這是因為市鎮經濟的深化，使得孤立村落失去了生存的餘地，同時，治安狀況穩定，大姓村落也無自守獨存的必要，還不如在水利、貿易等經濟利益一致的範圍內，將上述聯合作進一步的擴大。因此，在這一條件下，通常的農祭、廟祭只靠單一村落或單一宗族的祭祀組織，幾乎是舉辦不了的。儘管如此，根據祭祀種類的不同，由單一村落獨自進行的祭祀活動也不是完全沒有。比如，"祈雨"時的"龍王祭祀"就是其中之一。這個"祈雨"祭，在寧波通常是以一村為單位而不是與他村聯合進行，所以在這裡，就出現了單姓村落所特有的，僅限於該宗族範圍的小規模祭祀活動。基隆客〈祈雨和稻花會〉一文，描寫了寧波鎮海縣（今浙江省寧波市鎮海區）的"祈雨"節：

祈雨以每一村落為單位，公推大佃戶主其事。設辦事處於本村邑廟之內，選擇日期，備具祭品，借用迎神賽會的全副儀仗，雇來樂隊清音，和尚道士，最後四人扛昇像亭一座，內放銅盆（出殯時用以放置照相者故名）一隻，吹吹打打，浩浩蕩蕩，往後經海塘（萬弓塘）祈雨。參加的人雖然烈日當空，曬膚如灼，為表示虔誠起見，絕對不許撐傘，不准戴帽，照曬無訛。

到達海塘行人道上，設案陳列祭品，點燃香燭，僧道誦念。鼓樂齊鳴，主持人拈香頂禮，同行者一一膜拜。然後將像亭內銅盆，移放海塘下面淺灘之處。設有蝦魚蟹蛤之屬，被浪花捲入盆內，即視為龍王爺的化身。於是，必恭必敬，迎入像亭之中，全隊人馬，相率循原路回廟。至於龍駕來早來遲，要看運氣而定。有時幾分鐘即到，有時三四小時始達，甚至有連等七八小時，而仍不見龍王爺駕到，斯時祈雨人員，在烈日下久站，已是精疲力盡，不能支持，不得已只好採用拉夫方式，捉君入盆，迎之而歸。

回廟之後，將龍王爺安置在神龕前供桌之上，除供奉參拜如儀外，復請來說書先生彈唱文書，以表敬意。村中居民，不論男女老幼，均來叩頭。若三五天內，仍不見下雨，或龍體不服水土，壽終正寢，則認為至誠不夠，未能感天，例須重來一次，務使得雨為止。不過重來之舉，極少見聞，因為夏令雷雨甚多，霹靂一聲，沛然幾陣，河田水滿，皆大歡喜……視為龍王爺顯靈保祐，並將龍駕送回原處，祈雨之舉，到此告一段落。[1]

　　此文雖然沒有深入寫及該地的祭祀組織，但本村的支配地主讓佃戶代表"大佃戶"作為主持人，負責這項費力的差事，畢竟還是一種宗族支配形式。另外，迎龍王（水族）入廟後，照理應該奉上演劇，可現在只是請說書先生彈唱"文書"，這是因村落組織經費不足，只好用花費不多的"文書"臨時湊合，此舉與粉嶺洪朝中採用"山歌"如出一轍。金溪翁在〈閒話家鄉〉一文中，對"文書"有這樣一段介紹：

　　四明南詞，俗叫"文書"，與彈詞同出一源。不過唱白用寧波話發音，主唱者坐在上座，彈三絃，旁坐揚琴、琵琶相伴奏。這種叫"三檔文書"。為增加熱鬧氣氛，有"五檔文書""七檔文書"，增加伴奏樂器，有笙、洞簫、四絃胡琴、笛子等。唱的多才子佳人的故事，如《珍珠塔》、《玉蜻蜓》、《雙珠鳳》、《十美圖》等等，及《拜壽》、《蟠桃會》等開篇。寧屬六縣，言語多少有些差異，四明南詞唱白，發音也略不同。不過，多奉寧波城區唱書先生為正宗。[2]

　　不過，也有在此時安排演劇的村落。何瘦民〈請龍王・烤龍王・酬龍王〉一文中有這樣的記述：

1　基隆客：〈祈雨和稻花會〉，載《寧波同鄉》，第 41 期（台北，1969 年 6 月）。

2　金溪翁：〈閒話家鄉（八）〉，載《寧波同鄉》，第 85 期（台北，1975 年 8 月），《戲劇及其他・四明南詞》。

阿拉寧波地方的神廟，除主神各有來歷，互不相同外，龍王菩薩在每座神廟裡，則必佔有一席之地。

被請出來的龍王菩薩，照例是要供奉在神殿屋簷下的走廊，讓龍王菩薩每天接受火燒般的太陽，看它究竟能熬多久。這種安排，鄉諺管叫它"烤龍王"。

菩薩在受烤期間，村民們還得選個好日子，抬到境內的阡陌之間去巡行，請它實地視察一下兩旁的農田，已經龜裂到了如何程度，進而也讓它了解一下民間疾苦。倘能幸而獲得龍王菩薩的憐憫，則數日之內，就有甘霖沛然而降，垂死的農作物，即會重新獲得雨水的滋潤而復蘇，而生長，而欣欣向榮。

於是，村民們有福了，龍王菩薩也不辱使命。接下來，就是商議如何演戲酬神，送龍王菩薩復位。我在幼年時代，也著實看過不少次數的"龍王戲"，都是極夠水準的京戲。有時遇到年成實在欠好，募款困難，請不起"老大鴻壽""新聚慶豐"等那些京戲班的時候，也就只好因陋就簡，演一台"下弄上"來將就將就。[3]

誠如何文所說，"祈雨"作為一種"保禾苗"的農祭，由於以村落為單位而進行，故資金時常不足，無法演戲，而大多只能以木偶戲和說書等農村藝能來搪塞酬神之責。

上面舉的是小村落的例子，那麼在由大宗族構成的村落中的情況如何呢？我們來看看第一篇中曾提及的西塢鎮鄔氏。鄔氏在廟祭中，與其他村落聯合進行祭祀，形成了一種帶市場型的組織，但在舉行"祈雨"儀式時，卻尊奉以村落為單位的原則，只限於本村、本族範圍。鄔良生〈家鄉的拜拜〉一文，對此有如下記述：

3　何瘦民：〈請龍王・烤龍王・酬龍王〉，載《寧波同鄉》，第 77 期（台北，1974 年 3 月）。

迎龍送龍：遇到久旱不雨，鹹潮慢慢進入家，水稻無水可供灌溉，收成眼看要減少，只好求至於神，向龍神求雨，龍神傳說由水族修煉成龍。族長坐轎，有好事的族眾擁著去龍潭請龍來西塢。敲鑼鳴爆，第一目標是柏香岩龍潭，據傳柏香岩龍王由山蛙修煉成神。第二目標是名山龍潭，龍王由烏龜修煉成神。第三目標是廟山謝姓龍潭，龍王由撐魚修煉成神。請來龍神（水族）放在瓷質青花大香爐內，供奉在始祖祠中，每天演戲或唱文書（四明南詞），由各房指派提供。龍王戲第一齣，演風調雨順，上四大金剛，各穿盔甲。第一個手上拿劍象徵是風，第二個手上拿琵琶象徵是調，第三個手上拿紙傘象徵是雨，第四個手拿像一條龍的動物象徵是順。[4]

　　這種祭祀的目的，雖然是為村落求雨，但祭祀組織則全由鄔氏一族獨佔。祭祀的場所也設在宗祠，演戲、說書也由鄔氏各房分擔。只是在"迎龍""供奉"結束後開始"送龍"時，才允許雜姓和外姓加入。文章接著說：

　　如果有半月二十天再不下雨，就將請來的龍暴曬在太陽下，叫做曬龍王。到要送龍王的時候，請來的龍王（水族）已經死去，只好用生石灰埋起來。雨水落通了，稻穀有了收穫希望，就要準備送龍。會由各祠眾殷戶店鋪出錢湊。大約有六七社，最多時有十餘社。這時行會要比稻會精彩得多。普通每社會由炮擔開路，大纛、獅子白象、頭牌、月鏡、旗鑼、連燈（有九連、十二連、十八連、二十四連）、船亭，有國樂敲打、高蹺、抬閣、寶馬、大頭小頭等等頭天晚上在西塢行夜會，各會中都點上明亮的蠟燭，抬閣上點上汽油燈，火球開路，獅子噴火，比白天更好看。送龍的當天會在西塢四周盤一周，再將龍王送到本壇。[5]

4　鄔良生：〈家鄉的拜拜〉，載《寧波同鄉》，第 73 期（台北，1973 年 12 月）。
5　同注 4。

在這裡，為"送龍"出錢的祠眾殷戶（鄔姓富戶）和商戶，是指居住在西塢鎮的同族和外姓。可見，單姓村落的祈雨祭祀是接受市鎮的援助的。

以上，概觀了先進地區單姓村落的祭祀狀況。在複姓聯合、村落聯合集中的市鎮地區，雖然單姓村落的祭祀活動很少，但"保禾畝"性質的農村祭祀，尤其是"祈雨"祭祀，卻常由單姓村落在其本族範圍內，單個地、獨立地進行[6]。由於此地太近市鎮，免不了受市鎮風氣的影響，不過，祭祀情況仍與經濟落後的廣東農村相同，財政基礎薄弱，山歌系的彈詞以及木偶戲等便代替了演劇，成為祭祀活動的主要項目。

從演劇發展史的角度來看，在市場地祭祀中，禮儀向演劇轉化，農村藝能被演劇吸收後，村落聯合祭祀也受到衝擊，農村藝能總體上向演劇升華的趨勢不斷擴大。但在單一村落，特別是在保守的單姓村落中，頻繁舉行的"保禾苗""祈雨"祭祀全都無法奉演演劇，這就使古樸的農村藝能和作為農民的業餘藝能的山歌系彈唱、傀儡戲等，一直保存下來。同時，以單姓宗族為核心維持單一村落這一條件，使得古老的農村藝能的基礎得以穩固。總之，無論是後進地區，還是先進地區，在單姓村落祭祀活動中，宗族支配都必然作為農村藝能的生存基礎，發揮其功能，這就是本篇的結論。

---

6 民國二十四年（1935）《鄞縣通志・輿地志》卯編"廟社"條記錄了鄞縣鄉村兩百多個舉行祭祀演劇的廟社，其中有十一個單姓村落；在全部兩百戶以下的小村所演神誕演劇中，僅有三個是農祭。

譯者按：本書日文版注②有表 72〈浙江寧波府鄞縣單姓堡村廟祭祀組織表〉，略。

第四篇

宗族・同姓的
內神祭祀

序章　宗族內神祭祀演劇中的宗族統制機構

　　在以上三篇中，我們逐一論述了宗族在市場地、村落聯合體和單一村落等地緣集團的祭祀中所起的作用。本篇將就宗族自身內部由宗族所進行的祭祀活動，來分析這種祭祀的組織、禮儀和演劇等方面的結構。在進入本題之前，我們先對宗族內神演劇在中國演劇史上的地位、問題之所在、資料的地域範圍，以及論證的內容作一概述。

一、宗族內神戲劇在中國演劇史上的地位

　　演劇第一次出現在宗族內部的冠婚葬祭等祭祀禮儀中並非自古如此。這種（與宗族祭祀禮儀相關的）演劇出現的年代，最早不超過元末，其全盛期則在明中葉以後。它的存在地域也較偏遠，只限於華中、華南一帶。這類演劇就是一種由支配著地緣集團的宗族，將在市場地、村落聯合體和單一村落等地緣集團祭祀中發生發展起來的演劇，從地緣集團的根基上切離後，將其納入到本血緣集團內部中去的東西。因此，這類演劇，只有當宗族集團的力量在地域社會中表現得異常強大時才會出現。事實上，大宗族的較多出現，從地域上看，是在幾乎所有村落都由宗族構成的江蘇、浙江、江西、廣東等南方地區；從歷史時期上看，是在大地主宗族對村落的支配被強化了的明中葉以後。原先由地緣集團的祭祀禮儀內部發展起來的戲，被迫與母體脫離，被吸收到強宗的血緣組織中，這是地主支配文化的形態之一，是極為特殊的中國式的現象。從中國演劇發展史總體上來看，宋、元以前，演劇的主體是在市場地、村落等地緣集團中，進入明代以後，宗族對地緣集團祭祀演劇起的作用增大（這一情況以上三篇已有詳論），尤其到了明末清初，宗族開始放棄對地緣演劇的維繫政策，只致力於在本族內進行冠婚葬祭演劇。那些演技精湛的高檔

劇團，專營大宗族堂會，而村落演劇的水準則很低。宋元時代多樣的題材被淘汰，劇本、戲曲作品形成了以適應宗族內部道德說教需要的"忠孝節義"劇和家庭劇為主體的程序化現象。所謂中國的演劇史，從宋、元至明、清，可以說就是從地緣性的市場—村落祭祀演劇，向血緣性的宗族演劇收縮的歷史，如果把第一篇市場地演劇作為中國演劇史的起點，那本篇的宗族內神演劇就是它的終點。就這點而言，宗族內神演劇中，集中體現了明、清以來中國演劇中宗族支配、地主支配結構的特色。

二、問題之所在——宗族內神祭祀演劇出現的背景及其功能

支配著村落、市場的宗族（地主宗族），參與該村落、市場的祭祀組織，並試圖控制在那裡進行的禮儀和演劇，由於這一現象具有培養宗族支配基礎的意義，所以很容易被理解。然而，這些宗族自明末以來，在一向只根據儒禮行事的宗族祭祀、特別是奉祀祖先的祀祖祭祀中，也一變而引進了演劇，這個過程中有許多值得玩味的地方。宗族的祀祖禮儀曾經是儒家道德觀念的象徵，在對祖先神位的春秋二祭中，要舉行由儒生帶領眾人行三跪三叩首的拜禮和宣讀祝文等典型的儒禮。如果從宗族的禮教觀念出發，此時向祖先奉演演劇這種俗樂，是與其宗旨相矛盾的。對於宗族來說，演劇只有被完全當作對外神的禮儀時才容許存在，而它作為對內神——祖先神靈——的禮儀，在倫理上是絕不能相容的。不過，明末清初以來，在江南各地區的部分宗族中，已出現了很多在祀祖祭祀時奉演演劇的例子[1]。廣東地區同樣如此。究竟在什麼基礎和什麼條件下，才會出現向祀祖祭祀奉演演劇的情況呢？關於這一點，筆者曾作過如下解釋：明中葉以後，擴大

1　田仲一成〈關於清代初期的宗族演劇〉(《東方學》第 32 期，1966) 已提及清初至清中期以來江浙地區的相關實例。

了勢力的江南縉紳大地主，為了直接管理土地而擁有數量可觀的奴僕群，由於他們強迫這些奴僕群改姓主家姓，使之成為"擬制家族成員"，因而不得不要求使冠婚葬祭的形式比以前更為通俗化。原先不許在血緣家族成員範圍內進行的演劇活動，也因擬制家庭成員的掌握實權，而引入宗族祭祀活動之中[2]。把存在直接經營的土地和奴僕視為產生宗族內演劇的條件，這只能說明一部分特殊現象，但從更廣泛的意義上說，明中葉以後宗族內擬制家族成員的存在和數量的增長，導致了宗族祭祀的儒教性冠婚葬祭禮儀的世俗化，從而使演劇的傳入宗族祭祀成為可能。若確實如此，那麼，明中葉以後擬制家族成員漸增的實情如何？這種增長又是在何種社會背景下進行的？這裡主要根據廣東的情況作一點推測。

香港新界大宗族的構成，是以吸收小宗族為擬制家族成員這一途徑進行的。Maurice Freedman 博士在所著《中國的宗族與社會：福建與廣東》（1966）一書中，對此作了如下論述：

單姓村落是從複合村落中產生的，在新界的族譜中存在著這類證據，它們說明，村落中的原有居民（他們的姓氏通常都來自祖先）已被征服者們完全忘卻了。更確切、更令人信服的證據是，那些原屬不同姓氏的宗廟現在再也不代表他們了，這些宗廟已經成為一片廢墟。在這些被遺棄的宗廟中，我們可以從外觀上判斷，不久之前（甚至在二至三代前）肯定被使用過，而且這種淘汰過程至今仍未停止。……

較弱的或較窮的宗族會衰減，他們的人數會由於疾病或不能生育（也是由於疾病或貧困）而減少。然而，人口的自然減員並不能用以證明一個宗族的消亡，因為對富裕的宗族來說，人口的缺乏總是可以用收

2　（日）田仲一成：〈論十五、十六世紀江南地方戲的變質（三）〉，載《東洋文化研究所紀要》，第 65 期（1975），137 頁。

養 "養子" 的方式來彌補的。《南洋華僑和閩粵社會》的作者陳達說：
"以前，宗族間械鬥頻繁，為了擴充用於自衛的人力資源，就不斷從外姓收養養子。"……幸存的宗族或許會將他們那些已消失的鄰里的惡運歸於 "風水" 所帶來的災難。但是，一旦當他們的人數或財富開始衰竭，他們肯定也會感受到較富足的村民在政治和經濟方面所施加的壓力，以致不得不離開已崩潰的堡壘。這種對少數弱者的經濟壓力並非總是直接來自它的那些強大的對手。氣候上的一些惡劣條件——颱風、洪水、乾旱——無疑給那些財產積累不足的宗族造成了更為沉重的負擔，終於使他們成為第一批放棄家園者。[3]

總之，在宗族對抗激烈的廣東，對抗雙方都置身於嚴酷的生存競爭環境中，由於弱宗被強宗所吞併，結果，人口和財富就集中到特定的大宗族內。這就是 Maurice Freedman 博士對新界宗族的變化所得出的結論。為了保持和擴大本族人口，富庶宗族吸收貧弱異姓宗族的男性成員為養子，這種做法雖然有悖於宗法原則[4]，但作為該地區的一種習慣，它確實存在著。例如，第三篇曾提到的粉嶺彭氏，就有一份 "買異姓男為子" 的契約，全文如下：

　　（買異姓男為子）立賣契人△△，妻△氏，有親生△男，名喚△△，年方△△歲。今因家貧難以度日，夫妻酌議，情願將男出賣，先招房親

3　Maurice Freedman, *Chinese Lineage and Society: Fukien and Kwangtung* (London: Athlone Press, 1966), pp.6-8.

4　宗族中若無嗣子時，就要靠養子來維持家產，但原則上必須在同姓中選取，一般禁止異姓男子入嗣。東莞鄧氏（錦田鄧氏的一支）《茶山房家譜》（香港大學馮平山圖書館藏）對此有如下規定："族中如有乏嗣者，自宜立應繼為子。如本房並無昭穆相當、或有而該孀婦不合意者，亦聽從其在同姓中擇立。斷不許收異姓之子以亂宗支。" 但實際生活中是否遵守這一規定，則是另一問題。

人等，俱偕允意。託中人△△引至△家，學（妥）說。允肯出銀承買為子以承宗祖。當面言明：酬還乳養育身價銀△△元足，立契之日，其銀一齊經中交足與△△夫妻接回應用。其男即日交於△△帶回家中，撫養為兒。日後長大成人，定聘娶婦，育子遺孫，永為△△之後裔，父母房親不得反悔生端。至若私逃，父母亦要跟尋送回。倘有風水不測之處，皆由天命，於△△無干。此係二家情願，空口無憑，立契為證。存照。[5]

據說，粉嶺彭氏抱養這類異姓義子者並不鮮見。另外，龍躍頭鄭氏也在其族規中，稱異姓男之嗣子為"螟蛉子"，具體規定如下：

本族子不許出繼異姓，亦不得以異姓之子為後。舊譜條例云，螟蛉之裔，雖冒姓之子，生齒之盛，亦必黜之，恐混族也。今錄學博咸若公遺稿稱：子姓無嗣者，其情可矜，故於世系，仍照舊例，不得混入。惟養父田產，許其承管。如此庶不失有同宗盟之意，而育義子者，亦得以世受其享焉。乃於道為兩得也。[6]

由此可見，龍躍頭鄧氏雖然不許異姓義子入譜，但卻承認他們對養父土地的繼承權。這樣的處理仍使得改姓鄧的異姓義子保留在族內。另如前述，龍躍頭鄧氏常以無血緣關係的客家鄧氏為嗣子，這些人雖為同姓，實際上卻與異姓的義子一樣，成為擬制家族成員[7]。這一行為方式的前提，是龍躍頭鄧氏作為本地人（經濟意義上的）所居於的優越地位。龍躍頭鄧氏男子被嚴禁成為異姓嗣子，就是想成為客家鄧氏的嗣子也是不行的。弱小宗族之所

5　此項資料承蒙科大衛博士提供。

6　《龍躍頭鄧氏族譜》（香港大學馮平山圖書館藏）。

7　參見第三篇第一章序節。

以難保自己的姓氏，即出於此因。

不過，宗族吸收擬制家族成員，並不限於異姓義子一個來源，相反，在更大規模上，它是通過聯結同姓集團——其血緣關係不甚清晰，但能夠追溯到一個共同祖先——的族譜，從而組成合同組織的形式來實現的。正如 Freedman 所說，在宗族經常處於激烈的生存鬥爭的廣東，各宗族即使血緣關係不明，也組成同姓聯合，以此來擴大聯合的規模。這種組織，整個說來就是一個擬制宗族。牧野巽博士在其〈廣東的合族祠與合族譜〉一文中，對這個"合族"問題作了如下的論述：

> 中國的村落，絕不是孤立的封閉的。以宗族為例，同居於一村的同族人們，以本族為單位形成自治組織。日常生活自不必說，甚至在進行族內審判、族內刑罰這種非常場合下，也往往不請別村人參加。然而，正因為如此，宗族與居於他村的同族之間，不僅沒有斷絕關係，反而形成了意義更加廣泛的同族間的結合。這種關係最具體的效果表現在，當人們在鄰近地區有一個強大的同族時，即使在本村內是少數，它也能不受輕侮和迫害而安穩地生活；與此相反，雖然一村之內聚集了很多同族成員，但如果該族在更大範圍內不是強者，那它在社會上也得不到相應的尊重。如果同族結合的最重要職能在於使族人的生活安全和穩定，那麼，僅靠一村內的同族結合是不夠的。為了實現上述職能，必須建成跨越若干村落的大範圍的同族結合。[8]

牧野巽博士除闡明了廣東地區宗族"不跼蹐於本村，它們橫跨數村而存在"的根據外，他還進一步指出了下面這個事實：在

---

8 （日）牧野巽：〈廣東的合族祠與合族譜〉，載學術研究會議現代中國研究特別委員會編：《近代中國研究》（1948），95頁。後收入《牧野巽著作集》第六卷《中國社會史諸問題》（東京：御茶水書房，1985）。

這個地區，"雖然血緣關係全然不明，但還是出現了由若干同姓團體聯合而成的合族祠之類組織"。對此，他作了以下說明：

當我們提到宗族的時候，往往會很容易地把它看作是和家族、村落等一起自然而然地發生的一種習慣性的東西，同時也容易忘記其中所具有的某種反映了人們的意志性的和主觀努力方面的內容。但是當我們具體分析中國宗族的上層構造時，在那裡所見到的，則是全體族人，特別是位於宗族領導層的人們有意識的、努力進行活動的產物。祠堂、族田、族譜，所有這些所謂物質性設施，其實都不是自然地或基於舊傳統而形成的。即使有創設這些設施的習慣，也不可能僅僅根據習慣行動就足以取得成功。在這裡，全體創設者的主觀努力是必不可少的。大範圍的族類結合固然會因為這些物質性設施的存在而成為可能，但如果一時不需要這些物質性設施，由於大範圍的同族結合並不構成日常生活的基礎，因此，將它們放置不理的話，就會擔心它們陸續地趨於消失。另外，也不是單純地去維持宗族結合中的舊內容，而是重新搜尋在這之前已被遺忘了的族類關係——雖然說是被遺忘，但實際上還是出現了不少重新創建這些關係的所謂"通譜"——並由此而擴大了族類關係的範圍。最明確地表現出這種有意識地和人為地努力的東西，顯而易見就是本文所說的合族祠。可以說，合族祠純粹是人們有意識地和人為地構成的產物。合族祠類型的結合，當然與建立在真實的血緣關係基礎之上的普通宗祠有著本質上的差異，其基礎是對血緣關係徹底的擬制。不過，在宗族結合的上層部分，特別是在祭祀始祖的宗祠內，很大程度上存在著類似合族祠的特徵。這一點也許就是合族祠的出現並沒有使族人感到過於不自然的一個原因。當我們對合族祠形成的條件加以分析的時候，就不能否認，在中國的宗族結合的上層部分，確實包含著可以根據合族祠的性質進行反向類推的因素。[9]

9　同注 8，101 頁。

總而言之，在廣東，建立在血緣關係基礎上的宗族，由於對其已被確定為遠祖的十代、二十代以前的始祖的血緣意識不很強烈，所以擬制血緣關係的情況習以為常，以此為基礎，很容易就形成血緣不明的同姓集團的聯合組織 "合族祠"。它可說是擬制同族的典型。作為實例，牧野博士舉出聯合廣東全省蘇姓的擁有一千九百多個神位的武功書院；我在這裡則提出同一類型的一個 "合族祠" ——"都慶堂鄧氏大宗祠"。該祠是錦田鄧氏出身的進士鄧文蔚（見第一篇第三章）於康熙年間，糾集了分五房散居於東莞、新安兩地及其周圍地區的鄧氏各房各派，在東莞城內建造的。錦田鄧氏族譜中，記錄了康熙二十五年（1686）重修碑記、雍正十年（1732）鼎建鄧氏大宗祠碑記。碑文說明，入祀於大宗祠（與合族祠同一性質）的，是以符公為共同始祖的五大房（元英、元禧、元禎、元亮、元和）子孫中各房認為重要的祖先神位。

具體構成如下：

（一）有功名的顯祖二十五位（進士、知縣、受皇封的鄉賢等，為二十三世祖之前）；

（二）無功名的遠祖三十一位（宋十世祖至明十七世祖）；

（三）無功名的近祖一百一十四位：

（1）元英房（東莞縣竹園鄉）七位；

（2）元禎房（新安縣屏山鄉）二十位；

（3）元亮房（新安縣錦田鄉）六十七位；

（4）元和房（東莞縣懷德鄉）七位；

（5）元禧房（新安縣福隆鄉）十三位。[10]

10 抄本《錦田鄧氏族譜・都慶堂五大房同派宗祠重修碑記》（大英圖書館藏，新界族譜之一，香港中文大學縮微資料）。

表52　東莞鄧氏五大房世系表

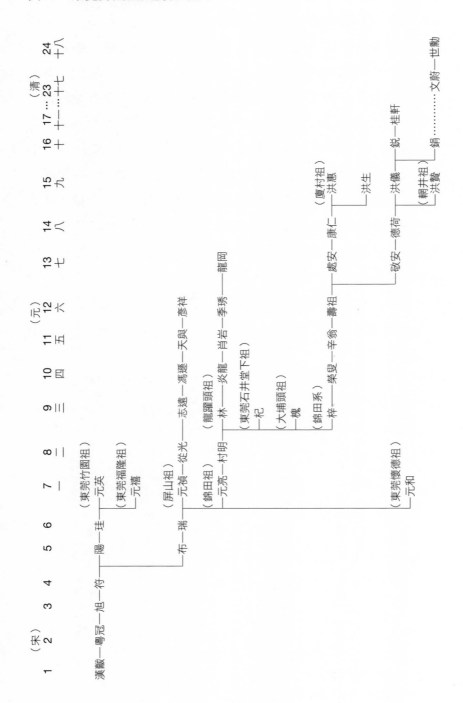

　　散居於上述二縣、五鄉，共五十個以上村落內的鄧氏的代表性的一百七十位祖先神位，均集中於"大宗祠"內，實現了鄧氏的大聯合。宗祠祭祀由五房輪流承擔[11]，最初的祠產，是在新安墟建造的鋪屋，以後，向各房每丁徵收一錢，購置了祭田[12]。渡過了明末戰亂的鄧氏，深切地感到聯合新安、東莞兩縣同族各派，形成一個大型組織的必要性和利益所在，於是通過其政治領袖鄧文蔚在政治上的影響，付出了巨大的財政努力，建成了這個"大宗祠"。不過，即使按照這樣一份追溯到宋初遠祖符協的、具有五百年歷史的通譜實現了聯合，各派間的血緣意識仍是一種虛幻之物，它仍跳不出擬制性血緣團體的範圍。這倒也使五房以外的同姓很容易地就加入到"大宗祠"內，雍正十年（1732）重修時，除東莞、新安五大房之外，又入祀了順德、三水、南海、增城、從化、番禺、新會等廣東省廣州府內七個縣中的鄧姓捐款者的三十七個神位，分別是：

（一）東莞縣五位

　　新安房符協祖、雁田房鎮田祖、茶山房萃南祖、東向房□□祖、懷德房國錡祖

（二）新安縣六位

　　錦田房洪儀祖、泉菴祖、桂軒祖，龍躍頭房龍岡祖，屏山房馮遜祖，廈村房洪贄祖

（三）南海縣十二位

　　大木房功久祖、佛山房弘傑祖、白坭房聰慧祖、瓜步房梅菴祖、沙頭房石夫祖、洞神房全鄉祖、甌村房耀星祖、岡頭房伯達祖、金紫房越

---

11 同注 10 族譜〈都慶堂祭祀條例〉："冬祭，定期十一月初一日，雖風雨不改。廟祭、山祭，各房輪值。長房竹園、二房懷德、三房鎮田、四房屏山、五房福隆，周而復始。"

12 參見第一篇第二章序節注釋所引〈都慶堂祭業開列〉。

南祖、九江房儒村祖、大曆房□□祖、松柏房三樣祖

（四）番禺縣一位

新造房南祖

（五）順德縣六位

龍江房圭小祖，水藤房無虞祖，龍山房伯善祖、醴泉祖、震峰祖，
十竹房神山祖

（六）從化縣一位

鄧村房□□祖

（七）增城縣一位

埔心房□□祖

（八）新會縣二位

篁邊房賢可祖、山房處嚴祖

（九）三水縣二位

白坭房瑄公祖、南岸房甲秀祖

（十）清遠縣一位

徑房□□祖 [13]

　　範圍如此之廣，以致血緣關係已顯得無關緊要，結果形成標
準的“合族祠”，或“同姓團體”。從作為組織中樞的錦田鄧氏
元亮房的立場看，首先集結新安、東莞兩縣五房，然後進一步把
組織擴展至周圍七縣，特別是南海縣（廣州城內）。正是這種向
周邊地區的擴展，使得出自錦田鄧氏的血緣意識，實現了虛假同
化。擬制血緣式的大宗祠，作為一個社會性實體，已成為一種與
雜姓神廟在本質上無大差別的存在物。
　　江南先進地區的情況也同樣如此。上田信在其〈地域與宗族〉
一文中，分析了紹興諸暨縣鍾氏同族支派的合併過程，對這一地

13　抄本《錦田鄧氏族譜》引雍正十年（1732）〈鼎建鄧氏大宗祠碑記〉。

區明末以來同族的合併趨勢，作了以下總結：

> 同族合同，是本來沒有宗族關係的幾個同族集團或同族聯合體，在重新形成再生的或擬制的宗族關係時出現的。合同形成的一個重大標誌，就是共同宗祠的建立。宗祠是對象徵同族合同一體感的共同祖先進行祭祀的場所，也是作為同族合同經濟基礎的族產的保有主體；同時，它又是向同族合同以內的族人分配統一的行輩字派大小的機關。……同族合併出現於明末（十六世紀末），多以一縣為範圍。其原因在於：自明末以來，隨著在外地主制的發展，本地的生產單位解決問題的能力低下，不能確保再生產的進行，於是＂縣＂就成了解決各種社會問題的單位。清末以降（十九世紀中葉），同族合併的範圍明顯地出現越出縣境的傾向。[14]

　　上田在這裡指出了＂同族合併＂即血緣關係擬制化了的同族支派聯合，是以＂大宗祠＂的建立為媒介而形成的這樣一個明末以來的大趨勢（但缺陷是過於強調＂同族合併＂與國家權力的關係）。

　　而在上述江南地區，以往犯忌的演劇演出，作為禮儀的一部分出現（或收入）於宗族集團內部的祭祀活動中，其原因確實在於這種由血緣擬制性的同族合併所建立的＂大宗祠＂。例如，浙江紹興蕭山縣（今浙江省紹興市蕭山區）二十四都下二圖鎮龍莊大義村的汪氏，就形成了由十支九房構成的大合族組織（宗族合併），並且建立大宗祠，設置祠田，又以五房一組，分九十房為十七組（惟第九組為十房），輪流負責祭祀事務[15]。據傳，該族一世祖發祥於山東，三十一世祖時渡江南下，三十六世祖時進入

---

14 （日）上田信：〈地域與宗族——對浙江省山區的考察〉，載《東洋文化研究所紀要》，第 94 期（1984），155-156 頁。

15 《大宗祠祭規・值年房分》（世澤堂刊本，仁井田陞博士舊藏）。

安徽歙縣，五十六世祖進入婺源縣，六十一世祖遷入寧波鄞縣，六十五世祖冰谷公（號大倫，南宋開禧進士）定居於蕭山。以大倫為宋始祖算起，至清嘉慶年間共歷二十一代，其間，子孫廣佈浙江嵊縣、嚴州（今浙江省杭州市桐廬建德一帶）、杭州、湖州、黃岩、昌化、台州等地，而且監生、庠生輩出，繁榮一時。明嘉靖時已設"大宗祠"前身，康熙六十年（1721）對其進行擴充，並整理出祭祀宋一世祖至六世祖遠祖神位的《大宗祠祭祀規》，還附載有自始祖以來全族二百一十名紳士（指取得功名者）的世系表。這份《大宗祠祭規》於嘉慶七年（1802）重修，在重修的祭規中，生動地記錄了大宗祠祭祀引入演劇演出的原委。這段文字稱為〈春秋演劇例〉：

> 春秋祭畢，向無演劇之事。歲在壬寅，因祭費有餘，不便分析，故於秋分祭畢，演劇二台以敬祖先。今遂為例。每年秋祭前，豫先雇定梨園一部，約上中班，以兩一本為率，共二本。貪賤定下班，罰戲。祭畢，先演秋分戲，晚補演春分戲，戲台搭在祠前河涯，不得搭入祠內道地裹祖犯罰。倘臨期梨園不到，令罰若干，公同另議。[16]

在這裡，表現出宗族對演劇所持的一種既積極、同時反過來又給予消極限制的互為矛盾的微妙態度。這說明，演劇的引入是出於一種窮極之策，即首先是為處理結餘的祭祀經費，不是積極的計劃。演劇原先是不允許上演的，但一旦因一個偶然的機會開始進入祭祀以後，就一發不可收地成為一種習慣，從而在修訂祭祀條款時，不得不作出姿態，將演劇當作祭祀儀禮的一個附加項目予以公認（毋寧說是一種不情願的"默認"）。若問默認的理由，也許是因為聚於這一大宗祠內的人們中，具有實質性意義的

---

16 同注 15 引《大宗祠祭規・春秋演劇例》。

血緣意識淡薄；缺少那種對祖先祭祀緊張、嚴肅的態度；幾乎是以祭祀社廟的感覺來參加對祖先的祭祀等原因。在這裡，人們從宗族法規的儒禮中解放出來，獲得生活感。只要正統禮儀在一定程度上結束，人們就希望和歡迎與村廟祭祀相同的"神人共樂"式演劇。正是由於"因祭費有餘"這一口實成為宗族內部要求演劇的呼聲，演劇演出才成為一個慣例，這也談不上是誰的責任，只不過是"大宗祠"這個擬制血緣團體為了自身的團結，通過疏遠血緣關係，使演劇成為祭祀活動中必不可少的一項內容。

然而，由於演劇畢竟是在族人強烈要求下才勉強認可的附加項目，所以它的演出還須附帶若干條件。

第一，戲台必須搭在祠前河灘處，不得設於祠內通道。雖然承認以演劇來敬祖，但仍禁止戲台過於靠近祖先神位，這雖然是一個極大的矛盾，但如果公然獻戲於宗祠，那就無異於外神祭禮。作為"禮"，它要強求人們觀看演劇，結果卻導致冒瀆祖先，因此，必須等正規的祭禮全部結束之後，族人、村民才能從事娛樂性活動。採用這一形式，不過是在為數不多的祖先神位中，讓喜歡看戲的祖先得到一個遠望的機會，至於不愛看戲的，也不使其被迫把演劇作為正禮接受下來。可以說，這是一個有意使奉獻對象模糊化的用心良苦的對策。

第二，限制演出次數。一般的是限演兩場（兩台），一天內演完（日場和夜場共兩台）。不允許如社廟演劇那樣，連續上演好多天。

第三，不得降低所演演劇的規格。如果戲班有高、中、低三級，則必須選擇高、中二級，絕不能雇用末流劇團。這與祭祀條規所規定的祭祖供品的規格屬同一性質。既然是敬獻給祖先的，就不能上演過於粗俗、低下的作品。一般說來，在明、清時代的華南地區，三個等級的戲班及其相應的劇種是並存的。高級戲班常駐縣城內，受到縉紳官僚和大商人保護並效力於堂會，專演京劇、崑曲等被視為正統派的"雅曲";中級戲班則以縣城為根據地,經常巡迴市鎮村落,為農村地主演出,繼承了北方的"正音";低級戲班不以城鎮為據點,專門遊歷村落、墟市,只演使用方言的"土腔劇"(白字戲)。《大宗祠祭規》排除了低級班。因為這是大宗祠的祭祀,各房的縉紳理應出席,當然希望盡可能聘請上演南、北兩京官話戲(京劇與崑曲)的高級戲班,至少也應該是演唱北音系"正音戲"的中級戲班。同時,由於高、中級戲班的劇碼內容基本上都以儒家倫理的忠孝節義為主題,所以肯定在宗族的思想統制方面不大會發生什麼問題。對於上面提到的蕭山汪氏來說,既然紹興有一演唱崑曲的高級班和繼承了北方正音的紹興大戲中級班,就應該在這個範圍內選定戲班。低級班與前兩者不同,演出的全為方言土腔戲,其內容也未必要受儒教倫理的約束。著力表現男女關係的"淫戲"和以賭棍、盜俠為主人公的"匪戲",這些得到民眾青睞,但在內容上已越出宗族秩序範圍的劇碼,正是低級戲班的拿手好戲,但它們在祭規中被視為不符合大宗祠祭祀要求的東西,受到忌避和排斥。在蕭山,被當作低級戲班加以排斥的,就是那些活躍在山區的、以山歌為其根基的小戲班和土腔班。上引祭規原文中,還有關於排除低級戲班的文字:"貪賤定下班,罰戲。"負責安排祭祀活動的"幹事",也許因為預算的限制,很容易傾向於聘請要價低廉的低級戲班,同時,此舉說不定也會受到觀眾(族人)的歡迎;再者,如果戲班開價便宜,在預算上也就有可能增加演出的天數(雖然這在祭規中是禁止的)。出於阻制對低級戲班的這些偏向,祭規附加了非常嚴厲的條件。然而,當人們因這種方針而準備去聘用高、中級戲班時,由於這類戲班數量有限,因此需要很早就趕到城裡去預約,即使如此,到了約定之日,定好的戲班也常常會轉台去別處(或是去出價更高的地方,或是去趕官宦家的堂會),無法登上汪氏大宗祠的戲台。這種場合,規定要對幹事"罰戲"。在這樣的情況下,即使由於高、中級戲班數量有限的原因，可以追演處罰掉的戲目，但總的看來，幹事們一般都還是趨向於選擇為數較多的低級戲班。

按以上限定在大宗祠內上演的演劇，其出現的年代，正如上引祭規所說，大致為乾隆中期以後，最早不會超過明末清初。到後世，即使如汪氏大宗祠中的那種限制條件，也有所放寬，宗祠演劇在正規祭祀中佔有一席之地的例子也是有的。這裡舉一個較為完整的實例——浙江省餘姚縣半山毛氏的"大宗祠"祭規[17]。該祠由本派用周公、綱則公、大楨公、德音公、君升公、伯誠公等於乾隆七年（1742）創建，次年，玘二公派之十二房用祭祀費餘款奉演演劇，乾隆三十年（1765），族人稠密的二十八村被分為六社，編成"值祭輪番組織"。每村都含數房，通過其代表戶，接受"胙餅""遠來飯"（由宗祠向距祠較遠的村落特別支供的飯食）。該值祭組織由一百一十房組成，其代表戶名為乾隆時期二十至二十二世祖的真名，至同治年間，戶名也未更改，到後來就作為房名固定了下來。每房最少有五戶，男女五十名，共計五百五十戶、五千五百人。由於二十八村中有八村距宗祠較遠，領受"遠來飯"，故該集團是一個成員眾多、分佈廣泛的擬制性血緣團體。同時，它還是族人密集的村落中的各房的組織者，對族人較少且又散居於各地的玘二公、驥三公、端四公、端五公四派下十二房，鑒於它們在乾隆八年（1743）曾向大宗祠奉演演劇，而且對本祠祭祀慣例的形成作出了貢獻，所以，在冬祭中亦配享其神位，並向十二房贈予胙餅（但不在輪流值祭之列）[18]。

毛氏大宗祠自乾隆八年（1743）由十二房奉演演劇後，演劇

---

17 （日）姚邑豐山：《毛氏永思堂族譜·大宗祠規例·值祭巡次》〔同治十二年（1874）刊本〕。

18 同注 17 引族譜。原文是："此外，玘二支、驥三房、端四、端五二公派下十二房，於乾隆八年，折祭演戲祀祖，大有功於宗典，公議祭日以玘二公、驥三公、端四公、端五公配享。給十二房胙餅，共四腳，不在輪流值祭之數。"

就成為每年祭祀活動中的一項內容。同治年間修訂的《大宗祠規例》作了詳細規定：

△新正，祠內，懸洪二府君神像，值首人備香燭茶果以待各村拜謁者。

△二月十五日，祭季八府君墓……事畢，散胙。

△七月十五日，守祠人備素案祭祖，宗長主祭，各村房長、耆老、紳衿，與祭散福。

△冬祭。定於十一月十五日，六社輪流值祭。先期一日，懸神像八幅，設位安排。次日，行事。祭禮，祭品，照簿遵行，不得擅自增減，違者議罰。

△宗祠演劇侑神，以忠孝節義等劇為主。若佻達奸邪之類，非所以敦教化厚風俗也。當重戒之。

△祠內演劇，中廳惟尊長遠客男人可坐。若婦女只許在兩側屋觀看，違者議罰。

據此規定，大宗祠祭祀分新年、春祭、中元、冬祭四種，但允許演劇的，只限於分胙的春祭和冬祭。屆時祠內搭戲台（也許是門樓）[19]，中廳改為貴賓席，婦女被指定在兩側廂房觀看。上述的汪氏大宗祠，戲棚是設於祠外，而這裡，卻移入了祠內，並獲得一致公認。不過，在演出的內容上規定只能演"忠孝節義"戲，這一點也許與汪氏大宗祠規定只聘用高、中級戲班的宗旨是一致的。此外，一般大宗祠的一個特點是祀奉眾多的神主，而在

---

19 同注 17 引族譜〈祠內器具〉："祠內器具：戲台一座，雨台一座，布篷一道，連桌五張，大香几一張，小香几四張，八仙桌、大板桌四張，長板桌兩張，走台桌兩張，大椅兩座，連椅四座，一字椅廿四把，長凳兩根，條凳四根……祭之明日，交付次年值首家。"

毛氏大宗祠內，各派入祀祖先神主時，還把演劇作為一項慣例。關於這一點，《大宗祠規例》有如下規定：

> 宗祠進主，宗長董事人，須將村居房分，並上年已進祖，代行查實，方許演劇入祠。若非我族一派，私自容情混入者，作不孝論。公議重罰。（按舊例，進主上戶捐銀六兩，中戶捐銀四兩，下戶捐銀二兩，存放生息以備修祠公項之用，今則不須捐助，惟演戲祭祖。）毋得非時私入。

由於設大宗祠的目的是收容各房祖先的神位，所以，"進主"是一個重要的儀式。但由於它是一個血緣意識淡薄的組織，所以很容易出現"不正入祀"的情形。為此，"進主"時就延請各房代表，舉行盛大的演劇活動，通過這樣一個手續來確認所屬族員的身份。演劇成了防止"不正入祀"的手段[20]。由於集中在這裡的各房代表間血緣意識淡薄，難以靠宗法儒禮來聚眾，故而能夠吸引遠房親戚的演劇演出，就獲得了"進主"儀式中的位置。

一般說來，"大宗祠"是提高同族政治力量的一種手段，所以它們大多建造於作為區域政治中心的縣城或其附近地區，有時也被用作科舉考試者的宿舍，祠內集中了功名者的神位，也有獎

---

20 這裡可以舉出一個他姓企圖"進主入祀"終受制止的實例。橋西汪氏與前述蕭山汪氏大宗祠毗鄰，但實為同姓異宗。他們"不正入祀"，祭起汪氏遠祖神位。為阻止這一行動，蕭山汪氏通過如下"公議"："前司橋西之汪氏，或云由楊姓螟蛉，其源無考。然與居住橋東之我族汪氏向係鄰誼往來，並無行輩稱呼。……今年（嘉慶四年）因各支捐修宗同，增添牌座。有族愚某等聲稱：橋西居住已久，恐是同族。以至橋西汪大川、汪大治等被煽搖惑，來問城居之煥曾。堅辭勸阻。不料汪大川等居然冒認絕支遠祖志昂公、廷美公等神牌五座，擅送入祠，經手修祠之可聞通知煥曾。煥曾以事關異姓亂宗，令可聞揫牌糾同房族，赴縣呈究。"

勵功名之意。於是，這類大宗祠，就在明末以來出現的鄉居地主向縣城移居和參與縣政這兩種傾向的背景下，盛行起來，從這個意義上說，大宗祠的開端在江南先進地區。但是，鄉居地主宗族的城居傾向、縣政參與傾向也出現在後進地區的廣東，如前述清初東莞縣城的鄧氏都慶堂大宗祠就是一例。然而，就大宗祠內引入演劇這一點而言，廣東看來要比江浙為遲。即如東莞鄧氏都慶堂大宗祠的祭祀中也不見有演劇的跡象，這是因為江浙鄉居地主至明末已大體實現了城居化，移住於縣城或其附近地區，並在這些新居區建起大宗祠。與此相反，廣東的鄉居地主宗族，卻割不斷與農村老家的聯繫，死心塌地地守著農村，即便在縣城內立祠，充其量也不過是為政治目的而設置的各房之間的聯絡處。它雖然被用來當作本族子弟應試時或向負責處理與他族爭端的縣政當局陳情時的寄宿處，但由於宗族的核心部分並不常居於此，所以大宗祠的祭祀很難得到發展。鄧氏都慶堂的情況就是擔任祭祀輪值的五大房，全都蟄居鄉里，無一遷往東莞縣城。不過，即使是這種極不完善的在城居據點裡的廣東型"大宗祠"，似乎也漸漸出現了將演劇引入祭祀中的趨勢。下面，試舉一個實例來說明。

據《水坑謝氏家譜》（乾隆十二年原序，嘉慶、咸豐、光緒時重修）記載，廣東省肇慶高要縣（今廣東省肇慶市高要區）謝氏宗族是從河南省汝南南下至廣東的。太祖縫公於南宋咸淳年間進入南雄，三世祖成祿公離開南雄保昌遷居肇慶；再經七世，於十世祖信公三子時，分居高要縣所屬水坑鄉、蓮塘鄉、漕灣鄉。由於三鄉相距各有八十里，故明末戰亂時斷絕了聯繫，直到清代乾隆年間才恢復了同族往來，特別是水坑房與蓮塘房，試圖通過每五年一屆的高齡聯合壽祭來維持同族的關係。族譜登錄了雍正十二年（1734）的〈合祝兩房壽文〉，這是一種同族的聯合。為了便於一族子弟的科舉應試，兩房共同於嘉慶四年（1799）在肇

慶城內建造宿舍（祖祠），道光十一年（1831）擴充，並命名為
"芝蘭書室"[21]。其實，所謂"書室"，就是上面所說的"大宗祠"。
道光十六年（1836）制定了祭祀條規《芝蘭書室拜年條例》，其
中明確記載了於新年團拜時的演劇之事：

△演劇肆本，額共擬戲金銀壹佰捌拾大元。少則歸眾，多則該房自
辦。仍要兩房首事公同寫戲。

△戲班合同，除戲金外，其雜項銀兩中，宵火耗、床鋪、台凳、
燈油、出入箱，及戲棚、遮天拜亭、鼓樓各項。篷廠、祠堂粉飾、陳設
張掛、油蠟牛燭、燈籠紙張洋燈、祭儀拾席、花紅香燭、迎送人夫、吹
手、執式、炮火、鑼鼓、執事、金字牌、抬桌、水薪、床鋪搬運各項使
費額，共支銀壹百三十兩。少則歸眾，多則該房自辦。

△往來謁祖，豬羊花紅、香燭、祭儀及執事人夫、高燈、金字牌、
執式、大吹、小吹、炮火、頂馬、儀仗、彩色、鑼鼓各項使費，至如執
事擬定。三世祖以上有職銜者，牌燈各壹對。其餘子孫已故文武科甲及
仕宦以府誌有據者，牌燈各壹對。現在文武科甲及現任為官者，牌燈各
壹對。捐班文職以正六品以上，牌燈各壹對。武職以正五品以上，牌燈
各壹對。額共支銀捌拾兩。少則歸眾，多則該房自辦。

△兩房首事在祠堂辦理，及往寫戲、往來眾事，每餐每人額支飯食
銀三分五釐。至於演劇三日內，每餐每人額支酒席銀柒分。每位往來額
支夫價錢肆百文，多則該房自辦。

---

21 《水坑謝氏家譜》卷二〈芝蘭書室圖並序〉："肇城芝蘭書室迺蓮塘、水坑兩
　　房祖祠也，由來久矣。初在五經裡。……嘉慶四年，特買水街擢英坊屋地
　　創建，一連三進，後樓一座，固欲以妥先靈，更為兩房子孫應試便也。前建
　　餘慶一所，為眾昆弟出入往來住止。後頗嫌書室前面逼塞，復於道光十一
　　年，將餘慶改拆，開作芝蘭。正街兩旁建鋪二十餘間，街外直至河邊俱是。
　　本是稅地，築建碼頭，為子孫來往泊舟之所。自是海闊天空，書室之規模視
　　前為更偉矣。"

△主祭一人，陪祭二人。蓮塘房首事柒人。水坑旁首事肆人。將祭豬每人額頒胙肉貳觔，其餘祭儀、豬羊等物，要入回眾數。至如舊例首事茶資各項，一切俱刪。

　△丁口冊簿及支用數目，俱要兩房通同共算以昭清白。

　　條例表明，演劇已經完全升格為兩房大宗祠祭祀制度的中心內容，其經費幾乎全部從芝蘭書室的正式公產中撥出，與前引諸例以祭費餘額為經費的做法已有不同。在兩房每五年聯合舉行一次的祭祀活動中，演劇已經成為最重要的一項儀式而獲得其地位。雖是祀祖祭祀，但對血緣意識淡薄的兩房族人來說，只有演劇，才是促使兩房實現結合的媒介物。但在這裡，演劇的內容仍要受到嚴格的控制，腳本交由兩房首事抄寫，並由其負責在上演前再核查腳本的文字。他們選擇反映了“忠孝節義”內容的戲目，而且為了使演員在演出時不能隨意改動，還親自抄寫了劇本，交給戲班。不是對祭祀活動中的演劇地位予以確認，相反，是對它的內容進行嚴格的限制，這一點可以說表現出宗族祭祀演劇中宗族統制的特徵。

　　如上所說，演劇以清初縣城內外的“大宗祠”祭祀為突破口侵入宗族祭祀中，雖然它的內容受到制約，但卻於清代中期以後，利用鄉居地主的城居傾向和縣城參與傾向，逐漸波及到級別低於“大宗祠”的宗族組織。但在小宗族和單獨的支派（房）中，幾乎沒有這一活動，至少要在由幾個房支聯合起來的大宗祠類型的宗族組織中，演劇活動才為祭祀所允許。至於在什麼條件下宗族祭祀才能允許或禁止演劇，各地區間存有很大差別。一般說來，比較明顯的傾向是：由鄉居型地主控制的後進地區，比城居地主佔多數的先進地區難以出現宗族內神演劇，發展也受到限制。縱然被允許存在，其內容也可能要受到極為苛刻的規定。本篇的課題就是要通過實例來討論這個問題。

三、實地調查和實例資料的範圍

為了研究以上問題，首先需要調查和探討宗族內神演劇實例，同時，也要連帶考察在以墟市為中心的村落地區（後進地區）——通過前面第一至第三篇，已定為探討地區——中，它和地緣系諸戲劇（市場地、村落聯合體及單獨村落的演劇組織）間的關係。先分析香港新界地區強宗的宗族內神演劇的例子。只有該地區基本上沒有相當於上述便於發展宗族內神演劇的"大宗祠"那樣的組織，從而也找不到一個純粹奉獻於宗祠祖先的宗族內神演劇的實例。所能找到的只有在為祭祀土地神和社神安排演劇的同時，由宗族為宗祠祖先奉獻演劇的例子。因此，我們將它作為一種"准宗族內神演劇"的實例來研究。然而，僅憑這些，對探討上述課題還是不夠的。為此，本篇特地引用保存了較為豐富的宗族演劇慣例的、僑居新加坡的福建莆田集團（莆田是新界客家系集團的故地之一）的實例，考察宗族內部的婚喪演劇，這樣，本篇所研究的實例的範圍，就超出了廣東和福建兩個地區。

為了使香港新界及新加坡莆僑實例與宗族內神演劇體系相對應，本篇的討論順序是：

（一）宗祠聯合演劇：新界、錦田水頭鄧氏元宵祭祀。（第一章）

（二）宗族家內演劇：

（1）婚禮演劇：新加坡莆田集團婚禮演劇。（第二章）

（2）葬祭演劇：新加坡莆田集團九鯉洞十年一屆建醮祭祀。（第三章）

最後，通過對家長私宴社交演劇的延長和變形——宗親會演劇的論述，得出本篇的結論。

第一章 錦田鄧氏元宵祭祀

序節 錦田鄧氏和祠堂·洪聖廟

新界宗族中，找不到直接奉獻演劇於宗祠祖先的例子，但卻有一種間接奉獻的例子：元宵節宗祠和社廟一同舉行祭祀的時候，通過向社廟奉呈演劇歌謠，使歌謠的樂曲間接地傳向宗祠神位。作為它的一個實例，本章研究新界最大的望族錦田鄧氏的元宵祭祀。

第一篇第三章已經論及錦田鄧氏的一個支派光裕堂派，本篇序章也談到錦田鄧氏在東莞城內鄧氏大宗祠中所佔的核心地位。此外，在論及與錦田鄧氏有族緣聯繫的大埔頭鄧氏、龍躍頭鄧氏時，也概述了這些新界鄧氏共同的遠祖。因此，這裡將著重就聚居於錦田平原的水頭村、水尾村、吉慶圍、永隆圍、泰慶圍、錦慶圍等地的錦田鄧氏本流各房的實例，來論述錦田鄧氏元宵祭祀的歷史沿革。

一、錦田鄧氏的族群系統

先對目前錦田諸村的族群系統、姓氏、人口、語言等狀況作一概覽。在 1898 年《駱克報告》中，關於錦田只籠統記為 "本地人二千四百人"，未作具體區分 [1]。1960 年的《香港地名志》[2]、1969 年多賀秋五郎的調查 [3] 都表明，在錦田鄉十四個村落中，處於全鄉

---

1 *Report by Mr. Stewart Lockhart on the Extension of the Colony of Hong Kong*, Appendix, No. 4, 1898, p.71. Kam tin.

2 *A Gazetteer of Place Names in Hong Kong, Kowloon and the New Territories* (Hong Kong Government Printer, 1960), pp.172-173.

3 （日）多賀秋五郎：《中國宗譜研究》下卷（1982），11-12 頁。

核心地位的十個村落（一至十）全被鄧姓佔據。（錦田鄉村落戶口表見表53）

由圖100、表53可知，水頭、水尾兩村和吉慶圍、泰康圍、永隆圍構成了全鄉的中心。另有四村（十一至十四）是後來遷來附近的雜姓。1898年的《駱克報告》所說的二千四百人，也許即指這十個鄧姓村落的人口。

表53　錦田鄉村落戶口表

村名	1960 年			1969 年	
	族群系統	姓	人口（人）	戶	人口（人）
1 吉慶圍	廣東人 客家人	鄧姓	410	97	340
2 泰康圍	廣東人	鄧姓	215	40	200
3 永隆圍	廣東人 客家人	鄧姓	250	40	200
4 祠堂村	廣東人	鄧姓	155	18	80
5 泰康村	廣東人	鄧姓		40	240
6 水頭村	廣東人	鄧姓	655	110	400
7 水尾村	廣東人	鄧姓	250	45	170
8 高埔村	廣東人	鄧姓	250	30	120
9 錦慶圍				缺	缺
10 錦田市				缺	缺
11 沙埔東村	廣東人	伍姓	210	110	400
12 沙埔西村		黃陳游各姓			
13 逢吉村	缺	雜姓	190	缺	100
14 錦田新村	廣東人	鄭姓	450	35	150
合計	/	/	3000		2400

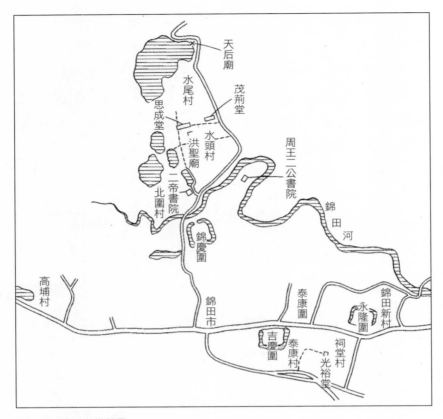

圖 100　錦田鄉村落圖

　　根據上表，鄧氏大部分為廣東人，1898 年的《駱克報告》也稱其為廣東人，但表中 1960 年數據與 1969 年的調查卻指出吉慶、永隆二圍是廣東人與客家人的合居村，這一點必須引起注意。事實上，不光錦田鄧氏，包括龍躍頭鄧氏、大埔頭鄧氏、屏山鄧氏、廈村鄧氏、輞井圍鄧氏在內的所有定居於新界地區的鄧氏，都在本地人的名義下，與客家人保持著很深的關係。對龍躍頭與大埔頭鄧氏，前文已有詳論，這裡改為討論新界"東莞鄧氏"客家的族群系統。

（一）語言的特性

鄧氏據說是宋代末年進入新界地區的，其固有語言是被稱為"圍頭話"的一種獨特的北方系方言。這種語言現已不作為日常用語了，但在祭祀時，禮生發佈號令、宣讀祝文等還使用這種語言。至少在鄧姓老人間，至今還作為一種古語保存著。這種語言一向被籠統地看作是客家語和本地語（廣東語）的混合物，但最近，法國年輕的語言學家 Laurent Sagart 以吉慶圍老人為 Informant [4]，調查了這種語言的音聲構造，得出了結論："圍頭話是廣東語古方言中的一種，它與客家語無直接關係。"[5] 但這裡有一個問題，由於"圍頭話"作為廣東語的一個小分支也很有特色，所以該氏發表的"圍頭話"音韻體系，並不見得就能否定它與客家方言或閩北方言的相似性。下面，試舉幾個從 Sagart 的研究中歸納出的圍頭話音韻體系的特色。

1. 語頭子音

基本上與廣東語相同，但廣東語中位於 [-o] 前的喉音系子音 [k-]，[h-] 及 [ø]（無聲子音），在圍頭話中，都伴有圓唇介音 w，發成 [Kw－]、[hw-*]，[øw-*]。由於其中 [hw-*] 又發成 [f]，[øw-*] 發成 [w] 音，所以 [k-]、[h-]、[ø-] 分別變成 [kw-]、[f] 和 [w]。表 54 為廣東語與圍頭話喉音對照表，表中圍頭話的發音表記根據 Sagart 氏的音聲表記，廣東語的表記同樣是根據他的音韻表記。

2. 韻母

基本與廣東語相同，但廣東語中的 [-ei]、[-ui/-o]、[-ou]，

4　譯者按：即語料供應人，講本國、本地語，以供外國人學習或研究者。

5　Laurent Sagart, Phonology of a Cantonese Dialect of the New Territories: Kat Hing Wai, *Journal of the Hong Kong Branch of the Royal Asiatic Society*, Vol. 22 (1982).

表54　廣東語與圍頭話喉音對照表

對應型	例字	廣東語	圍頭話	備考（引用者補記）
I [k-] → [kw-]	竿 割	kon kot	kwung kwu	見母 見母
II [h-] → [kw-] → [f]	開 寒 漢 旱 汗	hoi hon hon hon hon	fuy fung fung fung fung	溪母 匣母 曉母 匣母 匣母
III [ø-] → [øW-] → [w-]	愛 安 岸 案	oi on ngan on	wuy wung wung wung	影母 影母 疑母 影母
IV [h-] 不變	胸 紅 雄	hung hung hung	hung hung hung	曉母 匣母 雲母

表55　廣東語與圍頭話韻母對照表

對應型	例字	廣東話	圍頭話	備考（客家語引用者）
[-ei] → [-i]	地 旗 比	tei kei pei	ti kʻi pi	thi khi pi
[-ui] → [-ü]	佢 去 安	kui hui nui	kʻü hü nü	ki khi nyi
[-ou] → [-u]	路 布 怒	1o po no	lu pu nu	lu pu nu
[-ou] → [aw]	好 高 草 老 帽	ho ko tyʻo 1o mo	haw kaw tyʻaw law maw	hau kau tshau lau mau

在圍頭話中分別發 [-i]、[-Ü]、[-u/-aw] 的音。表 55 為廣東語與圍頭話韻母對照表[6]。

3. 韻尾

廣東語中鼻音韻尾 [-n] 全部發成 [-ng]。與 [-n] 相對應的入聲韻尾 [-t] 也變成 [-k]。如 [-an/t] 變成 [-ang/k]，[-on/t] 變成 [-ung/k]，等等。這樣，廣東語齊備的韻尾 [-m/p]、[-n/t]，[-ng/k] 中的 [-n/t] 和 [-ng/k] 發生合併，韻尾體系結果就只剩下 [-m/p] 和 [-ng/k] 兩組。（見表 56[7]）

表56　廣東語與圍頭話韻尾對照表

對應型	例字	廣東語	圍頭話
[-on/t] → [ung/k]	漢 旱 汗 割	hon hon hon kot	fung fung fung kwak
[-un/t] → [-ang/k]	春 出 術	ty'un ty'ut sat	ty'ang ty'ak sak
[-an/t] → [ang/k]	新 間 失 八	san kaen sat[x] pat[x]	sang kaeng sak paek
[-uen/t] → [üng/k]	船	syuen[x]	süng
[-in/t] → [-ing/k]	見 舌	kin sit	king sik
[-m/p]	三 雜	saam tyaap	saam tyaap

6　本表圍頭話的發音表記據 Sagart 氏的音聲表記；廣東語表記亦據該氏音韻表記。客家語表記據 D. Maclver, *A Chinese-English Dictionary, Hakka-Dialect*, 1926。

7　本表圍頭話的發音表記據 Sagart 氏的音聲表記，廣東語表記亦據該氏音韻表記。打 [x] 者為推定。

4. 聲調

　　圍頭話的聲調有八聲：陰平、陽平、陰上、陽上、陰去、陰入 1、陰入 2、陽入。與廣東語（廣州音系）相比差別甚大，各聲調值接近東莞方言。（見表 57 [8]）

表57　廣東語、圍頭話、客家語聲調調值對照表

	廣東（廣州）	廣東（東莞）	圍頭話	客家語
陰平	55　53	2132	23	44
陽平	21 or 11	11	21 or 11	11
陰上	35	24	45	31
陽上	13	23	23	31
陽去	33	332	23	53
陰去	22	332	33 or 43	53
陰入 1	5	44	4（5）	1
陰入 2	33	224	45	1
陽入 1	2（2）	22	3（3）or 4（3）	5
陽入 2			3（3）or 4（3）	5

　　綜觀圍頭話的音韻學特徵，一方面，正如 Sagart 氏所主張的，在基本性質上，圍頭話 "屬於廣東古方言音韻體系"，另一方面也要看到，它內部仍包含著客家方言與閩北方言的要素。

　　被看成客家語要素的，首先是語頭子音的喉音唇音化現象。這一變化的條件，是喉音後面的 [-o] 音的合口（圓唇）化，這是客家語的一個特色。譬如，作為客家語音韻體系的特徵，我們可以指出以下幾點：

8　本表客家語聲調表記，依據詹伯慧《現代漢語方言》（武漢：湖北人民出版社，1981），158 頁。

（1）[o] 與 [k-] 結合時，具有複合母音化或合口化的傾向，在梅縣，"果"（ko）的實際發音為 [kuo] 或 [kwo][9]。

（2）中古音的喉音、曉母、匣母，一旦與合口呼的韻母相結合，大多成為"f"。如在梅縣，"戶"讀為"fu°°"，"毀"讀為"fui°°"[10]。

（3）各地的客家方言，大多有唇齒濁摩擦子音 [V]。這是古音的微母、影母、雲母與合口韻結合後產生的。如梅縣"碗"讀為"₍von"，"蛙"讀為"₍va"，"威"讀為"₍vi"，等等[11]。

上引表 54 所示圍頭話的語頭子音變化，令人懷疑它並非以上三種變化類型中的一種。也就是說，表 54 II 中的匣母、曉母，雖然和 [-o] 相結合，但根據特徵①，如果 [-o] 發生合口化，成為 [uo] 或 [wo]，那麼這種結合就符合了特徵②的條件，匣母、曉母變成 [f]。III 與 I 一樣，在 [-o] 發生合口化，成為 [-uo] 或 [-wo] 時，影母正與特徵③的條件相吻合，變成唇音系摩擦音 [w]〔由於 I 的語頭子音不是匣母和曉母，而是見母（II），所以不發生 I 的變化；而 IV 沒有後出的 [-o]，單憑一個 [-u]，過於簡單，II 也不會發生 I 的變化〕。總之，Sagart 氏所舉的圍頭話語頭子音特徵中的上述現象，與客家語表現出的子音變化傾向相類似（但 [-o] 的合口性比客家語更明顯）。

根據廣東語和圍頭話在韻母上（表 55）存在著對立這一特點來看，圍頭話比廣東語更接近客家語，可以說，接近於以北京音系為代表的現代北方音。

聲調問題同樣如此。雖然單個調值相近於東莞方言，但若就整個聲調體系來看，它與客家語體系相同，只在平、入聲上有

9　同注 8 引書，157 頁。

10　同注 8 引書，152 頁。

11　同注 8 引書，153 頁。

陰、陽區別，而上、去聲則無此區別。如除去入聲，那就與北方語四聲類型相接近。

從圍頭話的韻母與聲調均相近於北方語這一印象中，我們也許可以這樣認為，即圍頭話是一種廣東語和客家語的混合方言。另外，圍頭話和客家語之間，還具有廣東語中不存在的相通的語彙和表現方法。Sagart 氏認為這一現象是單純的借用關係，顯然不夠準確，至少應該說它能使我們推斷出兩者間的深刻關係。

還有，Sagart 氏的論文沒有對圍頭話中最顯著的音韻上的特徵——韻尾體系中的 [-n/t] 混入 [-ng/k] 這一點給予說明。

在迄今為止已發表的粵語諸方言調查報告中，還沒有發現具有與此相應特色的語種。如果在閩、粵兩方言中挖掘一下，則能發現閩北、閩中等閩方言中有著同樣的傾向。比如：

（1）建甌方言：鼻音韻尾只有 [-ng]，[-m]、[-n] 全部併入 [-ng][12]。

（2）福州方言：鼻音韻尾只有 [-ng]，[-m]、[-n] 併入 [-ng]。入聲曾有 [-k]、[-ʔ] 兩種，但現在都併入 [-k][13]。

（3）莆田方言：鼻音韻尾只有 [-ng]，[-m]、[-n] 與 [-ng] 合併。入聲只有 [-k]，[-p]、[-t] 併入 [-k][14]。

（4）永安方言：鼻音韻尾只有 [-n]，[-m] 和 [-ng]，[-n] 併入 [-ng]。入聲韻尾中，與 [-m] 對應的 [-p]，與 [-ng] 對應的 [-k]，全都消失[15]。

（5）潮州方言：鼻音韻尾只有 [-m]、[-ng]，[-n] 併入 [-ng]。入聲韻尾只有與 [-m] 對應的 [-p] 和與 [-ng] 對應的

12 同注 8 引書，187 頁。

13 同注 8 引書，187 頁。另參見（日）中嶋幹起：《福建漢語方言基礎語彙集‧前言》（東京：東京外國語大學亞非語言文化研究所，1979），9 頁。

14 同中嶋幹起上引書，11 頁。

15 同詹伯慧上引書，187 頁。同中嶋幹起上引書，15 頁。

[-k]。但在澄海方言中，[-m/p] 也已變成 [-ng/k] [16]。

可見，在上述閩北、閩中方言以及閩南方言中靠近閩西山區的潮州方言中，都可發現鼻音韻尾向 [-ng] 歸併、入聲韻尾向 [-k] 歸併的傾向。

再看客家方言，在其典型的梅縣方言中，鼻音韻尾和入聲韻尾都保存了下來，但在閩西客家方言中，卻消失得很明顯。在連城縣，入聲韻尾消失殆盡；有古音入聲韻尾的字，全被核母音吸收；上杭縣只保存下 [-k] 與 [-ʔ] 而已（即只剩下 [-ng] 系）[17]。

這就是說，在閩北、閩中、閩西各地，鼻音韻尾 [-n]、[-m] 併入 [-ng] 的傾向（鼻音化現象）非常明顯，由此導致了入聲韻尾與 "-k"（甚至還有 [-ʔ]）的嚴重合併傾向。

圍頭話中殘餘 [-m/p] 和 [-ng/k] 韻尾的現象，與前述永安方言、潮州方言中出現的傾向一致。永安與潮州北部，都鄰近客家方言區（閩西方言區），可見，圍頭話韻尾變化的類型，也屬於閩中、閩北地區方言中出現的這種傾向。根據其他資料，我們也可以推斷出，一直使用圍頭話的南陽鄧氏，極可能是經由該地區進入粵東的。

以上，討論了現存圍頭話雖屬廣東語系統，但同時也含有客家語和閩西語要素的事實。由於新安、東莞的本地廣東人不可能去學外來的閩西客家語（圍頭話的祖語），兩種方言的交流，是在說閩西客家語的外來者單方面學習廣東語的過程中實現的。所以，我們必須看到，正是那些圍頭話中被認為是非廣東語的要素，才顯示了錦田鄧氏定居廣東以前的族群系統。雖然這種非廣東語要素的實質目前還不十分清楚，但至少否定不了他們本是閩西客家的可能性。

---

16 李永明：《潮州方言》（北京：中華書局，1955），2-3、11 頁。

17 同詹伯慧上引書，153-154 頁。

（二）族譜上的問題

在族譜上，也有暗示錦田鄧氏與客家人之間關係的線索。錦田平原東部八鄉一帶的上村、水流田、七星崗等地，現有一些鄧姓村落，這些鄧姓至今還自稱客家人。錦田鄧氏雖然並不承認這些客家系鄧氏為同族，但客家鄧氏卻在自己的宗祠內（如橫台山鄧氏宗祠），高懸出身於錦田鄧氏的獲功名者的匾額，看來他們認為自己與錦田鄧氏之間是存在血緣關係的[18]。據橫台山鄧氏《南陽鄧氏族譜》記載，該族於宋代的廣東開基祖志齋公（太乙）時，從閩西寧化、石壁一帶進入廣東潮州，十世祖尚堯公時遷往惠州，十四世祖廷桂公時定居於現在的新安縣橫台山[19]。

雖然錦田鄧氏認為這一系譜與自己的系譜沒有關係，但與錦田鄧氏血緣關係較近的屏山鄧氏，卻認橫台山志齋公一系與本宗為同一祖先。《南陽鄧氏族譜》中，並列記載志齋公系（客家系）和以漢黻為始祖的幾個本地系，承認兩系是出自東漢鄧訓因兄弟

---

18 例如，在橫台山永寧里內的廷桂鄧公祠前陣的照牆上部，有 "同治辛未科、欽點翰林院庶吉士、臣鄧蓉鏡恭承" 的匾額。同為鄧蓉鏡同治辛未科的匾額，也懸掛於錦田鄧氏茂荊堂中陣（詳見後述）及廈村鄧氏友恭堂中陣。因此，可以得出橫台山鄧氏與錦田鄧氏、廈村鄧氏同屬一系的結論。

19 〈廣東開基祖派〉："始祖九三世祖志齋公，諱文淵，字太乙。顯公之三子也。宋進士第，歷官提舉司。公於開慶元年己未歲由寧化石壁移居廣東潮州府程鄉縣松口開基立業。……祖妣酆氏、凌氏（此二妣葬在江西贛州府長寧縣），又唐氏、巫氏、封氏、蕭氏，公共配六夫人，生九子。……長房文公（號三一郎）……二房行公（號三二郎）……三房恭公（號三三郎）……四房敬公（號三四郎）……五房仁公（號三五郎）……六房義公（號三六郎）……七房禮公（號三七郎）……八房智公（號三八郎）……九房信公（號三九郎）。十四世祖廷桂公，公生順治八年辛卯歲七月初二日戌時，終於康熙四十一年壬午歲八月十四日子時，享壽五十二歲，國朝康熙廿七年戊辰歲，由歸善攜眷遷居新安橫台山，建祠立業。遂為本房始祖。"〔《南陽鄧氏族譜》抄本（大英圖書館藏，Baker Collection 新界族譜之一，香港中文大學藏縮微資料）〕又，水流田《鄧氏宗譜》抄本（香港大學藏）與此相同。

分家而形成的同族。族譜中，以客家系為先、本地系為後，記錄了源於太祖軒轅的該族第四十八代世祖鄧訓以後兩系的歷代世祖名。詳見表 58。

表中 A 軸、B 軸均見於《南陽鄧氏族譜》，為了便於對照，本表又在 B 軸上列舉了來到錦田以後的宋代八十九世祖以下的錦田諸派（龍躍頭派、大埔頭派、錦田派、廈村派、輞井圍派）列祖之名；A 軸上同樣記錄了八十九世祖以下橫台山派列祖之名。在錦田鄧氏的《師儉堂家譜》中，B 軸八十三世尚公和八十四世萬公之間，插入了君、勇、隆、敍、讓、德、智七代，年代當為唐末五代；唐末時，各派族譜多有混亂。

族譜按世次排列各代世祖名，但每一世次都是 A 軸祖名在前，B 軸祖名在後。結果就形成以 A 軸的客家系祖群為主體，以 B 軸的本地系祖群為從屬的格局。南陽鄧氏在編制族譜時，主觀上顯然是將"客家系"當作鄧氏的本流。A 軸祖群中，第九十三世南宋進士志齋公，最早進入廣東程鄉縣（今廣東省梅州市梅縣區），故而被視為客家鄧氏廣東派之祖。在新界，橫台山鄧氏之外散居於水流田、七星崗一帶的客家鄧氏各派，都在其族譜中奉志齋公為始祖。

此外，屏山鄧氏在族譜中採取了這樣一種記載方法，即在尊 A 軸客家系為本流的同時，有意識地貶低本地派主流的錦田派（表中以九十二世元亮為祖的一派）。比如，最值得元亮派誇耀的，是九十三世祖自明公娶宋室公主成為駙馬一事，但在族譜中，A 軸九十世祖簡公同樣娶宋室公主而被封為駙馬一事被寫入正文[20]，而自明娶"宋室皇姑"卻僅用小字附注，似乎懷疑此事的真實性。由此可見，輕視元亮派、歸屬於 A 軸福建派（大猷派，

---

20 文稱："九十世祖駙馬公，諱簡，乃大猷公之子，尚高宗皇女公主趙氏，封駙馬。"

表58 屏山鄧氏族譜所載世系表

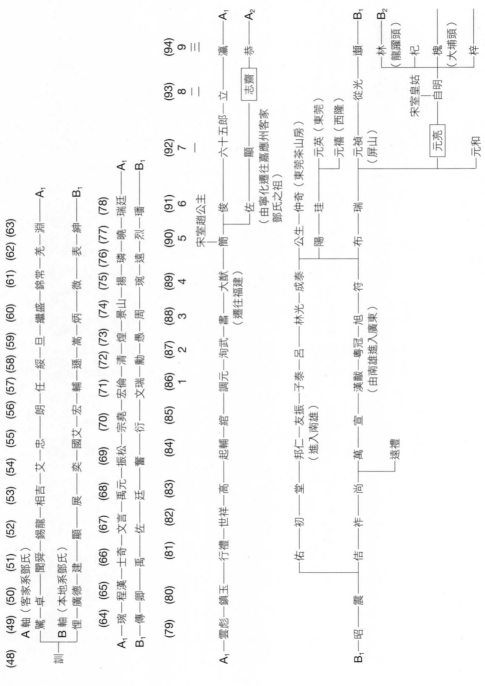

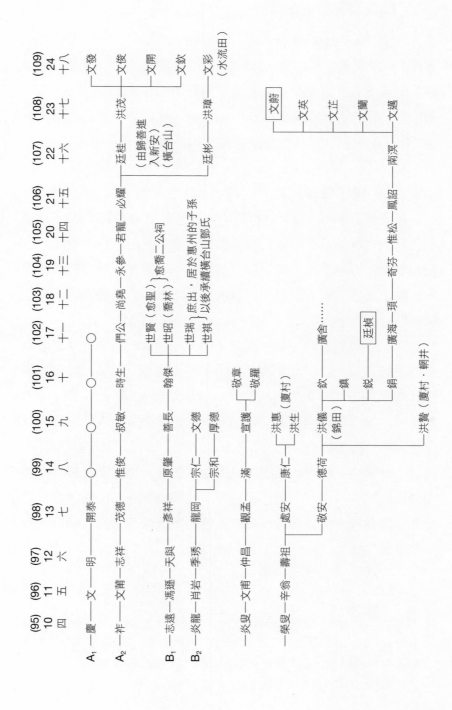

客家系）的意識是很強烈的。至於客家系橫台山鄧氏，據族譜記載，本派一百零一世祖翰傑寓居惠州時，娶妾生二子世瑞、世祺，兄弟二人的子孫後遷至橫台山定居，遂發展成今天的橫台山鄧氏[21]。雖然沒有對橫台山鄧氏表示特別尊重，但畢竟承認它是本派的一個支脈。錦田鄧氏全然否定橫台山系客家鄧氏與自己有什麼聯繫，但若從新界整個鄧氏宗族來看，他們確是同祖同系的。這一點，也是我們推測鄧氏出自客家的根據之一。

（三）嗣子關係

新界鄧氏無嗣子時，就從客家鄧氏族中領取養子，這一現象，我們在討論龍躍頭鄧氏時已舉例說明，錦田鄧氏方面雖未有此類證據，但如果考慮到龍躍頭鄧氏比錦田鄧氏更早定居於新界這一點，那麼就能設想到，在整個鄧氏作為望族自命為本地人之前，他們與客家人之間一定存在著大量的嗣子關係。

以上，我們通過語言、族譜、嗣子三個方面，詳細敘述了新界鄧氏與客家人之間極為密切的族群系統聯繫，《駱克報告》稱龍躍頭鄧氏中最古老的村落範圍、大廳為客家村落，《香港地名志》將大埔頭鄧氏的老圍、錦田鄧姓的吉慶圍當作本地人與客家人的混居村落，錦田目前的鄧氏居民中很多人自認為"客家人"，等等，就是這一聯繫的反映。應當注意的是，作為鄧氏族群特徵而表現出來的風俗、文化、習慣、宗教現象，在其深處潛流著客家文化的傳統。前述各篇各章所敘述的鄧氏祭祀習俗，極有可能都根植於客家文化。

---

21 譜載："三房壽卿，士爵公諱翰傑，號松坡，乃善長公三子，生於永樂己亥年正月三日，享壽七拾有三歲，娶鄭氏，合葬於屏山鄉。舊譜載：公有子孫，在惠州城居住。因公在水東街做生意，娶妾生二子，曰世瑞、世祺。今之八鄉橫台山鄧姓，亦傳云屬公之子孫云。"

二、錦田鄧氏的祖產、祠堂

錦田鄧氏自明初洪武年間開始確立了對錦田的土地支配權，其分別在許多祖名下擁有祖產，這些祖名，包括了第一百世（粵系十五世祖）明初洪儀公以下各代。表 59 為粵系二十八世祖前（清代道光年間）的屬洪儀公直系的錦田諸派世系表（表中記為××祖的，是指祖產名義代表人）。

該表只記錄了十六位祖產名義代表人，此外，表中所無但見於道光前錦田鄧氏碑文中的祖名，還有十多位[22]。因此，錦田鄧氏在明清兩代，至少有二十五名祖先確立了獨立的祖產。由於祖產的一半是在明初的十六至二十世祖期間積累的，故而錦田鄧氏大致就在這一時期確立了土地支配權。始祖洪儀公雖無獨立的土地財產，但在康熙《新安縣志》中，記載著"黃崗渡""白石渡"兩艘"橫水渡船"的納稅名義人洪儀公的姓名[23]。由此可推斷，洪儀公的祖產可能就是這筆渡船收入。

這裡附帶指出，在廣東，明、清兩代推行名為"圖甲制"的租稅制度。這一制度規定，土地稅的直接承擔者（耕作者）並不以自己的名義納稅，他們組成"圖甲"組織，以代表"圖甲"

---

22 明初時，錦田鄧氏在錦田平原東端的觀音山建造佛寺凌雲寺，曾時託名始祖洪儀公的牌位，以配祀文武二帝。現存有道光元年（1821）重修碑，其中列記了當時出自祖產的捐款，由此可知明清間的祖產名。碑文如下："錦田鄉鄧梁等各房祖並各圍村誼助列後：清樂祖助銀四拾元施租柒石；南溪祖助銀卅元施租四石；嵩閣祖助銀拾元；雲谷祖、黑沙祖、心泉祖、應鳳祖，以上俱助銀六元；廣瑜祖、泉菴祖，以上俱助銀四大元；雲澗祖助銀三元；起野祖、錦田祖、松月祖、桂閣祖、樂善祖、國賢祖，以上俱助銀貳元；敬泉祖、抱闇祖、履元祖、居成祖、師旦祖、集勳祖、愚齋祖、訥菴祖、甲光祖，以上俱助銀壹元；永隆圍、吉慶圍、水頭村、水尾村，以上俱助銀壹拾六元；泰康圍村助銀壹拾二元；錦慶圍助銀四元。"

23 康熙二十七年（1688）《新安縣志》卷三〈地理志〉"渡口"："沙岡渡：鄧洪惠稅渡。白石渡：同黃岡渡。黃岡渡，鄧洪儀稅渡。"

表59　錦田鄧氏世系表

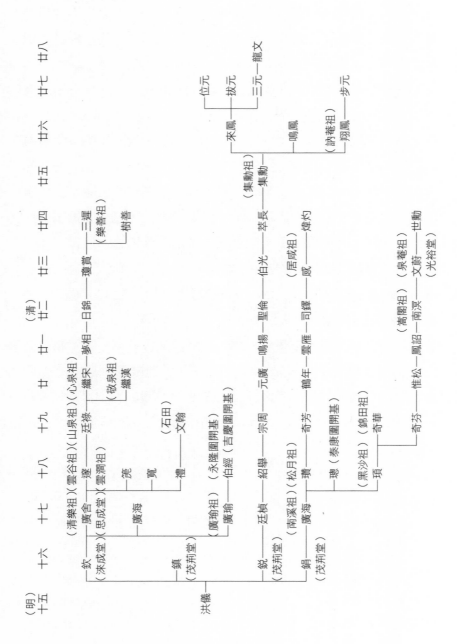

的總戶的名義納稅[24]。由於總戶名一旦經官府備錄就不再變更，所以明代的總戶名到清代還照舊沿用（參見第一篇第四章"序節"）。這是因為"圖甲"的編組以同族為單位，使用和維持祖產的方式（不得變更祖名）就轉化成納稅的方式。明初洪儀公之大名，到清代仍被充用為"渡口"的納稅名義人，也是基於這一原因。這二十多份祖產，在 ×× 祖的名義下徵收田租，並以此作為財源，舉辦對該祖的祭祀，有時還以該祖的名義向一些機構捐贈部分錢款財物。錦田境內修建廟宇、宗祠時，以這些祖先名義贈送的捐款額是極為可觀的。前述龍躍頭鄧氏和粉嶺彭氏的祖產，充其量不過一至二份，與之相比，擁有二十幾份祖產的錦田鄧氏的財富，無疑非常龐大。錦田鄧氏之所以到清代還保有大量的祖產，也許是因為隨著土地集中程度的緩和，產生了想藉祖先祭祀之名逃避過重租稅負擔的意圖，這反而促使財富得到真正的集中。同時，作為發生這一財富積累現象的背景，我們也不能忽視明初以來，該族中進士、舉人、國學生輩出的事實。正是洪儀之孫鄧廷楨考取進士，方使明初大量祖產得以確立；清初祖產的穩定，同樣有賴於二十三世祖鄧文蔚的進士及第。尤其當"遷海令"解除後土地所有權發生混亂之時，發現了擁有政治實力的鄧文蔚，這才使得鄧氏能在錦田平原壓倒他姓，擴大自己的田產。

　　錦田鄧氏憑藉其豐厚的祖產，經營起四座祠堂。它們是：祭祀洪儀公長子鄧欽（號星欽）的水頭村淶成堂，祭祀鄧欽長子廣舍（號清樂）的水尾村思成堂（清樂鄧公祠），合祀洪儀公二子鄧鎮、三子鄧銳、四子鄧鋗的茂荊堂（鎮銳鋗鄧公祠），以及祭祀二十三世祖鄧文蔚（號泉菴）的泰康村光裕堂（龍遊尹泉菴鄧公祠）。其中，除水頭村淶成堂因遭颱風破壞，不復使用外，其

---

24 參見（日）片山剛：〈關於清代廣東省珠江三角洲的圖甲制——稅糧·戶籍·同族〉，載《東洋學報》，第 63 卷第 3、4 號（1982）。

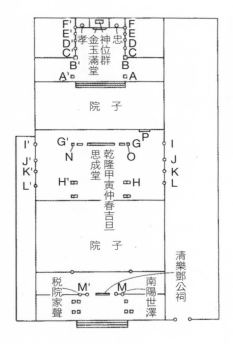

先漢深仁廟貌常新崇俎豆
曾多慶起名繼盛衣冠
思先緒創鴻克紹箕裘榮奕業
成世業彰祖德常新祠貌獻蘋葉
派衍南陽稅院流芳承祖澤
支分東粵錦田崇祀薦生靈
溯我祖肇造鴻基無非詔斯堂實實枚枚
喜吾儕重新羽革惟永祝宗堂構重光祠址壯新模
閭宮新寢廟今朝肇飛鳥革相信甫柏徠松
追述前徽分血脈繼宗支愛念天倫存後裔
輝燈今日美輪紹堂構重光祠址壯新模
木本水源當念先人之締造
流光積厚尤恩奕襈之貽謀
肯構肯堂妥先靈綏後嗣春露秋霜咸晝冠裳而對越
美輪美奐陳恭槐薦馨香左昭右穆同推仁孝於明禋
思曩年烈祖勳榮丕振鴻猷貽裔冑
成今日祠堂美奐重光畫綵耀千秋

東漢著勳名遙追遠思木本水源崇德報功俎豆千秋傳奕世
南陽隆祀典重建成肇飛鳥革承先啟後衣冠萬代耀岑田
松茂竹苞廟貌重光永裕祖德
蘭芳桂馥門庭煥彩大振家聲
思切起雲龍列祖聲華積厚流芳傳奕業
成階選蘭桂曾孫祇衍薦新蘋藻慶重光
係出南陽濟濟蹌蹌再睹勳名垂竹帛
派流錦水雍雍肅肅薦詩禮振簪纓
光緒三年丁丑科今試第二十一名殿試二甲
欽點花翎侍衛、臣鄧輔良恭蒙
同治十年十月
旨賞換花翎、臣鄧榮亮恭蒙

頭品頂戴兵部尚書兼都察院右都御史總督
兩廣等處地方軍務兼理糧餉兼巡撫廣
東等處地方提督軍務兼理糧餉碩勇巴圖魯劉坤一
監臨兵部侍郎兼都察院右副都御史巡撫廣
東等處地方提督軍務兼理糧餉裕寬為副魁
光緒五年己卯科鄉試中式第十四名副魁鄧仕康立。

圖101　錦田水尾鄧氏思成堂宗祠平面圖

照片198　水尾鄧氏思成堂宗祠

他三祠至今猶在。特別是水尾村思成堂和茂荊堂二祠，其建築堪稱壯觀，它們是錦田鄧氏的祭祀中心。光裕堂的建設年代比二祠晚（為清中葉以後），規模、形式都不如前者。

水尾村思成堂（清樂鄧公祠）是錦田鄧氏的祭祀中心。祠壁懸掛著數量眾多的對聯和顯彰鄉試、殿試中及第者功名的匾額，既顯示了文人的風雅，又向族內外炫耀了擁有政治權力的鄧氏宗族的權威。對聯的內容都是獎勵忠孝人倫、崇祖敬德，竭力希望族人科舉及第，上耀祖先，下澤子孫。內陣中央分三層祭祀神位，表 60 為錦田鄧氏思成堂上、中兩層神位表。

據此表，錦田鄧氏以南陽鄧氏粵東莞派始祖漢黻為一世祖，將第十七世祖廣舍（清樂公）及其四個兒子之前的全部直系，均立有神位，或奉祀為神主。中層是以中央的清樂公為中心組成的，上層是清樂公之前的世祖神位，奇數世次（穆）的神位在始祖神位之左，偶數世次（昭）的神位在始祖神位之右。根據這種獨特的昭穆制度，清樂公左側為第一子雲谷公（邃）和第三子雲讓公（寬），右側為第二子雲潤公（簇）和第四子雲御公（禮）。到目前為止，世次按昭穆秩序排列井然。但是中層十九世、二十世以下的神位，由於世代數目的增加，其選擇和排列的線索就不大明晰了。雲谷第三子廷祿（山泉公，第十九世）居中，雲御第四子萬里（石田公，第十九世）配右，廷祿第二子繼宋（心泉公，第二十世）、繼漢（敬泉公，第二十世）在其外側左右（一共九個神位），清樂公直系子孫中擁有祖產的，顯然居於優越地位。這裡，沒有採取龍躍頭鄧氏萃雲堂那種將各世祖先神位逐一收納，結果導致神位群膨脹至一百五十人以上的方式，而是對神位的入祀做了極其嚴格的規定。僅此一點，就使該祠堂充滿了肅穆的氣氛，令人領略到名門的風采和權威。這可以視為一個適應於科舉官僚制度的鄉紳地主宗族祠堂的典型。

以上是洪儀公長子直系的、亦即本宗的宗祠。鄧氏在思成堂

附近又建造了合祀洪儀公第二子鎮、第三子銳、第四子鋗的"茂荊堂"（鎮銳鋗鄧公祠）。茂荊堂規模稍遜於思成堂，內部裝飾也較為簡素，但就整體而言，仍不失為能與思成堂匹敵的一座壯觀的宗祠。（見圖102）

祠內對聯極多，文句長而雕琢，如：

吉水溯淵源世澤流光丕顯宗功常永耀，錦田頻積厚祠堂式煥崇隆祖德祝無疆。

表60　錦田鄧氏思成堂神位表

上排神位（由左至右）：

十六世祖	妣孺人鄭氏　考處士欽鄧公　神位
十四世祖	妣孺人梁氏　考處士安德尚鄧公　神位
十二世祖	妣孺人鄭氏　考封元忠武校尉德壽鄧公　神位
十世祖	妣孺人李氏　考處士榮叟鄧公　神位
八世祖	妣主皇姑趙氏　考宋稅院郡馬自明鄧公　神位
六世祖	妣孺人張氏　考處士瑞鄧公　神位
四世祖	妣宋封安人廖氏　考宋進士陽春縣令符協鄧公　神位
二世祖	妣孺人詹氏　考宋貢士粵冠鄧公　神位
南陽堂上歷代祖先之神位	
一世祖	妣宋封安人秦氏　考宋承務郎漢黻鄧公　神位
三世祖	妣宋封安人廖氏　考宋承直郎日旭鄧公　神位
五世祖	妣孺人龔氏　考處士布鄧公　神位
七世祖	妣宋封安人廖氏　考宋承直郎元亮鄧公　神位
九世祖	妣孺人何氏　考處士四國舍梓鄧公　神位
十一世祖	妣孺人梁氏　考處士辛翁鄧公　神位
十三世祖	妣孺人梁氏　考處士敬安鄧公　神位
十五世祖	妣孺人黃氏　妣孺人張氏　考處士洪儀鄧公　神位

下排神位（由左至右）：

明十八世祖	考雲御鄧公　妣孺人鄭氏　神主（第四子）
明十八世祖	考雲潤鄧公　妣孺人鍾氏　神主（第二子）
明十七世祖	考清樂鄧公　妣孺人廖氏　妣孺人鄭氏　神主
明十八世祖	考雲谷鄧公　妣孺人歐陽氏　神主（第一子）
明十八世祖	考雲讓鄧公　妣孺人陶氏　妣孺人鄭氏　神主（第三子）

光祖深仁廟貌常新崇俎豆，曾孫多慶科名繼起盛衣冠。

茂苑常春鋪揚世業三祖遺澤孔長屢代衣冠堂構重新隆飾典，荊花永麗克紹箕裘曾孫貽謀多慶千秋蘋藻聲華丕攝敦彝倫。

茂德崇孝悌述善秉前徽冠裳綿萬代堂構長新隆祀典，荊枝永森榮壎篪承裔胄奕葉啟曾孫螽斯衍慶敘彝倫。

圖中文字（平面圖標記及對聯）：

二階　孝 N　忠 M　神位　二階　茂荊堂　嘉慶二十二年歲次丁丑仲秋穀日　鎮銳鍇鄧公祠　土地神

對聯圖例（A～J'）：

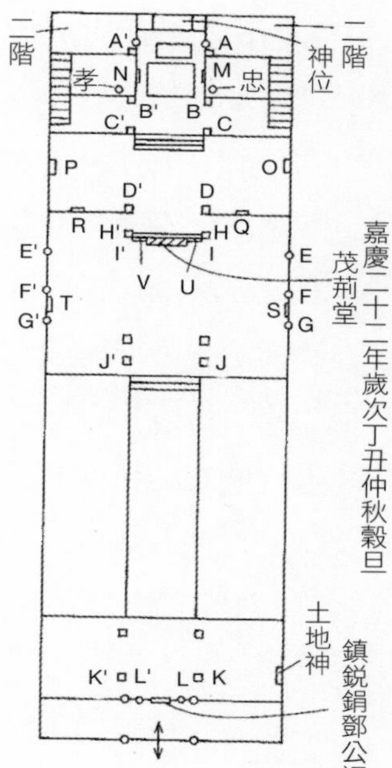

- A：吉水溯淵源世澤流光丕顯宗功常永耀
- A'：龍翔鳳舞官兄弟古振家聲
- B：鳥革翬飛官兄弟美輪重光祖第
- B'：錦田頻積厚祠堂式煥崇隆祖德祝無疆
- C：光祖深仁廟貌常新崇俎豆
- C'：曾孫多慶科名繼起盛衣冠
- D：茂草光前徽祝院家聲榮玉牒
- D'：茂盛光瓊樓角革翬飛崇大廈
- E：荊花蘋後裔龍遊政績勝金堂
- E'：荊輝香玉宇松苞竹秀煥華堂
- F：茂苑常春鋪揚世業三祖遺澤孔長屢代衣冠堂構重新隆飾典
- F'：茂苑重光瓜瓞椒聊傳奕世
- G：荊花永麗克紹箕裘曾孫貽謀多慶千秋蘋藻聲華丕振敦彝倫
- G'：荊庭堪暢敘桂芳蘭馥萃岑田
- H：茂德崇孝悌述善秉前徽冠裳綿萬代堂構長新隆祀典
- H'：茂樹堪暢春壯芽根葩秀發孫枝縣葛萬
- I：荊枝永森榮壎篪承裔胄奕葉啟曾孫螽斯衍慶敘彝倫
- I'：荊花頻獻瑞登科甲慶承祖蔭萃蕃樹
- J：肯構肯堂妥先靈綏後嗣春靈霜咸肅冠裳而對越
- J'：美輪美奐陳黍稷薦馨香左昭右穆同推仁孝以明禋

匾額圖例（K～V）：

- K'：副魁
- L：武魁
- L'：係出南陽濟濟蹌蹌再睹勳名垂竹帛派流錦水雍肅肅勉敦詩禮振簪纓
- M：同右
- N：明德惟馨
- O：光前裕後
- P：巡撫廣東等處地方提督軍務兼運糧餉鹽法都察院右副都御史加一級李士楨為進士熙乙丑科會試中式第六十八名鄧文蔚立
- Q：為貢元嘉慶二十一年恩授第一名貢生鄧
- R：州司馬
- S：龍文立福蔭子孫
- T：同治十年辛未科欽點翰林院庶吉士、臣鄧
- U：同治十年十月奉旨賞換花翎、臣鄧榮亮恭
- V：承

圖 102　錦田水尾鄧氏茂荊堂宗祠平面圖

等等，充分表現出一個追求文學與功名的名門宗族的形象。

茂荊堂神位多於思成堂，分五層排列。最上層與思成堂相同，放置始祖漢黻至十四世祖德荷的神位牌，第二層以下奉祀十五世洪儀，十六世鎮、銳、鋗等十一位神位。第三層以下有十四至十五個神位。獨立的牌位共計五十五個。與思成堂只列洪儀公長子鄧欽一派相比，茂荊堂則包容了鎮、銳、鋗三派（鄧鎮子孫後來遷往英龍圍，故實際只有二派），所以，入祀神主眾多，但由於收納範圍只限於目前一個神龕，因此並未出現濫祀的傾向。作為宗祠，茂荊堂比思成堂出現得更早，當初可能是以欽、鎮、銳、鋗四人的合祠形式建造的，但後來由於鄧欽（廣舍）一派獨自立祠，就形成鎮銳鋗三派的合祠。思成堂匾額題為乾隆十一年（1746），茂荊堂匾額題為嘉慶二十二年（1817），這只是說明它們離現存祠堂的重建年代較近，而創建年代更早的顯然是茂荊堂，它可以追溯到明代，或清初“遷海令”解除以後的一段時間，因為該祠的神龕的構造形式，接近於鄧氏中最早建成的龍躍頭鄧萃雲堂。總之，錦田鄧氏擁有兩座壯觀而規模相近的祠堂，其財富和權力顯示了該族已達到明、清兩代地方鄉村中鄉紳地主宗族的頂峰。

三、錦田鄧氏的外神

錦田鄧氏的村落社神，有水尾村的天后廟和水頭村的洪聖廟，此外，還有作為鄉賢祠守護神的周王二公書院和文武二帝書院。現按創建年代之先後概述如下。

（一）洪聖宮

據說創建於明代洪武年間，但廟內並無明代古物，最早的是清雍正五年（1727）的匾額。不過，廟雖小，洪聖神像以下諸神像倒是古色蒼然，所以建於明代一說也不能貿然否定。

照片 199　水頭洪聖宮一：元宵誕辰歌台（1982 年）

照片 200　水頭洪聖宮二：
洪聖像

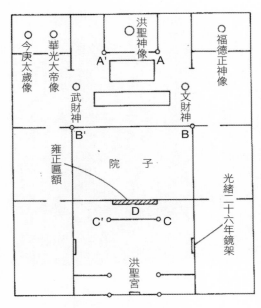

圖 103 　錦田水頭洪聖宮平面圖

　　洪聖大王的神誕日為農曆二月十三日（已見於第三篇第三章），而水頭洪聖宮卻將正月十五的元宵節作為神誕祭祀日（原因後述）。這是一種變形。洪聖官每年都舉行盛大的祭祀活動，洪聖大王被尊為錦田所有鄧姓居民的社神。鄧氏將居住東莞時接受廣東本地社神的這種信仰，帶給了整個錦田。

（二）周王二公書院

　　建於錦田河的一條支流水邊。根據院內碑文的記載，書院創建於康熙二十四年（1685）。此後於乾隆九年（1744）、道光四年（1824）、民國二十四年（1935）、1965 年四次重修。之所以會多次重修，也許是因為靠了周、王二公的力疏，鄧氏在遷海令解除後迅速取得地方支配權，所以對二公懷有強烈感謝之情的緣故。每年農曆正月十二在此舉行團拜，五月十九舉行新巡撫會的神誕祭祀，五月二十一日舉行舊巡撫會的神誕祭祀，祭祀組織和祭田都十分完備[25]。書院內並設義祠，成為錦田鄧氏全體成員統一的外神祭祀中心。

（三）天后宮

廟內有龍躍頭鄧春魁乾隆五年（1740）所贈洪鐘一口[26]，估計此廟即創建於這一時期。天后廟清末曾倒塌，民國二十五年（1936）改建。廟內有改建碑文：

> 天廟乃先人創造，迄今年久日深，該廟倒塌無遺，形成荒地。今蒙芬傅法師暨善施主大發慈悲之心，慨然樂助重新建築。

這裡已長期不舉行祭祀活動，現在就連農曆三月二十三日的天后誕辰祭祀活動也不在此舉行了。

（四）文武二帝書院

位於北圍（水頭村入口）。現已荒廢，只剩殘垣斷壁。書院建於道光三十年（1850），是全族子弟文武科名的守護神。科舉制廢除後，逐漸變為廢墟。

從上面提到的外神祭祀情況看，錦田鄧氏對洪聖廟、天后廟之類的社神祭祀已不甚熱心，而熱衷於周王二院、文武二院這樣的官僚神與科名神祭祀。與洪聖宮、天后宮狹小的社廟建築不同，二書院的構造也接近宗祠，氣勢宏偉。

---

25 周王二公書院祭祀組織由祖產單位和商號構成。共有六輪祖產，祭田二十一處，分佈在水尾、水頭、圍仔、吉慶圍、竹園、大江埔地區。

26 銘文如下："風調雨順。沐恩信貢弟子鄧春魁同廖氏偕男大佑闔家眷等，誠心慶鑄金鐘壹員重壹佰捌拾餘斤，敬奉於天后聖宮娘娘殿前，永遠供奉，福有攸歸。時乾隆五年歲次吉。"

順便指出，在廣東的村落地域社會中，內神的宗祠和外神的社廟、義祠、周王二公祠、文武廟，是作為一套宗教組織而設置的。這套組織與作為行政組織的約公所表裡一體，形成自我完善的自治組織。上文所說的上水鄉、龍躍頭鄉、粉嶺鄉、河上鄉、大埔鄉、平源鄉、林村鄉等，都將這些祠廟群作為一個整體來經營。但是，在內、外神各祠廟的比例上，儘管任何一個村落都有最起碼的一些宗祠和社廟，卻很少有將周王二公書院和文武廟作為獨立建築物的例子。錦田鄧氏以本族的力量將內、外神祠廟都作為獨立建築保存下來，可以說其實力在新界諸族中居於出類拔萃的地位。然而單憑這一點，錦田洪聖廟和天后廟與富麗堂皇的宗祠、書院相比，還顯得很寒酸。上水廖氏、龍躍頭鄧氏，在內神祠、外神祠的比例問題上，已有偏重內神祭祀的傾向，而錦田鄧氏發展到了極端（粉嶺彭氏與河上鄉侯氏反倒是尊重外神的）。在這裡，可以看到，作為舉族致力於獲得和保持政治權力、並已取得成功的鄉紳大地主錦田鄧氏的祭祀結構所具備的特徵。

第一節　元宵洪聖神誕祭祀組織

每年元宵節，錦田鄧氏的水尾村、水頭村，都要向思成堂和茂荊堂兩宗祠行祀祖之禮，同時，還向附近思成堂的洪聖廟獻唱寶誕祭祀歌謠。此時，宗祠祭祀與社廟祭祀合為一體。下面概述這一祭祀組織。

一、宗祠元宵祭祀組織

正月十五上午十一時，族人集合於思成堂與茂荊堂，同時舉行以“神主參拜”“神主獻供”“神饌會食”為內容的宗祠祭祀兩個儀式。由思成堂系、茂荊堂系分開進行，是因為祭祀形式和組織傳統都有若干差異的緣故。

兩堂的祭祀組織互相獨立，祭祀經費各有來源。茂荊堂來自
"南溪祖""黑沙祖""松月祖""泉菴祖"等祖產，而思成堂則來
自"雲谷祖""雲潤祖""心泉祖""敬泉祖"等祖產。增添新丁
的家庭還要支出特殊的團拜費。

二、洪聖神誕祭祀組織

由於洪聖（外神）神誕祭祀活動（將原來的農曆二月十三日
改為正月十五）得不到祖產的財政援助，所以另設"神品競投組
織"和"歌謠籌款組織"。

（一）神品返往

正月初二，接受族人奉獻神品，初十前後，為這些神品召募
"借用者"，第二年，借用者須增值奉還同類神品。因此，每年
的洪聖神誕，籌措祭品都不困難[27]。比如1984年度，以明年返還
為條件借用神品者有五十九人，借用了九萬包爆竹和三百五十七
枝大香燭，八十六點五公斤金豬等祭品。雖然粉嶺彭氏元宵祭祀
（太平洪朝）也用同樣方法籌集了大量爆竹，但錦田鄧氏用於祭
祀的爆竹數量是空前的。

"借用"九萬包爆竹的三十二名鄧姓族人，將這批爆竹捐贈
他們各自所屬的村子或花炮會，由花炮會於正月十五午後一時到
洪聖廟前，在思成堂的側壁燃放。各借用者在來年正月，要向洪
聖廟祭組織歸還多於所借數量的新爆竹。屆時，祭祀組織重新再
召募借用者。香燭、金豬等，也用同樣方式確保神品費用的負擔
者（借用者）。第一夜（正月十三日）、第二夜（正月十四日）、
第三夜（正月十五日），每夜需金豬一頭。祭品的使用，與宗祠
有別，由水頭村洪聖廟值理會負責辦理，不是籌集現金，而是收

---

27 本書日文版有表82〈1984年度錦田鄧氏元宵洪聖誕神品借用表〉，略。

取實物，這一方式，保留了未受墟市經濟影響的舊式祭祀組織的特徵。

（二）歌台招聘費捐款

招聘歌唱團體的費用，還須籌集現金捐款。捐款者往往與以上神品借用者重合，都是錦田鄉各村的富戶[28]。

（三）花炮會

錦田鄉各村組成了十二個花炮會，1983 至 1984 年是按以下順序排列的：

第一炮：潘炳坤建身院；

第二炮：吉慶圍；

第三炮：永隆圍；

第四炮：大江埔村聯安堂；

第五炮：王福滕廠；

第六炮：水頭村同樂堂；

第七炮；白田鄉（沙田）；

第八炮：水尾村慶兆堂；

第九炮：不明；

第十炮：祠堂村；

第十一炮：錦田聯益堂；

第十二炮：水頭村聯慶堂。

其中核心無疑是水頭、水尾、吉慶圍、永隆圍、祠堂村等錦田鄧氏村落，但八鄉的大江埔村（客家人、江姓）和遠處沙田的白田鄉（廣東人、客家人混居）等少數從屬於鄧姓的外姓集團也加入其中，這一點很值得注意。神品借用者、歌台捐款者也包含

---

28 本書日文版有表 83〈1983 年度錦田鄧氏元宵洪聖誕歌台費用捐款表〉，略。

了少量雜姓。洪聖祭祀不是宗族祭祀，而是外神、社神祭祀，這一特點就允許在組織上有若干外姓參與。

於是，錦田鄧氏的元宵及洪聖寶誕祭祀，就成為以宗祠、神品借用會、歌台捐款會、花炮會等組織的複合體為基礎而展開的一種祭祀。其中負擔財政開支的是宗祠、神品會和歌台會，這三個組織可以說幾乎完全是由錦田鄧氏組成的宗族組織。可以這樣認為，錦田元宵及洪聖神誕祭祀組織，就是由宗族組織吸收地緣組織而形成的一種祭祀組織。

第二節　祭祀日程·場地·祭祀禮儀

錦田鄧氏"慶祝元宵佳節及洪聖寶誕"活動，從農曆正月十三元宵花燈"上燈"開始，到正月十五之夜"落燈"為止，共三天四夜。祭祀活動在宗祠思成堂、茂荊堂及洪聖廟三處同時進行。（見表 61）

表61　錦田鄧氏元宵洪聖誕祭祀日程表

農曆月日（西曆月日）		正月十二日（2月13日）	正月十三日（2月14日）	正月十四日（2月15日）	正月十五日（2月16日）
時	午	上午　　晚上	下午　　晚上	上午　　晚上	上午　下午　晚上
	刻	8:00	7:00	7:00	11:00　2:00 7:00　4:30
宗祠	思成堂	點燈			新丁拜祖 丁粥
	茂荊堂	點燈			新丁拜祖 丁粥
洪聖廟		點燈	獻供 （金豬分配）	獻供 （金豬分配）	搶炮　獻供 放炮（金豬分配）
歌台			搭建 歌台	第一晚 演唱	日場　第二晚 演唱

這種將元宵與洪聖神誕結合起來的祭祀日程安排，是非常奇特的一種形態。它到底是以元宵為主的祭祀，還是以洪聖神誕為主的祭祀？乍一看，使人們難以判斷。但如果仔細觀察一下，就能發現，這個日期並不是洪聖神誕日（洪聖神誕日為農曆二月十三），它只不過是人們在元宵節呼喚社神洪聖大王來到此地，向其乞求保祐而已。元宵節祭祀有種種類型，一般是舉行拜禮，敬請社神與土地神。比如龍躍頭鄧氏的元宵祭祀，就是在祠堂奉迎社神天后像，從正月十一開燈始，到正月十五落燈止，出生新丁的家庭，隨時向祠堂的祖先神位和天后像雙方行禮。此時，天后像被奉迎至鄧萃雲堂中陣左壁神壇（神壇兩側貼有對聯："慶元宵之勝景，燈日交輝，火樹銀花春不老；綿稅院之遺徽，云乃炳蔚，金枝玉葉吉蕃昌"），它是接受因元宵節才特地來到宗祠的族人的參拜，而決不是接受神誕日的拜禮（神誕日——農曆三月二十三，天后於天后宮本殿接受族人的拜祀）。這一形式才是社神參與元宵節祭祀方式的本貌。由此可見，錦田鄧氏在元宵祭祀時再次舉行的對洪聖大王的祭祀，其實不是神誕祭祀，而是對社神光臨元宵祭祀場地表示感謝的"太平洪朝"祭祀。神誕祭祀本來是在農曆二月十三單獨進行的，近年來，為了節約經費，就將它與元宵節祭祀合而為一了。這樣，錦田的"元宵祭祀兼洪聖神誕祭祀"，就應該不折不扣理解為以元宵為中心的祭祀活動。日程表的各個細節也只能照元宵祭祀的內容來理解。

1984 年，正逢洪聖廟改建之年，洪聖廟暫移鄰近的行宮，規制略有變形。（見圖 104 所示）

因為改建的緣故，洪聖本殿的神像群全部被遮蔽起來，但每年使用的花牌依然懸掛。代替神像的牌位奉迎至行宮，在行宮內懸掛花燈，安置神座。歌台本來全部面對洪聖本殿，後來也改向安置了神座的行宮。宗祠思成堂、茂荊堂中也懸掛大花燈。

祭祀在兩個宗祠和洪聖廟三處同時進行。

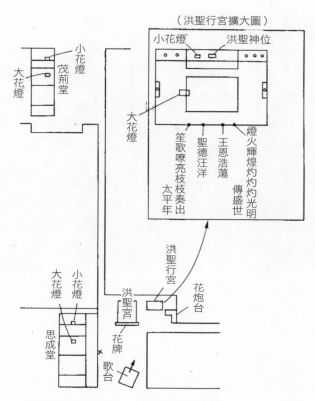

（洪聖行宮擴大圖）

小花燈　洪聖神位

大花燈

燈火輝煌灼灼光明
傳盛世

王恩浩蕩

聖德汪洋

笙歌嘹亮枝枝奏出
太平年

洪聖行宮

花炮台

洪聖宮

花牌

歌台

思成堂

大花燈　小花燈

茂荊堂

大花燈　小花燈

圖 104　錦田鄧氏元宵洪聖誕祭祀場地圖

照片 201　水頭洪聖宮元宵誕辰花牌

照片 202　水頭元宵洪聖誕歌台

一、宗祠

　　正月十二為"開燈"日，上午八時開始懸花燈。花燈有兩種，大型的為十面體球型，小型的為八面體方型。大花燈掛在中廳，小花燈掛在內陣正廳。思成堂的花燈掛在建築物中央，茂荊堂的則掛右側。原先茂荊堂左右各掛一燈，由於超出了思成堂的規格，後來就減去了一燈。思成堂從茂荊堂中分離出來之前，可能是左右一對吊燈，各燈的燈心，以前都是裝幾個油燈，現在則用一個電燈。

　　宗祠中最重要的祭祀項目，是正月十五中午十一時開始舉行的新丁拜祖禮。這是廣東各地宗族自古以來都要舉行的一種禮儀。嘉慶《新安縣志》卷二"風俗"條中這樣記載：

　　元宵：張燈作樂，凡先年生男者，以是晚慶燈。

　　前述粉嶺彭氏的元宵祭祀中，在社神北帝的神壇上舉行慶燈

照片 203　水尾鄧思成堂元宵大花燈

儀式，但由於意識到新丁的誕生是受了祖德的恩蔭，故一般是由添加了新丁的家庭向宗祠行拜禮。龍躍頭鄧氏、廈村鄧氏等都是如此。東莞縣茶山鄧氏在族譜中有如下祭規：

> 新丁當張燈之日，在祠中將年庚著明，登簿以序昭穆。每位新丁出銀捌錢，與眾幫辦買燈及酒席之費。如無別故而不出銀與眾者，不得支胙。若至十六歲，仍不能備銀歸眾者，亦聽其支胙。[29]

也就是說，前一年出生男丁的家庭，於元宵之日到宗祠去，在族簿上登記，領受昭穆即行輩字的分配。同時，交納新丁銀，並負擔花燈及宴會費用，以此取得宗族正式成員的資格。對於宗族來說，也就是將元宵節當作歡迎新丁入族的一個重要儀式。錦田鄧氏與此相同，並特地事先發佈公告，宣佈將於正月十五日在思成堂、茂荊堂舉行新丁拜祖禮。公告說：

> 謹訂於本年正月十五日上午十一時，在思成堂、茂荊堂祖祠齊集，共同慶賀，宴飲 "丁粥"。希各位兄弟準時出席，遵從鄉俗，一致同賀，為禱。族長鄧永壽。甲子年正月初九日。

這裡所說的 "丁粥"，是指將各新丁家所帶的 "粥" 分給全族人共用一事。所謂 "分胙" "散胙" 也是此意。根據這份公告，正月十五上午十一時，宗親中添丁的家庭匯聚於茂荊堂、思成堂。母親抱著新丁，家屬們則捧著紅色的 "斗"，並將裝有粥宴用的 "饌" 和大量食具、箸等的籠格搬入祠內。

內陣中央的神龕前配置長形的香爐和大的供桌。長老身著長衫，迎接新丁的拜禮。新丁的家人隨著鑼聲奉供斗、饌，並點燃

29《茶山鄧氏族譜》抄本（香港大學圖書館藏）。

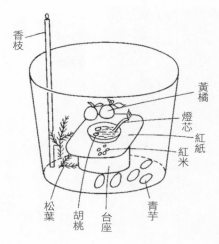

香枝

黃橘
燈芯
紅紙
紅米

松葉　胡桃　台座　青芋

圖 105　錦田鄧氏元宵新丁獻祖用斗

照片 204　水尾鄧茂
荊堂元宵祖壇獻供

照片 205　水尾鄧思成堂元宵丁粥宴飲

照片 206　水尾鄧茂荆堂元宵丁粥宴飲

斗中的香枝，插在香爐中，隨後在供桌前的席上行三跪九叩禮。"斗"象徵新丁生命。"斗"內放有油盞，浸在油中的燈芯點著火，油盞中放入胡桃，周圍置有黃橘兩隻，以及松葉、紅米和青芋。另外還放著香枝，香枝原先插在香爐中置於供桌上，後來才放回"斗"內。"斗"由一位衣冠楚楚的老婦人照管著。

拜禮結束後，"丁粥"搬入中陣和內陣，各家族端下供桌上的"饌"，擺開小宴。"丁粥"是一種白粥，但粥中有些油。饌是美味的魚肉，也有酒類，是一種時間很短的"分胙"宴。思成堂的"粥"宴在內陣正廳和神龕前進行，茂荊堂的則擺在中陣內進行。兩堂的食具區別很大，思成堂的顯得很雅致。下午一時小宴結束後，各家族擁著新丁打道回府。

二、洪聖廟

正月十二日上午八時，洪聖廟舉行"開燈"儀式。得新丁者，參加宗祠內的開燈式和洪聖廟開燈式。在這之前，已於正月初七貼出佈告：

> 燈花會定於甲子年正月十二日上午八時，在洪聖廟開燈，請本年有新丁者，屆時請依時出席。此致告知，值理啟。一九八四年甲子年正月初七日。

緊靠洪聖廟行宮中央天井，懸掛一盞八角方形中型花燈，神壇左前方面朝著洪聖神位的台上，放著一盞小型立方體花燈。開燈後大門打開，允許居民自由進出拜禮。新丁家庭必須進香跪拜。門旁貼有對聯云："燈火輝煌灼灼光明傳盛世，笙歌嘹亮枝枝奏出太平年"，但這並不是祝賀洪聖聖誕，而顯然是頌揚前引《新安縣志》所說的"張燈作樂"的元宵祭祀。開燈後的禮儀有金豬獻供、花炮返往、爆竹放燃、歌台演唱等，正是原先"太平洪朝"要進行的儀式。

（一）第一天（正月十三日）

晚八時三十分，金豬運至洪聖行宮，供於神壇（此為第一號金豬，八人分別承擔八分之一費用，明年返還，今年的金豬由去年的借用者承擔）。

（二）第二天（正月十四日）

下午七時十分，歌台上開始歌曲演唱。八時三十五分，奉獻第二號金豬於洪聖神壇（規則同一號金豬，由二人承擔）。

（三）第三天（正月十五日）

上午十一時始，宗祠內進行"新丁拜祖""丁粥"等，迎來了祭祀的最高潮。幾乎同一時刻，洪聖廟內也開始了歌台演唱。具體程序如下：

1. 花炮的集中和分炮

前述十二個花炮會，在醒獅、麒麟、彩旗的配合下，將花炮搬到洪聖廟前。花炮分兩排並列在行宮前方的花炮台上。花炮一般都是中型的。

下午一時起，重新分配集中起來的花炮。這裡表現的觀念與"神品借用"相同，都是提前一年求得洪聖的賞賜，明年用新的神品償還。原先和河上鄉一樣實行"搶炮"，但近年改成了抽籤的形式。不過，抽籤儀式仍保留了昔日"搶炮"的餘意。行宮門前疊起兩張桌子作為抽籤台，這幾乎重現了"放炮台"的原形。台上安置新丁獻給宗祠時所用的紅"斗"，斗內裝籤。抽籤台一側配有吹鼓樂隊。同時，值理席也靠近吹鼓樂隊，表示值理也參與了抽籤。

照片 207　水頭洪聖宮花炮

照片 208　水頭洪聖宮花炮抽籤

抽籤的花炮會代表一上場，樂隊首先就吹響了嗩吶，接著，身著長衫的長老，在台上把"斗"對準花炮會代表，令其取籤。如此經二十分鐘左右，十二個花炮即根據抽籤的結果，被重新進行了分配。下午一時三十分，"分炮"結束，此時，歌台演唱也暫告一段落。

2. 放燃花炮

各花炮會根據抽籤的結果，由值理按序點燃帶來的"炮"（爆竹）。思成堂側壁上，懸有各花炮會聯成帶狀的"炮帶"，同時點火鳴放。"炮帶"長十至十五米，波狀曲折，沿牆面垂掛，頂端的炮內裝入爆裂性的強力火藥。點燃之後，隨著燃點的移動連續發出小爆音，最後到頂端時，即發出一聲大爆音。

由於各"炮帶"都很長，放燃一掛須五分鐘以上，所以，十二個花炮會的十二掛"炮帶"全部放完需時一小時以上。觀看放炮的人群，擠滿了洪聖廟前的草地，閃光和爆炸聲籠罩著廣袤

照片 209　水頭洪聖宮前放炮

的錦田平原，這就像在炫耀錦田鄧氏的財富和權力。根據神品借用紀錄，在這一個小時內燃放的花炮，已達到九萬包這個龐大的數據。這些花炮每年由二十三名富人負擔，由此，即可窺見他們的富裕程度。下午二時二十分，放炮結束。各花炮會簇擁著新分得的"花炮"，陸續回返。一部分醒獅在堆滿紅色爆竹殘片的思成堂側壁空地上表演跳樑。下午三時前，暫停的歌台演唱重新開始。

3. 金豬獻供

晚八時三十分，向洪聖廟獻上第三號金豬（明年由四位借用者歸還）。

第三節　祭祀歌謠・演劇

正月十四日晚和十五日整天，洪聖廟對面的歌台上，舉行歌曲、歌謠演唱會。錦田居民還經常於十六日夜間舉行演劇活動（不一定每年如此）。

一、祭祀歌謠

元宵節演唱歌謠一事，在前篇粉嶺彭氏的元宵祭祀中已提到，這可能源於明清以來植根於農村社會的山歌演唱傳統。錦田歌台的規模要大於粉嶺，演唱時間也長。1983 年，邀請了群星歌藝團，1984 年，重金禮聘了櫻花歌劇團，為洪聖寶誕祭祀助興。演唱的曲目基本上是流行歌曲，但有時也加演粵曲等古典作品。演唱粵曲時，歌手脫下豔麗的洋裝，改換白上衣、黑長裙等傳統服裝。現在的演出以女歌手為核心，繼承了"山歌時代"主要角色由女性擔任的傳統。由於歌台位於洪聖宮對面，所以歌曲演唱在直接奉獻於洪聖大王的同時，也間接地奉獻於宗祠。

照片 210A　水頭洪聖宮前歌台演唱一

照片 210B　水頭洪聖宮前歌台演唱二

二、祭祀演劇

作為元宵祭祀活動的延續，正月十六日夜，錦田全鄉往往安排演劇。1983 年，錦田居民協會發佈的演劇公告如下：

> 恭賀新禧，公演粵劇
> （演目）：花開富貴
> 日期：二月廿八日（農曆正月十六日）
> 時間：晚上六時三十分
> 地點：錦田坡地
> 　　免費招待歡迎鄉親街坊蒞臨欣賞
>
> 　　　　　　　　　　　　　　　　錦田居民協會

這種公演，形式上並不是由鄧氏一族主辦，而由包括雜姓在內的錦田村落組織"錦田居民協會"主辦。但是，這個居民組織的成員幾乎清一色是錦田鄧氏族人，這樣，整個錦田鄧氏就將洪聖祭祀活動安排在以宗祠為中心的元宵祭祀活動的同時，而將演劇活動安排在元宵祭祀之後。因此，演劇的演出活動，應該看成是鄧氏元宵祭祀的一個環節。不過，演劇不一定年年都有，不像歌台演唱那樣形成一種固定的制度。一般來說，只有在村內經費有結餘的時候，演劇才作為歌台的加演節目公演。就錦田鄧氏而言，它的元宵祭祀無疑是以演唱歌曲為主的，演劇只不過是一種附帶的、臨時性的活動內容。

第四節　小結

通過對錦田鄧氏元宵祭祀過程的討論，可以得出一個結論：儘管這個新界第一大宗族擁有雄厚的財力，但只要是涉及以宗祠為中心的祭祀，就對直接將演劇奉獻於祖先神位之舉表現出相當消極的態度。從這裡我們可以發現廣東縉紳大地主宗族的祭祀意識比起江南（江浙）縉紳大地主宗族的祭祀意識更具保守性。

我們從錦田鄧氏對演劇的態度入手。對於各種外神祭祀，錦田鄧氏與新界其他大宗族（龍躍頭鄧氏、上水廖氏、河上鄉侯氏、粉嶺彭氏、大埔頭鄧氏等）相同，允許引入演劇活動。比如，據 1965 年周王二公書院第五次重建碑記載，錦田鄧氏於康熙二十三年（1684）創建該院，二十四年完成。此後又規定，每十年一屆，建醮演劇。這說明自清初以來，建醮時作為外神祭祀，都要向洪聖或土地神奉演演劇。下面是《鄧師儉堂家譜》記錄的建醮時貼於戲棚的對聯：

真道本常存到於今演武演文誰譽誰毀，
古人雖已往得此筆繪聲繪影如見如聞。

鑼鼓喧聲大勢洪財都在自，
笙簧乍歌深情美惡總無形。

神聽和平歌餘介福綏仁里，
韻諧風雅曲罷遊人醉闐仙。

對聯中所謂“繪聲繪影”雖然是指木偶劇，但不論怎樣，都是向神獻戲，這點是明確的。如果說康熙二十四年（1685）以來，演劇活動一直在進行（但這一點並不十分可信），那麼鄧氏對演劇應該並無特殊的反感，然而他們在元宵祭祀時卻不安排演劇，只限於歌台演唱。之所以如此，也許主要是考慮到宗祠祭祀的緣故。不過，就宗祠祭祀的本來面貌（原形）而言，應該是連歌台也沒有的。在祭祀上比錦田鄧氏還要保守的龍躍頭鄧氏，雖然於元宵節往宗祠奉迎天后像，但歌台演唱一類活動，一概不進行，全部活動只限於在宗祠內向神主、天后拜禮獻供。與此相反，錦田鄧氏可能仿效了粉嶺彭氏北帝太平洪朝時的歌台助慶，向洪聖大王獻歌，同時還把宗祠內新丁拜祖的儀式與歌台、放炮合併，尤其是曾經以居民會的名義，在正月十六日舉行餘慶式的演劇演出，這一切顯然說明，錦田鄧氏向奉演演劇的方向邁出了一步。錦田鄧氏是一個獨立的、人口達二千五百人的大宗族，分支甚多，祠堂分立，上述現象可以說是該宗族在宗族觀念、祭祀觀念開始逐漸從舊框架中擺脫出來的前提下發生的變化。從這個事例中，可得出結論：即使像廣東這樣落後地區中的農村，也以縉紳大地主宗族為中心，正逐步地將演劇引入宗族祭祀活動 30。

30 在宗祠對面搭建戲棚也是類似的現象。比如屏山石埗圍林氏在元宵祭祀時，在圍郭村的圍門對面搭建戲棚，形成的也是同時面對神廳（祭祀天后、禾穀夫人等外神）與宗祠（林氏家墅）的形式。在這裡進行的演劇，主要奉獻給外神，雖然很難講是"將演劇引入宗祠的祭祀"，但畢竟是戲棚中的歌唱和演出直接衝擊宗祠神位的結果；也可能顯示了從忌諱和避免向宗祠貢獻演劇的觀念中解放出來的跡象。附帶指出，石埗圍林氏是來自福建莆田的福佬系客家，據《石埗鄉林氏族譜‧譜序》，該族的沿革如下："……蓋譜之為言，所以序昭穆而秩世系者也。譜而能存，雖年湮而可考，世遠而勿忘。迄今，吾族係出福建省莆田邑內鼻祖九牧公，仕官東粵，覽遊各區，已經數分而派，延至於發籠祖，成形圍於莞邑寶塘下，啟遷開基於寶安石埗，門戶五圖，監為五都三圖六甲林宏保，其生平事業，數載之典策，皆可稽而知也。然則由東莞以徙居新安，越今數百年……時乾隆三十五年歲次庚寅孟春仲浣吉旦，十世孫虔友、櫂一、永肇等同頓首謹識。"（抄本，大英圖書館 Baker Collection，香港中文大學縮微資料。）一般來說，客家人對於宗祠祭祀的觀念比較保守，尤其是正統派的梅縣客家人這一傾向更為明顯。福佬系客家則具有若干柔性表現。本文所謂宗族構造的變化是把演劇導入宗祠祭祀的主要原因，此外，族群系統的差別可能也是原因之一。對此還有待今後進一步展開研究。

659

第二章　南洋興僑婚禮祭祀

序節　南洋興僑的祭祀傳承

　　上一章討論了宗祠演劇，但對宗族集團來說，除了這種全體族人共同參加的宗祠祭祀外，還在宗族各支派、各房支的範圍內，進行冠婚葬祭等祭祀。這些祭祀場面雖小，卻也常常向社神和遠祖奉演演劇。明、清以來的江南史料中時有這方面的片斷記載，在閩粵地區也可零散地看到這類實例。不過，在本書撰寫時需要得到其資料的新界鄉村地區的宗族社會中，則沒有發現這種規格的演劇。比如 "婚禮"，大多在宗祠內舉行，新娘於婚禮後必須參拜宗祠，但這種場合也不向宗祠直接獻戲，而只伴以儒禮的鼓樂吹打。

　　1983 年 5 月 22 日，筆者粗略地考察了廈村鄧氏（錦田鄧氏的分支）在本村祠堂 "友恭堂" 內舉行的新娘拜祖禮。儀式極其簡單，僅僅是新郎、新娘和父母一起，在鼓樂的引導下向神位行跪拜禮。

　　從這種拜祠、拜祖禮儀中，至少還看不出有向演劇發展的萌芽。正如前面所述，由於這個地區一直保持著不許演劇進入宗祠祭祀的狀態，所以連宗祠以下的小規模演劇演出也是困難的。為此，本章試圖從目前仍在進行這類小型演劇活動的海外華僑，特別是南洋閩僑、粵僑的傳統習慣中尋找一些實例，從而確定這種內神小型演劇在宗族內神祭祀中的地位。

　　海外閩、粵兩僑中，在 "冠婚葬祭" 方面比較完整地保持了傳統祭祀方式的集團，是閩東興化府莆田縣（今福建省莆田市）和仙遊縣的所謂 "興僑" 集團。這個莆仙集團僑居於馬來西亞、新加坡、沙撈越等地，由於他們在福建系移民中是少數派，加上

照片 211　廈村鄧友恭堂新婚
拜祖一

照片 212　廈村鄧友恭堂新婚
拜祖二

移民時期較短（不早於 1920 年），所以就很好地保留了故鄉的習俗。在宗教、演劇方面，這個集團可以說相當保守。另外，莆田、仙遊人與移居香港新界農村的一些宗族，也有著地緣上和血緣上的聯繫。比如第二篇第二章中所說的林村坑下莆林氏，就是從莆田（仙遊）經漳州、海豐進入新安縣現住地的。屏山石埗圍的林氏，據說也來自莆田。新界林姓客家人，大多來自莆田或仙遊。其他從海豐縣、陸豐縣入新界的海陸豐福佬人，據說早先也都來自莆田。第一篇第四章長洲海陸豐人的祭祀傳統，極有可能就是以莆田習俗為淵源的。潮州人也把自己的故地說成莆田，莆田被當作了廣東福佬人廣義的故鄉。第三篇第二章中提到的粉嶺彭氏，據說是從其故地江西吉水經潮陽——陸豐縣進入新安縣粉嶺的。由於他們在潮陽——陸豐住的時間很長，肯定深受福佬人文化的影響，所以該族與莆田的文化習俗也有很深的關係。由此可見，莆田（仙遊）與新界客家人宗族、福佬人宗族的族群系統的形成，有著內在的聯結。通過對莆田集團的祭祀習俗的探討，就能補充新界宗族資料的欠缺。本章準備從這一角度，來討論南洋興僑祭祀習俗中宗族內的婚禮演劇，所用實例是新加坡的莆田僑民宗族的婚禮演劇。

第一節　婚禮·壽祭的祭祀禮儀

1982 年 9 月 28 日，新加坡東北郊、興化僑民集居地之一的柏魯馬（Perumal）街的一角，莆田林氏宗族的一個家庭曾舉行過一次與婚禮有關的儀式，並演出了木偶戲。儀式包括正式的婚禮和新郎父母的壽祭。祭祀場地奉迎著林氏祖先神位與鄉里土神、社神神位，準備向這些神位奉演木偶戲，以感謝他們賜"壽"予林家長輩，並祈求保祐子女的婚事。以前，長輩得以長壽是出於神恩、祖恩的蔭庇，現在，子孫婚娶、宗族綿延也必須依託於神恩與祖恩，作為向眾神與祖先酬謝、賽願而舉行的婚禮、壽禮，就是在這一觀念下舉行的。

祭祀場地以神壇為中心，附設祖先神位和孤魂台，隔街搭建了木偶戲棚（莆田提線傀儡）。圖106是新加坡莆僑婚禮祭祀場地示意圖。

祭壇因為要兼顧壽祭與婚禮兩個儀式，所以其構造極為複雜。主壇A由玄天上帝、士元盧仙長等莆田、仙遊故鄉神與南斗、北斗等司命壽神和龍王合併構成。玄天上帝和盧士元二神，

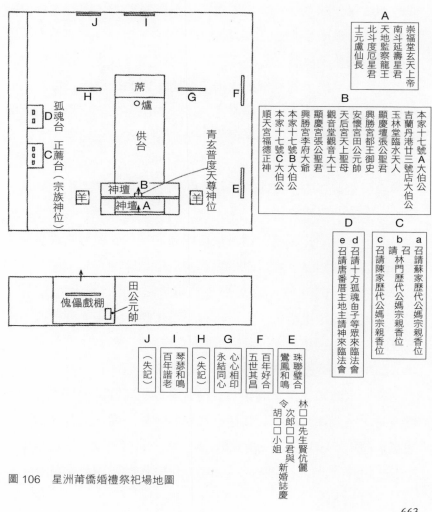

圖 106　星洲莆僑婚禮祭祀場地圖

A
崇福堂玄天上帝
南斗延壽星君
天地監察龍王
北斗度厄星君
士元盧仙長

B
本家十七號A大伯公
吉蘭丹港廿三號店大伯公
玉林堂臨水夫人
顯慶張公聖君
興勝宮都王御史
安懷宮田公元帥
天后宮天上聖母
觀音堂觀音大士
顯慶宮張公聖君
興勝宮李府大爺
本家十七號C大伯公
本家十七號B大伯公
順天宮福德正神

C
a 召請蘇家歷代公媽宗親香位
b 召請陳家歷代公媽宗親香位
c 召請林門歷代公媽宗親香位

D
d 召請唐番厝主地主請神來臨法會
e 召請十方孤魂由子等眾來臨法會

E
珠聯璧合
鸞鳳和鳴
百年好合
五世其昌

F
心心相印
永結同心

G
（失記）

H
（失記）

I
琴瑟和鳴
百年諧老

J
（失記）

林□□先生賢伉儷
次郎□□君與新婚誌慶
胡□□小姐令

孤魂台 D
正薦台（宗族神位）C
羊
羊
神壇 B
神壇 A
席 爐
供台
青玄普度天尊神位
傀儡戲棚
田公元帥
J I
H G F
E

居於地界主角的位置，來自天界的南斗、北斗和來自水界的龍王則作為嘉賓接待。副壇以新加坡本地外神為中心而構成，其實都是莆田人帶到新加坡來的莆田系諸廟之神。興安天后宮（Malabar Road）、顯應宮（Upper Weld Road）、興勝宮（Changi Road）、觀音堂（Waterloo Road、三馬路）、懷安宮（Perumal Road）、順天宮（不明）等，皆為東郊莆田興化人建造的祠廟，副壇即召請了這些廟神。奉祀祖先神位的祭壇 C，對宗族祭祀來說是無多大意義的。這一祭祀的中心，是作為"壽祭"主角的林氏歷代神位，同時還配祀他們妻、媳的娘家宗親神位，而這種祭祀林氏以外的姻戚牌位的做法，卻是違背宗族祭祀原則的。與祖先神位祭壇相鄰的是孤魂台 D。因為這是用祭祀來進行"途中普度"，所以特地召請孤魂。壽祭、婚禮之時，也對孤魂佈施，目的在於防災得福。單從以上的祭壇構成情況來看，它的外神色彩重於內神色彩。如果考慮到婚禮、壽祭都是宗族內部的祭祀，那對如此重視外神的現象就不免會感到驚異。這一點也許是福建系，尤其是福佬系的特色。

主持祭祀的是一名道士，他主要是獻供與誦經。中午十一時，道士率領全家拜神；下午，與木偶戲的禮儀部分相配合，巡迴備壇，反復誦經和獻供禮。根據道士的指示，執事將大供桌上的祭品逐一遞給獻供者，獻供者跪坐於席上，向主祭壇前的大供桌奉呈祭品。拜呈畢，祭品交由執事重新放回主壇神位前。下午，老夫婦倆跪坐獻供；五時，舉行普度禮。道士面對孤魂台和正薦台（祖先神位台），誦經；誦畢，向兩台獻上普度供物。至此，前半部分禮儀完成。

晚上八時禮儀重新開始。八時三十分，新郎跪坐於主壇前行獻供禮。家人在其身後，新娘在後排等候。十時十五分，獻供、誦經全部結束。拜過 C 壇的祖先神位後，將其焚化。然後將 A、B 兩壇的神位也付之一炬。十一時三十分，整個祭儀結束。

照片 213　莆僑婚禮道士拜神

第二節　祭祀演劇—提線傀儡劇—北斗戲

　　在這場祭祀活動中，與祭壇隔街相望的木偶戲棚內，要為
"壽祭"和"婚禮"奉演禮儀性的節目。木偶戲由屬於莆仙業餘
劇團（南洋莆仙同鄉會演劇部）的"新和平"提線傀儡劇團擔任
公演。戲棚很小，裡外四間，裡面奉祀戲神田公元帥的木偶。

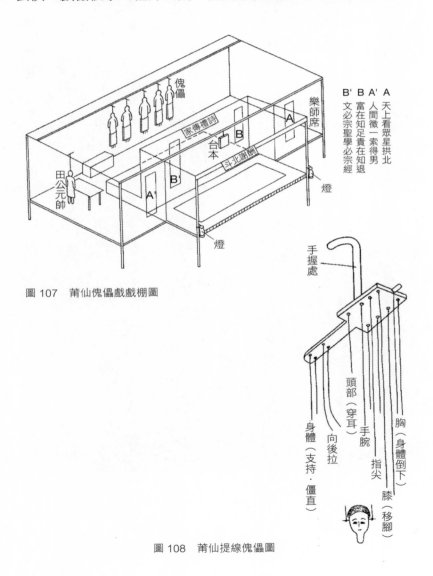

圖 107　莆仙傀儡戲戲棚圖

圖 108　莆仙提線傀儡圖

　　為婚禮演出的戲目稱為"北斗戲"。劇情大意是：宋朝太宗皇帝無嗣子，委託張天師祈禱。張天師上呈玉皇，玉皇即遣注生星君往南斗宮衛房聖母處，設法使符皇后喜結珠胎，不料遭天河聖母半路攔截。這時，北斗宮高夫人及臨水夫人陳真姑拔刀相助，與天河聖母幾經搏戰，終於取勝，收伏天母，宋朝太子因而得以誕生，是為宋真宗，臨水夫人亦被封為陳真人。上午十時四十七分演出開始，十一時十五分結束[1]。結束後，演員帶著木偶走下戲棚，至祭壇前，操縱木偶向壇跪拜。

　　中午十二時五分，戲棚供祀下一個節目《百花橋》所用的道具和火盆，戲班演員誦經，結束後焚燒紙錢。與此同時，道士拜孤魂台。十二時五十分，"百花橋"禮儀開始。這是一個由臨水宮陳夫人登上百花橋，驅趕惡煞，保祐婦女順利懷胎的儀式。陳夫人的侍女立於橋上，先唱一段自我介紹的引子：

　　百花橋上，橋上來超度。看見男女仔無方數。逞神通，帶關帶煞，有災有犯，替身相扶護。恭神共彩女，排列好如故，建起道場，打起鐘鼓。

　　以下為念白：

　　四海萬民為第一，盧山正法鎮乾坤。抱送男女度關煞，一爐香火萬家傳。

　　意欲超度和拯救母腹中被關煞阻滯而不得降生的男女小兒，能順利地來到這個世界。

1　譯者按：根據劇情脈絡，本書作者將"北斗戲"劇本分為二十個段落（齣），
　　譯本略。

照片 214　北斗戲一：衛房聖母、林九娘、降生大神

照片 215　北斗戲二：孤鸞寡宿

照片 216　北斗戲三：百花橋 a（陳夫人）

唱畢，陳夫人侍女吹響角笛，召喚以下眾神靠近橋頭：

（母氏）西宮葛夫人、（師兄）破動陳一使、（子）靈通三舍人、救護破洞林九娘、隆生聖母馬夫人、林氏天妃祖（天后）、海口姓高三夫人、左殿相公王七頭、右殿節度楊舍人、銅馬三郎護衛將、鐵馬四郎押營兵、殿前太尉盧太保、唐岳周劉四將軍、白馬五郎、花前王母、同岩破洞張聖君、治病救苦蕭聖姐、三十六宮諸婆神、七十二剖玉女仙。

以上都是助產神，其中以三十六宮婆神為主神，名單如下：

1. 君恩宮抱送婆神陳大娘（福州府古田縣）
2. 紫微宮誠心婆神鄭九娘（福州府永福縣）
3. 清水宮送花婆神賴四娘（泉州府晉安縣）
4. 快樂宮修生婆神楊八娘（漳州府漳浦縣）
5. 麒麟宮送喜婆神周六娘（安慶府潛山縣）
6. 衣樂宮生養婆神方五娘（延平府順昌縣）
7. 明善宮教讀婆神郭三娘（興化府莆田縣）
8. 萬壽宮養仔婆神朱二娘（福州府連江縣）
9. 寶蓋宮教走婆神蔡六娘（常州府宜興縣）
10. 珍朱宮救災婆神江七娘（汀州府武平縣）
11. 延壽宮發寒婆神廖四娘（興化府仙遊縣）
12. 春台宮作弄婆神龔八娘（漳州府漳浦縣）
13. 羅山宮洗仔婆神沈大娘（福州府長樂縣）
14. 長生宮送仔婆神楊二娘（福州府閩清縣）
15. 坂龍宮送仔婆神羅四娘（興化府莆田縣）
16. 付鳳宮叫仔婆神彭五娘（汀州府武平縣）
17. 太平宮教仔婆神翁七娘（福州府屏南縣）
18. 步蟾宮教子婆神周六娘（延平府順昌縣）

19. 鼇頭宮出世婆神顧三娘（杭州府仁和縣）

20. 注福宮報喜婆神倪九娘（溫州府泰順縣）

21. 安慶宮救產婆神章大娘（延平府南平縣）

22. 奪魁宮安胎婆神楊九娘（福州府古田縣）

23. 安樂宮注生婆神張七娘（漳州府漳浦縣）

24. 登科宮教讀婆神歐四娘（汀州府清流縣）

25. 吉慶宮送胎婆神吳尾娘（常州府宜興縣）

26. 回生宮安胎婆神劉三娘（泉州府南安縣）

27. 清明宮注福婆神李大娘（福州府永福縣）

28. 端明宮叫仔婆神戴三娘（邵武府泰寧縣）

29. 保慶宮種痘婆神程六娘（建寧府建安縣）

30. 託化宮訓子婆神林九娘（衢州府常山縣）

31. 長壽宮罵仔婆神楊十娘（安慶府正安縣）

32. 長福宮送花婆神徐五娘（廣信府玉山縣）

33. 保生宮掌病婆神俞三娘（延平府順昌縣）

34. 化生宮換替婆神柯七娘（泉州府南安縣）

35. 正真宮翻胎婆神趙十娘（九江府南康縣）

36. 清淨宮掌盆婆神高尾娘（九江府湖口縣）

　　看來人們對這三十六宮婆神的期待，並不僅僅是管好孩子的出生，還希望她們在孩子從出生到成"丁"的整個養育過程中發揮監護作用。另外，神宮的分佈是以福建為中心，擴及浙江、江西和安徽南部。福建地區分佈很廣，閩北三縣、閩東十二縣、閩西四縣、閩南五縣，其中閩東、閩西、閩南靠近與廣東相鄰的客家、福佬根據地。可以說，它們是與新界客家和福佬宗族的出身地相重合的。

　　眾神請到之後，陳夫人命令諸神隨侍過橋母子（妊娠分娩的條件）左右，保護他們不受關煞神（惡神）的傷害。命令如下，

（白）吾奉老君急急如律令，敕眾姊妹且陪女，母子過了百花橋。

（唱）兒子命帶北斗關、北斗煞，北斗關煞難得過。北斗星君來過除，過過除。

隨後，分別召請張公聖君、橫山仙師、李廣將軍、玄天上帝、清水祖師、徐九娘，來制服其各自的對手：百日關煞、金雞關煞、將軍箭關煞、天吊關煞、火羅關煞、揚州關煞，以廓清橋上的通道。在這裡形成了一個眾神護衛母子過橋的場面。陳夫人唱道：

第一橋頭水清清，孩兒過橋豆（頭）臨臨。

〔聲轉〕第二橋頭來過了，易養易長千萬人。第三橋頭水茫茫，孩兒過橋樂蒼蒼。

〔轉〕牽兒回嚇！抱兒轉嚇！能可堂上拜父母！不可橋頭拜婆神！兒子高，兒子呵！橋頭橋尾笑呵呵，千災萬劫掃除清靜，掌上山河都轉嚇。

此時，陳真人依次將十二個月中每月的月花送給母子們。"正月送花歌"歌詞如下：

正月春桃花，春桃花開正時時。我將好花送，乞汝插，傳子傳孫萬萬年。

正月以後，二月為煙桃花，三月為豆春花，四月為紫薇花，五月為石榴花，六月為茉莉花，七月為碧蓮花，八月為丹桂花，九月為芙蓉花，十月為金菊花，十一月為瑞香花，十二月為樂梅花，其餘歌詞相同。最後，陳真人應侍女之請，發佈託宣詞：

石榴花開滿樹紅，枝頭結子喜成雙。萬綠葉中紅一點，榮華富貴滿筵紅。再一枝長春花，乞汝插，湊成三桂聯芳之兆。此子抱轉去，保養成人，關煞盡消除，汝等退去！

所謂"喜成雙"，意指結婚，而"三桂聯芳"，則是期待兒子將來功名榮達，滿族生輝。母子倆隨即向陳真人致謝，陳真人念白：

第一金橋真富貴，第二銀橋保長生，第三鐵橋度關煞，第四木橋付水流。

至此，"百花橋"儀式結束。

接著，新郎、新娘二人共渡"百花橋"，這是一個向陳夫人祈願新婚夫婦"早生貴子"的儀式。

先在戲台中央搭起一座"百花橋"，陳夫人（木偶）率領侍女（木偶‧林九娘）登場，陳夫人來到橋上。這時，新娘端著盛有供物的盆，由戲台左邊登場，新郎抓一隻雞跟隨其後。於是，以陳夫人、侍女為先導，新娘、新郎依次表演過橋的動作，並進入戲台右邊的退場門。這一套儀式從台左到台右要反復進行三次。隨後，陳夫人和抱著孩子的兩個侍女登場，這場面象徵著在陳夫人的託庇下，夫婦倆喜獲貴子。最後，父母兒媳四個木偶出場，並排向陳夫人跪拜謝恩。

以上禮儀結束後，演出《田公元帥淨棚》。將祀於戲棚左側的田公元帥木偶搬到戲台上，元帥邊念咒語邊唱道：

身居天宮地，祖居杭州府。有人來請我，日夜連台舞。
盛世江南境，春風叫景堂。一根紅芍藥，開出滿地紅。
一生翰林封建，多少禮部文章。恩同永春白雪，引動公侯宰相。

照片 217　北斗戲四：百花橋 b（新婦渡橋）

照片 218　北斗戲五：百花橋 c（新郎渡橋）

照片 219　北斗戲六：百花橋 d（貴子出生）

照片 220　戲棚內・田公元帥

"田公元帥淨棚"的儀式極為簡單，僅一分鐘就結束了。

至此，有關"婚禮"的"北斗戲"(《早生貴子》)全部結束。在這之後通常要演出"彩戲"。"彩戲"的日場是從下午二時至四時三十分，劇碼為《呂蒙正》；夜場是晚上七時三十分至十時，劇碼為《三代三江三學政》(《三代入翰林》)。

由於二劇都以祈願"宗族繁榮"為目的，所以正與"婚禮"的宗旨相合。

第三節　小結

以上敘述了莆田的婚禮演劇，現在，根據宗族演劇的觀點，對它的特色作一總結。

第一個問題是關於這類演劇的奉獻對象。在上述祭祀結構中，祭壇的主神不是祖先神，全是外神。以龍王、南斗、北斗、玄天上帝、盧士元等莆田鄉社神和天神為主，以新加坡本地的天后、觀音、田公元帥、張公聖君、臨水夫人為副的外神群佔據了祭壇，宗親神位則與孤魂台一起成了配角。由此可見，通常在文獻中見到的所謂宗族內部的"冠婚葬祭"演劇，實際上並不是僅由獻與宗祠與祖先神位的部分所構成，而必定是和獻與社神、外神的部分相結合後，才得以產生。也就是說，直接獻與宗祠與祖先神位的演劇是犯忌的。可以想像，如果不同時追加對外神的奉獻，很可能就得不到社會的認可。錦田鄧氏與石埗圍林氏的元宵祭祀，都是以宗祠和外神作為一種共同的對象來進行歌謠和演劇活動的。至於粉嶺彭氏元宵祭祀，就只是以外神為祭祀對象了。像這類莆田婚禮演劇，照理說它本應該適應於獻與祖先神的內神祭祀，儘管如此，它的構成還是以外神為主。為了進入宗族內神祭祀領域，演劇活動至少要經常地以外神祭祀為媒介，這就是所謂後進地區鄉村宗族保守的祭祀觀念。

　　第二個值得注意的是，在莆田婚禮演劇中，深存於習俗根基內的巫風，在宗族追求功名、科舉的價值標準框架裡，得到了加工和變形。比如，臨水宮陳夫人，其實是福州土俗信仰"三奶教"中的主神（陳夫人與義妹林九娘、李三姐，合稱"三奶"），她作為安產神受到崇拜[2]。在新加坡福州集團的神誕祭祀中[3]，懸掛著一幅"三宮皇母圖"（又稱"三奶圖"）。

　　圖中"三奶"端座於橋上（橋上列坐著數對母子），拯救難以忍受臨盆血湖之苦的胎兒。這類祭祀，或被視為"淫祀"，與儒教宗族禮儀的氣氛不相稱。陳夫人吹起角笛召喚三十六宮婆神，很明顯是民間巫女。不過，陳夫人在送石榴花給母子時，以"三桂聯芳之兆"一語來預祝科舉及第、富貴榮華，這就使土俗的巫術"渡橋禮"與科舉相結合，從中可以看出土俗禮儀升華為宗族禮儀的傾向。最後登場的田公元帥，不僅是莆田的，而且是福建系戲班共同的戲神，儘管其形象是一個童形武人，但其在淨棚中的念白"一生翰林封建，多少禮部文章"，則誇耀了科舉功

2　關於"三奶教"，可參閱劉枝萬〈閭山教之收魂法〉一文："閭山教是現在法教之代表，奉許真君為法主，而分為三奶與法主公兩教派，尤以三奶派教勢最隆……。此一教派起自福建福州，供奉陳靖姑（即臨水夫人）以及其結拜姊妹林九娘、李三娘等三位女神，故有三奶之稱。陳靖姑學法於閭山許真君，神通廣大，法力高強，斬魔除妖，庇護人民，傳說膾炙人口。"（氏著《中國民間信仰論集》，中央研究院民族學研究所專刊之 22，1974 年，208 頁。）另外，吳瀛濤〈臨水夫人〉一文亦有記載："陳靖姑，福昌（州）陳昌之女，唐大曆二年生。少時神敏通約，嫁陳（劉）杞而孕。時適逢大旱，靖姑脫胎，祈雨而卒，年僅二四。遺言死後為神，將救人產難，果然顯靈，臨水鄉人祀之。後世祀為安產之神。咸豐年間，晉封順天聖母。"（《台灣民俗》，1980 年，79 頁。）本書第一篇第四章香港海陸豐巫教團魏氏廣德祖壇也以"三奶"為主神。"三奶"已成為居住香港的廣東福佬人的信仰。

3　1982 年 9 月 25 日至 27 日，新加坡瓦頓街道福州人舉行鳳嶺北壇三相公（張巡、許遠、雷萬春）神誕祭祀。

名的成功者。這裡也反映了宗族求取科舉的傾向。

新郎以雞血鎮撫惡煞的禮儀，屬於道士的"祭煞"禮的一部分，是土俗禮儀的直接產物；最後的老父母與新婚夫婦列隊謝神，純屬宗族禮儀。

總而言之，這一類婚禮演劇，把對土俗的安產神・臨水夫人的信仰禮儀，融進了宗族禮儀之中。

照片 221　三奶圖

第三章　南洋興僑葬禮祭祀

序節　莆田系僑民的葬禮傳承

　　本章討論被新加坡莆田集團繼承下來的葬禮祭祀演劇。

　　自明代成化、弘治以來，浙、閩等江南與華南地區就已有關於葬禮時演劇的記載；入清後又進一步擴大至湖南、江西等地。香港新界雖無此先例，但我們從南洋閩、粵兩僑（依然完善地保存著舊習的莆田興化系集團，與同出於莆田、但流落至海南島的海南系集團）的祭祀傳承中，還能發現"葬禮演劇"（葬戲）的一些蹤跡。例如，海南人於葬禮當天沒有藝術活動，可在正日後每隔七天進行的一次"忌日"（初七日、二七日、三七日、四七日、五七日、六七日、七七日等）葬禮中（稱為"超度"），由道士率領遺族對死者的靈魂誦唱"《孝經》歌"。1982 年 9 月 25日，筆者在新加坡北部三巴旺見到瓊僑陳氏老夫人"五七"超度禮儀：正對著三清殿，擺置著奉祀靈位（並列陳夫人及其丈夫、祖考、曾祖考、曾祖妣五人神位）和"陳氏歷代神位"的主壇，主壇與三清殿之間，置有儀桌和金橋、銀橋，道士在鼓樂的伴奏下舉行各種超度禮儀，如"青竿引魂""開闢五方""破血湖地獄""過火炕""醫病""過橋""沐浴""解結"等。（超薦規制圖見圖 109、110）

　　隨後，兩名道士坐在兩排遺族中間，面向靈位與祖先神位唱《孝經》。

　　此時作為伴奏的鼓樂，是海南劇（瓊劇）的音樂，奉獻給靈位和祖先神位的，就是這種以《孝經》為內容的瓊劇。

　　上述程序約三十分鐘，接著是"拜祖先"科儀。道士率遺族拜靈位，又把靈壇上"陳氏本家歷代祖先考妣神位"牌戴在宗子

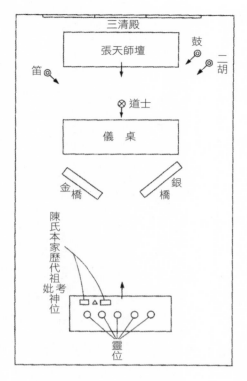

圖 109　海南五七日超薦圖

照片 222　海南超度・《孝經》歌唱

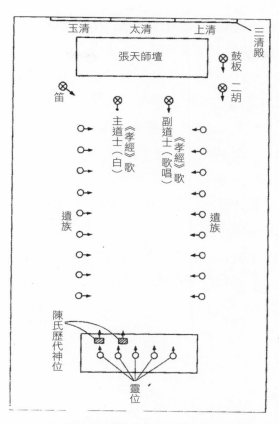

圖110　海南超薦 "《孝經》歌"
唱配置圖

照片223　海南超度・祖先
神位開光

頭上。宗子戴著牌位來到靈壇前，道士打開牌框，從中取出舊的牌板，打上符印後再放入框內，重新封印。

然後，道士與宗子一起行三跪九叩禮，並宣讀疏文。儀式約三十分鐘完畢。之後再進行"進表""送聖"，"超度"禮至此全部完成。由此可知，《孝經》誦唱（瓊劇的一種）具有"拜祖先"禮之前的預備性儀式的性質，是"超度"（葬禮）中祀祖禮儀不可缺少的一個組成部分。明代以來，"葬戲"一般都附屬於"四七""五七"等忌日的超度禮儀，我們可以根據上述事實，對其具體程序，作出大致準確的推論。

由於沒有在莆田集團中發現類似實例，所以無法進行詳細的論述，但筆者在訪問道士許振德時，卻聽他唱了"七七"忌日葬禮中的"二十四孝"歌。歌詞如下：

【梁州序】

聽說行孝原因

（白）＊虞舜　　　（唱）虞舜虞舜大孝感動天。

（白）＊漢文帝　　（唱）漢文帝仁德流天下。

（白）＊曾參　　　（唱）曾參曾參，骨肉是至親。

（白）＊王祥　　　（唱）王祥求鯉凍雪臥冰。

【梁州序】

（白）＊郭巨　　　（唱）郭巨埋兒，天賜百兩黃金。

（白）目連　　　　（唱）目連救母上西天。

【破瓜筍】

（白）御車＊閔損是賢郎，

冬天哭竹是＊孟宗，

果然天地有感應，

霜寒雪冰筍出幾行。

（唱）筍出幾行。

＊黃香冬暖母，夏天扇枕涼。

＊董永曾賣身，埋葬伊厝爹娘。

＊劉殷行孝，萬古人揚名。

【秀停針】

（白）＊老萊子，

老萊子戲彩斑衣，

雙親開口笑微微。

笑什麼？

笑＊姜詩順母離妻少，

因何事？

因太姑得病在床，

愛喝江水，

你去討未然。

有去討，

討有討無。

龐氏孝婦，

行屆江邊取水，

可恨蛟龍作弄，

將水桶拖來拔去，

湧浪平天。

（唱）＊蔡順採桑，

蔡順去採桑賊，

賊送金銀，

有銀共米。

＊龐（唐）氏孝婦，

乳姑棄兒。

＊吳猛為母，

為娘你苦無帳帷。

【大還略】

（白）田家兄弟有幾人？

有三人，叫什麼？

大叫田真，第二叫田廣，

第三叫田慶。

伊厝兄弟三人，

九世立誓不分。

有何憑據？

伊厝埕頭，

有一株紫荊花為記。

（唱）＊剡子事親，

身身掛鹿衣。

丁蘭刻木，

奉祀伊厝雙親，

＊陸績懷橘，

為母報含飴。

哀！張禮張孝，

伊厝兄弟二三人，

為娘你相爭，

相爭而死。

【漁家臥】

（白）＊朱壽昌，

朱壽昌七歲離母親，

五十二年不見娘你面，

伊人孝順感動天心。

出仕當時，

痛念生母，

棄官查尋。

感觀音佛指點，

引尹母子，

到萬接亭相會。

（唱）朱壽昌，

朱壽昌七歲離親，

五十二年不見，

伊厝娘你面。

＊王褒，王褒，

守墓畏唱響，

＊黃山谷孝順，

萬古人揚名。

＊楊香扼虎，

楊香扼虎父子無驚。

＊黔妻嘗糞，

感動天心。

＊子路負米，

百里受盡艱辛。

　　以上二十四孝，即郭居敬所編（歌詞中有＊號者），現又增加了目連、田家三兄弟、張家兄弟，遂成二十七孝。值得注意的是，它與粉嶺彭氏二十四孝山歌一樣，添加了目連這一佛教故事。另外，田家三兄弟"紫荊樹"云云，見於《醒世恆言》第二卷〈三孝廉讓產立高名〉。漢劇、楚劇、湘劇曾將它改編為《打灶王》或《打灶神》上演，京劇中也有這一劇碼 [1]。說的是：田慶妻李三春因田家三兄弟不同意她的分家主張，遂遷怒於灶神，並毀壞神像。兄弟三人不得已析產另居，田家祖傳名樹紫荊樹因之而枯萎。三兄弟感此神意，重新同居，李三春亦羞愧自盡，宗族倫理的說教意味極為濃厚。（張家兄弟的事跡待考。）

以莆田為故地的閩系集團，在對死者"七七"（四十九天）前的忌祭中，習慣上至少要向死者之靈與祖先之靈舉行一次鼓吹宗族道德的藝能性演出（或唱《孝經》，或唱"二十四孝"），但在四十九天過後，尤其在舉行拯救孤魂的普度禮時，習慣上還要將死者之靈當作跟隨於"孤魂"之後的"附薦"神位祀於祭壇，並向死者獻上作為普度禮內容之一的演劇，特別是目連戲。在普度孤魂時附薦近親靈位這一形式，是閩粵兩僑中普遍的習俗，但莆田集團在普度期間，遺族徹夜守護著附薦靈位，其肅穆的態度與葬禮的忌日祭祀完全相同。另外，還要進行一個特別的禮儀，就是通過目連戲中，目連尊者為尋母，用錫杖打破地獄、救出母親這一情節的演出，祈求目連超度靈位。因為附薦靈位的莆田人家族數有四十家至一百家，所以就不能像單獨的富裕家族忌日祭祀進行得那樣周到。然而即便如此，對每一個家族來說，仍具有與忌日祭祀相同的意義，只不過它是由集團共同進行罷了。本章計劃把"普度"當作葬戲的一種，特別是從它與目連戲的聯繫上來分析它的宗族祭祀構造。

作為實例，存在著兩種類型，一種是每年由新加坡莆田仙遊同鄉會興安天后宮主持的"興安公建普度"，一種是由新加坡、馬來西亞莆僑聯合祠廟九鯉洞每十年主辦一次的"逢甲普度"。演出目連戲的戲班都是莆仙業餘劇團，但前者所演的是上一章所

1　據陶君起編著：《京劇劇碼初探》（增訂本）（北京：中國戲劇出版社，1963），428頁。

說的"提線傀儡戲"，劇情簡單，一天演完；而後者卻是由演員演出的"大戲"，劇情複雜，須連演三天。本章主要論述演出這類大戲的九鯉洞"逢甲普度"。

第一節　興僑九鯉洞逢甲普度祭祀組織

新加坡郊外，有一個莆田、仙遊等興化人所奉祀的名為"瓊瑤法教九鯉洞"的祠廟，內祀盧仙（士元）、謝仙、王仙、陳仙四大真仙，何氏兄弟九仙翁，以及卓真人（晚春）和田都元帥等。這一道教系信仰，被稱作"瓊瑤法教"。據說在1934年，一個叫黃文經的人，把神像從故鄉莆田運至南洋，作為一種偶像，擴展至印尼。另一傳說則認為，新加坡九鯉洞本身，是1927年由故地莆田直接遷至新加坡的，當時在靠近興化人集居地的街區哇睄里律（Waterloo Road，梧槽坊），後來，根據都市建設計劃，於1975年移建至現址。該廟是新加坡及至包括馬來西亞、沙撈越、印尼在內的南洋興化人的宗教中心。自1944年（甲申年）日本佔領時期舉行第一屆建醮祭祀以來，每十年一屆（"甲"年為十年一輪），都要舉行"建甲普度"的大型建醮活動。"九鯉洞逢甲普度"以奉演目連戲為傳統，在不具備直屬同鄉劇團的草創時期，臨時訓練同鄉人充當演員，十分艱苦，為的是確保演出。今天，在九鯉洞門前兩側，還有1943年所立"恭望九鯉洞遷神碑"（刻有從1927年到1943年廟宇擴張時為止的南洋各地捐款者的名單），以及1954年所立"九鯉洞甲午第二屆逢甲大普度紀念碑""九鯉洞逢甲第二屆大普度善信樂捐芳名留念碑""九鯉洞逢甲第二屆大普度經師劇員募緣留念碑"等，從中可以窺見他們在戰後艱苦的環境中，從南洋各地廣泛籌集資金，訓練"經師"（道士）和"目連戲演員"，舉行"大普度"的苦心。關於其中的祭祀組織和籌款組織，僅據上述碑文，就知是以新加坡為中心，包括馬來西亞、沙撈越、印尼等地。

其後，在1964年（甲辰年）第三屆"大普度"和1974年（甲寅年）第四屆"大普度"中，由於已經成立了南洋莆仙同鄉會下屬的"莆仙業餘劇團"（事務所在顯靈宮和興安天后宮內），就不怎麼需要訓練目連戲演員了。同時也有可能召集分散在馬來西亞各地的專職道士來代替業餘道士。這樣一來，逢甲大普度祭祀組織，就縮小成一個籌款組織了。資金雖然仍要依靠南洋各地的興化人捐贈，但由於將在這類"大普度"中舉行平時不舉行的特殊的靈位超度儀式，如"目連超薦""塔懺"等，因此，想要領受這種特殊超度的死者家屬，就要認捐巨額款項。（如表62）

表62　九鯉洞逢甲大普度捐款表

種類	等級	捐款	備考
1. 塔懺	第一名	2500 元	給單塔一座
	第二名	1500 元	加付 500 元者，給一座單塔
	第三名	1000 元	
	第四名	1000 元	
2. 目連超薦	第一名	1500 元	委託目連超度靈位
	第二名	1000 元	委託目連超度靈位
	第三名	500 元	委託目連超度靈位
3. 特等超薦	每名	300 元	置靈位於特等座
4. 甲等超薦	每名	150 元	置靈位於甲等座
5. 乙等超薦	每名	120 元	置靈位於乙等座
6. 丙等超薦	每名	100 元	置靈位於丙等座
7. 丁等超薦	每名	50 元	置靈位於丁等座

由此可知，捐款的絕大部分，仰仗於將死者忌日祭祀委託給上述"大普度"的各死者的同鄉家族。"大普度"儀式本來就是以超度孤魂為重點的，但在這裡，很明顯是想使它成為由各家宗

688

親靈位獨自施捨、接受超度的手段。筆者把它解釋為聯合舉行忌日祭祀（宗族祭祀）的一種葬禮。所謂"靈位"，並非限於近祖，曾祖父母以前的神位也允許並祀。因此，各宗親一定是以一種近於家廟祭祀的感覺來接受這種普度的。根據這一點，我們可以把上述"九鯉洞普度"看成宗族葬禮祭禮的一個表現形態。

第二節　祭祀日程‧場地‧祭祀禮儀

　　莆田逢甲大普度祭祀活動，開始於農曆七月的年庚應答日，也就是說，甲申年普度始於七月甲申日，甲午年普度即始於七月甲午日。因此，"1984年（甲子）第五屆逢甲大普度"就從農曆七月初二甲子日（公曆7月29日）開始，七月初二至七月初八的七天間；同時進行道教禮儀，佛教禮儀和包括目連戲在內的莆仙大戲。（如表63）

　　表中第二日佛僧的"塔懺"、第三日戲班的"目連超薦"和佛僧、道士的"放焰口"，是大普度祭祀的最高潮。佛僧的任務到第三天即告完成，隨即退去。以後的三天，留下道士和戲班，為九鯉洞諸神舉行神恩酬謝禮並獻演演劇。

　　祭祀活動的中心場地在九鯉洞內（醮壇）。與九鯉洞內陣祭緊連的中陣上，搭建了信奉瓊瑤法教的莆田三一教派道士團的醮壇。〔九鯉洞內道壇、佛壇，以及第一戲台（目連戲台）的平面圖見圖111、112、113〕

　　道教禮儀是這一普度祭祀宗教禮儀的核心。中陣外側的前陣搭建了佛僧團的醮壇。這樣，就形成了道、佛兩教禮儀相鄰並行的局面。另外，又在祠廟入口處的延伸部分架設了外棚，這裡將要安置乘載著九鯉洞主神盧士元像的神轎。門外前庭是道士團和僧侶團共同使用的醮場。

　　與九鯉洞相鄰的空地上另外搭設了孤魂台、附薦台和外壇，在它們對面建成目連戲的戲台。

　　道壇、佛壇同時召請眾多的神佛。目連戲棚內祀有蔡太爺（一見發財‧無常使者）的祭壇。前台的內側入場門、退場門上掛著牛頭馬面面具，中央四角還掛有鬼王面具，一派森嚴的鬼氣。

表63　九鯉洞逢甲普度日程表

日	時	時刻	道教禮儀	佛教禮儀	莆仙劇	信徒
前一日 （甲子日） 七月初二 （7.29）	上午 下午 晚	8:00 9:00	開光	開光	莆劇第一晚（男）	迎神
第一日 （乙丑日） 七月初三 （7.30）	上午 下午 晚	4:00 8:00 11:00	上表、迎請 設供 三官經	上表、迎請 梁皇寶懺	目連戲第一日 目連戲第一日 莆劇第二晚 （男）	扶乩
第二日 （丙寅日） 七月初四 （7.31）	上午 下午 晚	8:50 11:00	北斗經 發榜 慶宴、進貢	塔懺	目連戲第二日 目連戲第二日 莆劇第三晚（男）	扶乩
第三日 （丁卯日） 七月初五 （8.1）	上午 下午 晚	8:00 11:00	設供、送夫公 施食（放焰口）	目連超薦 放焰口	目連戲第三日 目連戲第三日 （目連超薦） 莆劇第四晚（男）	頒符
後一日 七月初六 （8.2）	上午 下午 晚	8:00 11:00	送神 請神、獻供		酬神莆劇第一晚 （男女）	
後二日 七月初七 （8.3）	上午 下午 晚		請神、獻供		酬神莆劇第二晚 （男女）	
後三日 七月初八 （8.4）	上午 下午 晚	8:00 11:00	請神、獻供		酬神莆劇第三晚 （男女）	

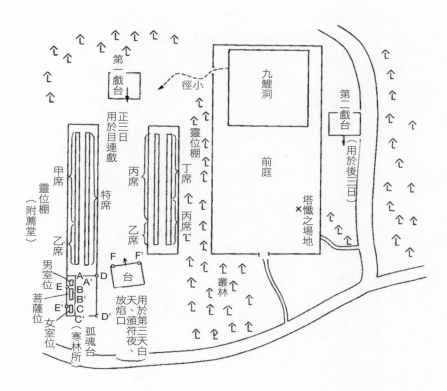

F'　F　E'　E　D'　D　C'　C　B'　B　A'　A

A　男子漢放手則罷
A'　大丈夫齊身而終
B　寒谷口風泉台福
B'　林間明月冥路春
C　女客思嬌成懿範
C'　閨訓有道作神域
D　四大洲引進而來飢與食寒與衣得者歡心宜哈哈
D'　百千劫消殘殆盡我功頌我德樂兮喜氣覺洋洋
E　雖云居此寒林飽猶如樂國
E'　莫道樓於孤境逍遙勝天堂
F　蒙山焰口飢與食寒與衣陽關西出三疊曲
F'　般若茲航化則施取則捨紫氣東來莫家春

圖 111　星洲九鯉洞逢甲普度場地圖

691

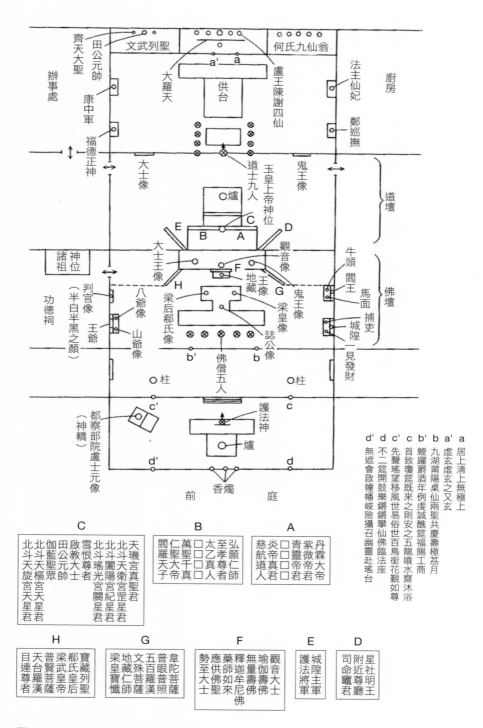

圖 112　九鯉洞逢甲普度道壇佛壇圖

692

（注）前一日至正二日…
正三日變更為→…

A'₂ A₂ A'₁ A₁
・
B'₂ B₂ B'₁ B₁
・
B'₃ B₃

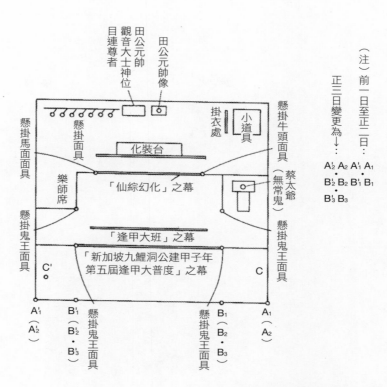

C' C B'₃ B₃ B'₂ B₂ B'₁ B₁ A'₂ A₂ A'₁ A₁

傅員外持齊佈施相傳騎鶴登天到佛國中逍遙借問此事誰人眼見
吾輩生呼庚呼癸自怨如魚失水在窮途上飄泊可憐伊命使我心悲
千萬事忠孝為先如尊者救母親兼能度眾
現一段慈祥覆茲世界
十八重地獄解放望世人行善道推廣宣揚
會兩班鼓吹起爾幽冥
為富休不仁生不帶來死不帶去
佐人應能幹忠能興國孝能興眾
緣救母到天竺地牢片念中起東西島許多血性
欲做人藉刀山劍樹一場裡嚇南北洋無數群生
目連尊者遵佛囑
有佛有親圓聖果

圖113　九鯉洞逢甲普度目連戲棚圖

693

照片 224　九鯉洞

照片 225　九鯉洞盧士元像

照片 226　逢甲普度外壇（目連戲棚附薦台）

　　孤魂台（寒林所）體量也很大。在其前方搭台，用於正日第三天白天目連超薦時的盧士元登場，以及正日當晚“放焰口”時作為和尚的上座台。整個外壇諸棚都大於內壇，顯示了對附薦（祖先靈位）的重視。

　　全部祭祀禮儀分成道教團和佛僧團兩部分，同時但又各自獨立地進行。

一、道教禮儀

　　道教團成員共九名，全是聘自馬來西亞的莆田道士，屬瓊瑤法教“三一教派”。禮儀內容按日程表進行：正日前一天的農曆七月初二夜“開壇”，正日第一天凌晨“上表”“迎請”，奉迎玉皇以下諸神，此後三天內，有“設供”“慶宴”禮，念誦《北斗經》《三官經》《梁皇寶懺》。正日第二天所發表的榜文中，載有道士團進行禮儀的宗旨：

三教修建瓊瑤教門，公建逢甲大普度醮壇為延生薦拔同超孤幽事。

恭聞：太上立修省之方，回天以德；其次著酬謝之典，格帝以心。是以教庇下同眾合會人等，茲值天干周到歲甲五逢，內修醮懺雙筵，錫福延禧；外歌目連劇園，水陸並超。今則龍華教啟，時當大悟，總皈仙真。真空遍滿三千。不二門開，地天再造，瓊三釋啟，能令宇宙回春。

今據大中華國（僑）在南洋新加坡葱蘭丹坡門牌五號六里半建住，奉三教，修建瓊瑤法門，公建逢甲大普度。醮首都緣首黃文衡、正緣首星華興、福緣首蔡金瑞、祿緣首新德聚茶室、壽緣首聯豐私人有限公司，領教庇下，同合會人等虔涓孟秋桐月初三日至初五日，仗夏（同）門友，就九鯉洞建設三教，修建瓊瑤教門，公建延禧酬謝逢甲普度淨醮。香浮寶篆，燭燦銀燈。（天）不盡，祥光一匝；地無窮，瑞氣騰空。恭想金容而設禮，仰瞻玉闕而非遙。禮請四尼列聖、瓊瑤教主、四府帝君、三界萬靈、醮壇列聖，莊誦儒道釋夏諸品真經，請福消災。拜禮上聖真科，梁皇寶懺，超薦賑幽，超升極樂。外演梨園故事，內修錫福儀文。酬謝四尼列聖、瓊瑤教主、天地高真、日月星辰、十方三界、萬聖千真。進溪毛澗藻，藉薄物而獻芹里；陳蠟炬春葩，燦華筵以伸藿悃。

伏望青鸞下貴，鑒一片之心香；玉御遙臨，錫萬年之福祉。為此勝因，須至榜。

經通天界，福臨兩間。

太歲甲子年七月某日給榜，掛壇前。

這篇榜文雖然省略了召請眾神之名，迎神緣首、醮信之名，以及奉獻科儀項目之名，但所謂"外演梨園故事，內修錫福儀文"，卻表現出將外壇的演劇與內壇的科儀相提並重的特徵，這一點，在道士團對各科儀念誦的"意文"中也有所表現：

奉夏主行科事弟子林正治謹為大中華國僑在南洋新加坡葱蘭丹坡門

牌五號六里半建住，奉三教修建瓊瑤教門，公建逢甲大普度。醮主都緣首黃文衡、正緣首星華興、福緣首蔡金瑞、祿緣首新德聚茶室、壽緣首聯豐私人有限公司，領教庇下善信各家男女老幼人等，誠惶誠恐，稽首頓首，炷香百拜謹詞，為公建逢甲大普度答謝蒙庥事。時以：月映瓊樓鵲渚接雙星之慶，奎躔碧漢銀河輝合璧之光。恭聞：龍華三會廣開逢甲延生之典，瓊瑤教門大啟請福普度之儀。有恩當答，無念不酬。

伏念：教庇下眾等，因就到十年逢甲大普度事，叩許醮文、戲文，祈求國泰民安，果蒙徵應，一一酬謝。虔往惹蘭丹坡九鯉洞瓊瑤教門，就到十年逢甲，三天醮文、戲文，教庇下，依憑聖判，悉遵答謝。

茲涓壬申月甲子日起，至丁卯日良辰，仗同門友，就丹坡九鯉洞，建設三教修建瓊瑤教門，公建逢甲大普度道場，禮請四尼列聖、瓊瑤教主、三界萬靈，莊誦儒道釋夏諸品真經。拜禮上聖真科。內列壽燈銅鏡，奉牢八卦五方。外演目連雅歌，延生拜斗。特伸答謝。

伏望四尼宗師、四府帝君、瓊瑤教主、醮壇列聖，同壯恩光，扶清泰。俾教庇下眾等，自公建逢甲普度已後，各家門庭清吉，南極丹書注長生之字。洞上花開各富貴，門前竹報平安。千祥長集，萬禍永消。各家庭和順，男女康安，則叨恩不盡，而獲福無涯。庇下眾等，毋任瞻天仰聖，激切屏營之至。謹奉詞稱，進以聞。

太歲甲子年七月某日，謹詞准。

"意文"明確地將科儀的"醮文"和演劇的"戲文"（目連戲），作為對等的事物來看待。道士團九名道士，只有道長演科儀，其他八名則各用胡琴、簫、鑼、鈸、琵琶等樂器進行伴奏。

因此，全部科範類似於靜止的演劇演唱。它沒有廣東道士和海陸豐道士所進行的那種複雜而有生氣的科範，只是單一的誦經。不過，最後一天是"施食科"（放焰口），安排在九鯉洞前庭舉行，在主壇前，方桌被分散安放在五方八卦圖形的四個角上，

照片 227 　逢甲普度道士拜天公

當中是為孤魂而設立的食盆，道士團圍著食盆繞圈，形式頗為獨特。

正日三天禮儀結束後，道士團留在廟內，進行後三天的酬神禮儀（獻供）。這也許是因為道士團要充當以九鯉洞諸神為對象的醮禮主角的緣故。

二、佛教禮儀

佛僧團聘自麻六甲的青雲亭。醮壇設在九鯉洞前庭，與醮場設在內陣的道士團相比，佛僧團似乎居於配角地位。不過，"大普度"最重要的兩個儀式"塔懺"和"目連超薦"，卻是由佛僧團承擔的。由此可見，道、佛分工關係是：道士團負責對九鯉洞諸神的醮禮，佛僧團負責對孤魂與附薦靈位的醮禮。這一醮禮雖說是由佛僧主持，但道教色彩卻很濃，發表的"榜文"就是道士式的：

三寶祈福普度皇壇，為延福濟幽普慶事。

伏以：大堯創干支，後世立建寅之歲序；仙師興南北，同人慶逢甲之年期。集眾緣而虔修普度法會，俾各界以護益般若勝因。秉香一炷，稽首千華。今有東震旦界，亞細亞洲，南洋新加坡共和國，薆蘭丹坡門牌五號九鯉洞，設壇奉佛。逢甲循例，崇建祈福（延）生濟幽，肉身目連，梁皇普度法會。

齋主積緣首力量汽車有限公司、善緣首康文濤、功緣首黃亞松、德緣首黃金華、慶緣首林國寶，暨合會各姓善信男女人等，同誠盥沐焚香。傾心百拜南無本師釋迦牟尼慈尊、消災延壽藥師如來、極樂世界阿彌陀佛、大悲賜福觀世音菩薩、普度會上諸佛菩薩羅漢聖僧、三界列聖神祇、本洞九鯉仙師、文武列聖，同垂慧眼，俯鑒凡情。

伏念：眾等源出華夏，曾讀孔聖之遺書，世居南洋，分傳仙師之餘脈。九鯉洞肇建於閩陽，半世紀流傳於星島。教下沐法乳之恩，子民沾慈蔭之澤。各因業務匆匆，不盡投誠之敬。且為世塵僕僕，未修寸善之功。

第思孤魂滯魄之徒，橫死夭殤之輩，或因祝融燎命，或被洪水漂亡，工廠意外，牢獄受刑。或投海以喪生，或躍樓以殞命。刀槍悽死，車禍橫亡。幽關永永，苦海茫茫。悲號誰訴，呼籲奚通。四時享祭無聞，萬里家鄉莫見。種種傷心，人人扼腕。

蓋聞：慈悲海闊，指覺岸以先登；般若船深，渡愛河而脫苦。年逢甲子，乃仙師指渡迷津之期；（月）際中元，值目連開設盂蘭之節。爰特循例募資，崇建十年逢甲肉身目連，梁皇普度法事，三日三宵。延生祈福，賑濟孤魂。積此良因，懇祈世界升平，人民安樂，國家興盛，經濟繁榮。仰叩佛光俯垂錫慶。

涓向瓜月上浣乙丑、丙寅、丁卯良辰，共邀沙門僧侶，就於本洞，崇建普度道場。灑楊枝之聖水，焚蘭麝之名香。燈燃慧炬，花散漫陀。茶斟龍潭，雀舌果呈，佛掌仙柑。金瓶甘露噴清香，玉盞淨饌成妙供。演魚山之梵唄，唱鷲嶺之圓音。高豎幢幡縹緲，和鳴法樂鏗鏘。表達梵剎天京，狀通龍庭地府。禮請三寶佛聖光臨，扳迎四府神祇洞鑒。

晨早，肅壇演淨，祝白護法韋馱尊天，拜宣梁皇十軸寶懺，朗誦彌陀諸品經章。遞午供香積酥酡，上奉十方佛聖，中供三界神祇，末宵，法事美滿，回向菩提。敦請金剛上師，設放瑜伽焰口，平等甘露斛食。內資各姓附薦考妣，宗親戚屬神魂；外拔水陸無祀男女孤魂等眾，同沾甘露，各遂逍遙。修斯善行，沛大吉祥。

伏願佛日照臨，神恩加被，合會眾等，居家清吉，親眷安寧，是男是女，同增福壽以無涯；如老如幼，共用康寧而不退。千祥雲集，遠離非橫之災；百順川流，常護泰和之慶。公私兩益，內外平安，工商利潤，上下交融。更冀世界靖平，庶民和樂，國家鼎盛，百業繁榮。茲則法筵初啟，先給榜文一通，冥陽曉諭，須至榜者，特榜。

右榜佈露，咸使凡聞。

太歲甲子年七月某日，沙門給榜。發壇前掛。

宗族·同姓的內神祭祀　第四篇

"榜文"雖然在主文中標榜了對孤魂的超度，但在規定具體的禮儀執行步驟時，則說"內資各姓附薦考妣，宗親戚屬神魂；外拔水陸無祀男女孤魂等眾"，關切的重點顯然在"附薦"各宗族靈位而不是孤魂。如前所述，靈位允許登錄三代祖先（曾祖考、妣）的姓名，在外壇靈位棚（附薦堂）內按家排到神位上，貼有道教團（瓊瑤法教）、佛教團（三寶皇壇）聯合簽發的牒文：

這個牒文說明，所謂"大普度"是各宗族祀祖禮儀的集合體。道士團雖也列名於牒文中，但實際上是不出現在外壇和附薦

	右牌發給	
九鯉洞	瓊瑤　法 逢甲普度三寶大梵壇 三教　醮	七月 初五日　封
	亡過男…………親魂收執為照以憑超升 （三代祖考）	

701

堂的，佛僧團獨自擔當了這一外壇系宗族祭祀。祭祀的主要內容有"塔懺"和"放焰口"兩部分。

（一）塔懺·破地獄

正日第二天晚九時許，在九鯉洞前庭舉行對血湖地獄中受難的女性祖魂的超度儀式。前庭內並立兩座七級尖塔，塔後為地藏王像和判官像，塔前為地獄十門，左右各五門，各門前設燭盞。地獄門前有儀桌，桌前是信徒席。

尖塔呈下寬上窄的圓錐形，由大士、判官、城隍等普度諸神分七段組成，底座為一盆，塔心有軸，能使塔旋轉，底座盆的旁

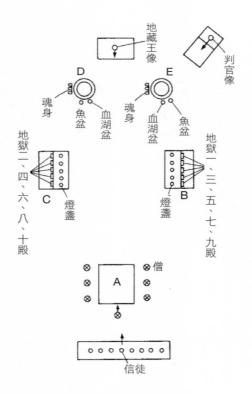

圖 114　九鯉洞逢甲普度塔懺配置圖

邊為"血湖盆"（盛有象徵鮮血的紅色液體）和魚盆（紅色液體中放進了一條小魚），還有盛著食物的碗及筷。這是給在血湖地獄中受磨難的女魂的供品。塔的周圍還有所謂"魂身"（三個木偶小人）。

晚八時五十分，儀式開始。佛僧圍坐儀桌Ａ邊誦經，誦畢，以主僧為首領，眾僧在各設施間按Ａ→Ｂ→Ｃ→Ｄ的順序巡繞；繞畢，重新集合於儀桌邊誦經，如此反復數次。九時二十分，主僧緣梯上塔寫字，開光，接著地獄十門開光，舉火把，在各設施間疾跑。九時三十分，主僧在儀桌旁宣讀表文。

九時四十五分，主僧穿紅衣，戴冠持杖，扮成目連尊者，率信徒巡迴。信徒執魚形旗，哭泣隨行。

九時五十五分，在塔下供食，再將懸於尖塔底層的魂身移往第二層。此時，主僧、眾僧以及全體信徒，緩緩繞塔而行。

照片 228　逢甲普度佛僧塔懺一：塔

照片 229　逢甲普度佛僧塔懺二：魂身

照片 230　逢甲普度佛僧塔懺三：繞塔迴旋

照片 231　逢甲普度佛僧塔懺四：破地獄

主僧卸下地獄第一門和門前的燭盞，先用錫杖破門，接著敲破燭盞，最後全體回到儀桌處。這就是所謂 "破地獄"。之後，"魂身" 每上一層，佛僧和信徒就要重複一遍同樣的動作。

晚十時四十五分，主僧擊破最後一道地獄大門，隨之又用錫杖刺倒尖塔，醮信把塔搬到靈位棚，將各自的木偶置於靈位下。

以上禮儀，可以說是一種 "塔懺" 和 "破地獄" 的綜合，是一種希望通過目連的功德，拯救祖先（女性）於血湖地獄之中的宗族超度禮儀。

（二）施食（瑜伽焰口）

正日第三天晚上，五名佛僧在外壇舉行 "施食科"（瑜伽焰口）。

當天下午五時，外壇目連戲結束後，開始設營。從九鯉洞佛僧醮壇上把大士王像、閻羅王像、判官（陰陽司）像等，搬至目連戲台前。同時佈置的還有紙船。在外壇對面，並列數桌，桌上有用白布遮蓋著的 "法橋"。

四洲（東勝神洲、南贍部洲、西牛賀洲、北俱盧洲）儀桌隔 "橋" 而置；"橋" 下置水盂，上面漂浮著幾個放水燈時用的花燈，為地上的孤魂照明。寒林所（孤魂台）內安放著一個大型的 "蔡太爺"（無常使者）木俑（由戴面具、穿戲裝的戲班演員下台徒步到寒林所安放）。法橋左右擺有不少裝了法食的圓箕。附薦台各個靈位前燈燭輝煌，香煙繚繞，呈現一派盛況。

晚八時，佛僧入場，首先拜壇，而後祭壇，念誦瑜伽焰口經。九時，主僧戴冠，向幽魂發放食物。

十時三十分，率領孤魂台（寒林所）、附薦台的神位逐個渡過法橋，在附近的空地焚化。十一時三十分，紙船也被運到這裡焚化。以上儀式的執行過程特徵鮮明，周到嚴密，氣氛莊重。

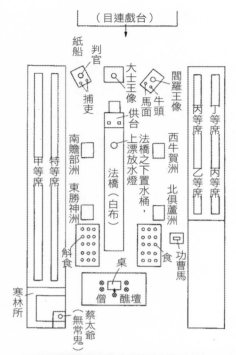

（目連戲台）

紙船　判官　大士王像　閻羅王像

捕吏　牛頭　馬面

丙等席　丁等席

南贍部洲　法橋之下置水桶，上漂放水燈

東勝神洲　法橋（白布）

西牛賀洲　北俱蘆洲

乙等席　丙等席

甲等席　特等席

斛食　桌　食　功曹馬

寒林所　僧　醮壇

蔡太爺（無常鬼）

圖 115　九鯉洞逢甲普度外壇配置圖

照片 232　逢甲普度放焰口

706

第三節　祭祀演劇

　　如上所述，"逢甲大普度"以演出目連戲為傳統。在沒有目連戲專職演員的時代，從同鄉中選拔若干人員略事訓練，上台充數；現在則有了隸屬於南洋莆仙同鄉會的莆仙業餘劇團。因此每年農曆七月十九日，總要在興安天后宮演出提線傀儡"目連戲"（從七月十八日起，進行三天"興安公建普度"）。

　　正因為如此，莆仙業餘劇團的老演員和樂師都熟練地掌握了"目連戲"的演技，於"逢甲普度"的公演沒有特別障礙。不過，"逢甲普度"時所演目連戲，正如榜文中所稱的是"肉身目連"，即不是木偶戲，而是由人扮演的大戲。況且在長達三天的公演中，劇本也比平時只演一天的傀儡劇劇本大幅度增加，內容擴展到三倍以上。因此，演員約需三十名，超過莆仙業餘劇團原有演

照片 233　莆仙傀儡戲一：
目連與母劉氏

照片 234　莆仙傀儡戲二：
無常使者與田公元帥

員數量的二倍。尤其是需要很多扮演鬼神的配角，為此，農曆七月甲子日普度公演前三個月左右，就要從同鄉的青年男子中（大多為十五歲左右的中學生）挑選一些臨時演員，每晚訓練兩個小時，以應付日後的公演。在戲台上裝扮成活蹦亂跳的鬼神群的，全是這批少年臨時演員。另外，"目連戲"中女演員一律不參加，全由男性演員出場，這是因為該戲是以"齋戒沐浴"為前提的宗教劇（更確切地說，是宗教禮儀）。

公演從祭祀第一天（農曆七月初三）早晨開始，此後的三天，每天上午九時至傍晚五時，一共演出二十四個小時。之所以將演出分為三天進行，也許是為了與明代目連演劇本（如明萬曆年間富春堂刊本《目連救母行孝戲文》）上、中、下三卷的體例相對應，盡量保存古老的傳統演出形態。"逢甲大普度"所用劇本，是在每年中元節傀儡劇本的基礎上增添大量的"插演"部分而編寫的。上演時隨時插演諸如對幽鬼施食、散佈紙錢等起幽禮儀。所以嚴格地說，這種形式是一種禮儀，而不是演劇。它沒有一個觀眾，戲台的前方左右，排列著鄉親各家族的祖先靈位，只能零散地看到個別遺族守衛著靈位。事實上，這是由鬼神演出的、針對鬼神的"鬼戲"，僅此一點，就令人感到鬼氣森嚴。

一、建醮莆仙大戲──目連戲（日場）

（一）第一天公演

上午九時十分，佛僧普度。五位佛僧到寒林所，供養誦經後返回。九時二十分，佛僧團全體披紅衣（主僧戴冠）登上戲台，繞儀桌各自撒紙錢（金銀寶）。繞場後誦經合奏。九時五十分，誦經結束退場。此時，扮演目連尊者的演員（小生狀元扮相）跟隨佛僧，借用錫杖。戲台上撤去儀桌，台前排列裝在圓箕內用於超度的食物，在戲台下焚化紙錢。十時，結束。

照片 235　目連戲棚開台普度

照片 236　目連戲開台

接著進行戲班的目連戲開台普度。

十時零五分，扮演目連的演員手持借自佛僧的錫杖，登上戲台，將錫杖立於戲台中央。隨後，戲班向錫杖禮拜，並行幽鬼超度禮。首先，一名白衣演員面對錫杖宣讀疏文，其他黑衣演員則撒紙寶。同時，停在戲台兩側身穿平服的兩名助手用小型發射筒噴出火焰，又撒紙寶。目連演員登場後，面朝外，手舉香枝拜神佛，再撒紙寶。

結束後，將錫杖搬回後台。接著，換上閻王手下的功曹將軍登台、撒紙寶、退場。最後，撒去舞台上的食物，戲班的開台普度禮至此結束。

接著就進入目連戲的正式演出階段。每天演出十五至二十場，三天內演出近一百場，可謂鴻篇巨製。以下按順序略記各場內容梗概，但由於劇中無“場”“齣”序數，而且因時間關係，齣、目也有缺遺，所以筆者將忠實記述所見到的實際演出情況（場數後補記富春堂《目連救母行孝戲文》中的對應齣、目）。

1. 第一場（元旦上壽）

元旦，傅相家。傅羅卜（日後的目連尊者）與忠僕益利一起，向父傅相、母劉四真（以下稱劉氏）敬獻賞春齋果。兩人侍奉父母右左，取香枝拜天。

2. 第二場

天界玉皇殿。四值功曹將軍登場，隨後六名佛僧登場，侍於玉皇玉座御前。由二名侍者接引，羅卜以目連尊者的形象登場，隨即退場。佛僧已知羅卜將來必成目連尊者的命運。

3. 第三場

水界龍王殿。赤髯龍王帶領侍者水族登場。龍王悶悶不樂，因為未能充分行使對水界的支配權，毒龍常加害於人類。這時，先前的六名佛僧登場，不時地申斥龍王。

4. 第四場

地界。土地神登場。其裝成黃衣黑髯的道人訪問傅相。兩人登上高山，望見兩名下人相罵、鬥毆，一人殺死另一人，奪錢而逃。見此人間澆薄之世，傅相決意佈施。

5. 第五場

毒龍率二小鬼登場，在大河的渡口溺死行人。

6. 第六場

曹獻忠家堂。主人曹獻忠登場。喚出夫人與女兒，他為女兒的婚事掛慮。此時白馬寺二僧登場，為在不斷淹死行人的恆河渡口架橋一事向獻忠募捐，獻忠捐銀一千兩。

7. 第七場（齋僧齋道）

傅相到各處張貼十大佈施榜文，宣佈向貧者佈施的宗旨。僧人禪定和道士全真登場，讀榜文。此時，背著鳥籠的下人登場。接著，一名叫下先的男子（財主家的看門人）登場。他們見到榜文都趕往傅家。傅相向禪定、全真二人佈施，給背鳥籠的男子一

照片237　目連戲第七場（傅相、益利放鳥）

筆錢，叫他開籠放鳥。又命益利給下先一段疋。四人拜謝而去。

8. 第八場（劉氏齋尼）

傳家家堂。劉氏正坐桌邊，四名尼姑登場以求佈施，遂請至齋房賜食。此時喪夫的寡婦李門陳氏登場，亦求佈施。夫人命侍女金奴施予銀子二兩、布二疋、棺木一副。寡婦致謝而去。接著腰懸茶壺的啞男登場，又命金奴賜銀一兩、布一疋，打發而去。

9. 第九場

傳家家堂。劉氏之弟劉賈登場。此人以放債為業，積有幾分家財，叫出兒子龍保，商議催逼利息。此時，一老僧持杖登場，劉賈推倒老僧而去。

10. 第十場

接前場。五年前借給劉賈三十兩銀子的表兄王十萬登場，要求劉賈還賬。但劉賈硬說已經償付，兩人扭打。王十萬投訴於官府。

11. 第十一場

王舍城知縣正堂。知縣王辦行正襟危坐，軍卒侍奉左右，劉、王二人登場，雙方爭吵。知縣難辨是非，遂寫籤文，命軍卒二人帶劉、王到城隍爺處。

12. 第十二場

城隍爺的隨從兩名鬼面獄卒登場，接著城隍爺就座。劉、王二人登場爭吵，城隍爺命鬼卒打劉賈。

13. 第十三場

王舍城郊外小村李仰獻家。忠厚小販李仰獻登場。前年他向劉賈借銀五兩，但今須連本帶利償還十一兩五錢，故深感苦惱。劉賈登場催討本、利，與李發生口角。李聲言欲告官，而劉賈則威脅道，倘若告官即要他還三十兩，並毆打李。

14. 第十四場（傳施濟眾）

傳相趕赴王舍城知縣王辦行的官衙，提出架橋鋪路及賑濟貧民的要求。知縣帶領隨從，與傅相同立落成的會緣橋頭，等候貧民。

15. 第十五場（三官奏事）

玉皇宮殿。正中為玉座。天官、地官、水官三官大帝登場，旋即退場。接著雷公、電母登場舞蹈、退場。四值功曹（四大金剛）將軍登場，列隊，一面兩人守衛在玉座兩側。雷公、電母復出，也侍奉玉座左右。不久，玉皇率金童玉女登場，在玉座就坐。三官大帝上台，侍奉立於左側。此時，三官大帝向玉皇稟告了傅相的善行，奏請恩賜傅相極樂升天。玉皇恩准，給閻王發出牒文，命其將傅相引至天界。同時分封天官為紫微長生大帝、地官為清虛大帝、水官為洞陰大帝。

16. 第十六場（傅相謝世）

金童玉女帶著靈鳥，去接傅相升天。至傅家，傅相與目連、益利端坐書房，金童玉女、靈鳥侍立兩側。傅相突患急病伏倒於桌，劉氏大驚，急請佛僧看視，土地神亦應邀現形，傅相終於去

照片 238　目連戲第十六場（金童玉女、靈鳥一同接引傅相）

世。金童玉女、靈鳥圍於傅相屍身前後。

17. 第十七場（城隍掛號）

閻王殿。接見傅相，允其升天。接著，佛降旨，宣告升天。

18. 第十八場（修齋薦父）

傅相家靈堂。兩名婢女金奴與銀奴，守立靈前。曾蒙傅相生前佈施的佛僧和其他五人前來弔唁，並向靈位獻香。接著，知縣王辦行也來弔唁，委託佛僧念誦祭文。目連披孝守侍。益利也穿上孝衣侍立靈前。劉賈以平服來訪，與侍女金奴爭吵。

19. 第十九場（勸姐開葷）

傅家書房。劉氏獨坐，劉賈出現，表示慰問，並勸其姐停齋開葷。

20. 第二十場（遣子經商）

傅家書房。羅卜與夫人對坐，懇請母親守齋遵戒。不料劉氏發怒，命羅卜去經商。羅卜與益利結伴出發。

21. 第二十一場（遣買犧牲）

雷公、電母舞蹈。土地神登場。傅家婢女金奴，僕人安童、雀仔，承劉氏及劉賈之命，去買魚肉。路上遭雷公、電母襲擊，三人互相指責、推諉罪過。羅卜、益利適巧路過此地。金奴等三人逃遁。

22. 第二十二場

曹獻忠家書房。曹家閨女登場，聞及求婚者羅卜之父的死訊和羅卜出外經商的消息，歎息良久。

至此，第一天的公演結束。該劇第一本閉幕。結束時為下午四時三十分，從上午十時三十分開始已連演了六個小時。

（二）第二天公演

上午九時三十分，戲台上進行與第一天演出前同一形式的"普度"儀式。戲台一端排列著食物，目連行拜禮，隨從撒紙寶，

照片 239　目連戲第十八場（知縣弔唁傳相靈位）

照片 240　目連戲第二十一場（雷公、電母）

城隍神也登場撒紙寶。五分鐘後，儀式結束，目連戲接前一天劇情繼續演出。

23. 第二十三場（劉氏開葷）

傅家書房。劉氏、劉賈對坐，大吃魚肉。這時，居喪期間的普度施食仍放在戲台前沿，指望得到這份佈施的乞丐、僧侶、道士前來探問。僧侶、道士規諫劉氏不可開葷，劉氏不聽。

24. 第二十四場（李公勸善）

傅家書房。劉氏、金奴二人登場，傅相生前友好李厚德前來勸劉氏謹守齋食，劉氏不聽，將其趕出家門。

劉氏命金奴、安童宰狗，將狗肉佈施給乞丐。金奴叫安童去抓狗。此時，婢女銀奴上場，勸說金奴、安童不可胡來，反遭二人打罵。

25. 第二十五場

銀奴登場，決意自殺。死神出現在屋角，銀奴懸樑自盡。此時天界監齋使者在場，目睹銀奴之死，命金童玉女接應銀奴。

金奴進屋，見銀奴吊死，立刻稟告劉氏。劉氏命安童將其遺體抱出。

26. 第二十六場（肉饅齋僧）

監齋使者登場。他表示已知劉氏惡行，準備裝成道士前往會緣橋，告訴僧道們不要誤食狗肉。

往傅家求食的四名僧人聚集在傅家門前。金奴、安童以狗肉冒充齋食，裝入桶內，登場。他們給一僧人佈食。道士見狀用法水沖洗，僧人立刻變一狗，追咬金奴。金奴、安童駭倒，僧侶察覺到傅家的破戒行為。

27. 第二十七場（議逐僧道）

金奴唆使劉氏將齋房燒毀。劉氏和劉賈商量，劉賈鼓動一幫惡少燒掉齋房，趕走乞食的佛僧。惡少們（九哥、鴨哥、保哥等）登場，拆橋毀寺，逐僧戲尼。金奴在花園設席犒勞此輩。

照片 241　目連戲第二十三場（劉氏開葷）

照片 242　目連戲第二十五場（銀奴吊死）

28. 第二十八場

土地神登場。了解到劉賈的惡行，決定裝成 "長頭鬼"（無常使者）威嚇劉賈。這時，以前供在戲台左側的長頭鬼來到了戲台中央。長頭鬼身高九尺有餘，綠面長舌，白衣高帽，左手持扇，右手托著煙袋。劉賈一見長頭鬼，嚇得仰天倒地。兩人隨即表演種種戲態，劉賈戰慄而下。

29. 第二十九場（觀音勸善·十友）（羅卜回家）

綠林好漢張友大、李純元率眾登場，隨即退下。觀音帶著侍者來到山上，向下界眺望。觀音扮成道人模樣遇見張、李二人。張、李毆擊道人，道人紋絲不動；好漢驚其法術，遂聘道士為軍師。羅卜、益利此時正路過山下，被張、李手下人拘捕。軍師傳見羅卜，當場釋放，但仍拘留益利，羅卜抗議。此時軍師消失，顯出觀音本形，點化張、李二人，二人告別眾人往西天而去。觀音轉告羅卜其母劉氏開葷破戒之事，望其早日回家。羅卜令益利先行，探聽虛實。

30. 第三十場

羅卜在回家途中遇見伯父李厚德，知悉母親的惡行。羅卜祈求天地神祇、觀音、三官大帝、閻羅星君、司命祖考、虛空列聖等寬恕母親。

31. 第三十一場（劉氏憶子）

劉氏知羅卜回家，忙在書房內掛上三官大帝畫像，將羊豬雞鴨的骨頭埋入花園地裡。羅卜回家見母。雖然母親對自己的惡行敷衍塞責，但他見會緣橋、齋房被破壞的慘狀，仍與益利一起，集合工匠修繕復原。

32. 第三十二場（司命議事）

傅家的本廚司命灶君、王舍城的社令、傅家的土地神三神合議，向玉皇稟奏劉氏的一連串惡行。

照片 243　目連戲第二十八場（無常使者與劉賈）

照片 244　目連戲第二十九場（觀音點化）

33. 第三十三場（匠人爭席）

會緣橋修復後，匠人們買來馬肉，設宴聚餐。益利勸諫，工匠不聽。

34. 第三十四場

一個被賣到妓院的姑娘從妓院逃入尼姑庵，妓院鴇母趕來。羅卜向鴇母問清買姑娘的身價，即命益利拿出經商所得五十兩銀子，親手交給鴇母。

35. 第三十五場（閻王接旨）

閻王殿。牛頭、馬面、鬼卒、閻王、判官、吉使、無常使者等聚集一處，閻王登壇。根據玉帝敕旨，令牛頭、馬面二鬼拘捕犯婦劉氏、犯人劉賈、犯婦金奴三人。由年輕人扮演的十名鬼卒在牛頭、馬面的率領下走下戲台，去抓劉氏姐弟。

36. 第三十六場

長頭鬼（無常使者）登場。與前面那位長頭鬼扮相不同，演員青面紅舌。劉賈子龍保登場，兩人嬉鬧。

37. 第三十七場（城隍起解）

花園。劉氏、土地神先後登場。土地神決心讓益利看到劉氏以前所埋鳥獸骨頭。益利登場，發現了骨頭，立刻責備劉氏。劉氏大怒，叫出羅卜，高喊冤枉。這時，前來捉拿劉氏的牛頭、馬面及鬼卒趕到，死神也站在劉氏背後，劉氏後悔莫及，被鬼卒押往冥界。

38. 第三十八場

鬼卒拘打劉氏，劉氏見到傅相，向其求救。傅相勸劉氏向觀音請罪。觀音登場，命鬼卒暫時釋放劉氏，給她一個機會，讓她與羅卜告別。

39. 第三十九場

傅家書房。行蹤一時不明的劉氏回到家中，向羅卜承認了罪狀，又講了被鬼卒鎖拿，拘至冥界，與傅相相見，受觀音恩賜暫

照片 245 目連戲第三十五場（閻王接旨）

照片 246 目連戲第三十六場（劉龍保與無常使者）

時釋放等事。不久，牛頭、馬面、五方鬼來到，重新逮住劉氏，並加以痛打。劉氏辭別羅卜、益利而去。

40. 第四十場

牛頭、馬面、五方鬼登場，抓住婢女金奴，上枷、毆打，綁入冥界。

41. 第四十一場

劉賈登場。牛頭、馬面向其出示拘捕狀。劉賈賄以五十兩銀子和一百石田租賬票，但仍被拘拿。他在書房當場氣絕。雖經其子龍保搶救，但已無望。

42. 第四十二場（劉氏回煞）

劉氏回煞。牛頭、馬面抓住劉氏，懲罰她的惡行。因為今天是回煞之日，劉氏要求二鬼讓她回家與兒子團聚。二鬼拒絕，劉氏將羅卜帶來的紙錢送給二鬼，終得允許回家片刻。

43. 第四十三場〔劉氏回煞（續）〕（羅卜描容）

傅家靈堂。羅卜身穿孝衣登場，將母親畫像掛於靈壇。回房休息。門神與後門公登場，不讓劉氏進門，劉氏不得已，只好從煙囪裡鑽入，但在灶口又被廚娘攔住。廚娘對劉氏生前用灶煮狗肉一事懷恨在心，不過，顧忌到羅卜的孝心，終於打開灶門。劉氏在羅卜枕旁站立片刻，即被廚娘押下。

44. 第四十四場（議婚辭婚）（主僕分別）

羅卜決意出家拯救墮入地獄的母親。此時，曹府下僕來訪，帶來了曹府發出的婚約。羅卜以已入佛門為由辭謝，將家事拜託益利後離家出走。

以上是第二天公演的內容。劇本第二本（增補本）閉幕。此時為午後四時。

（三）第三天公演──目連超薦

上午九時二十分，舉行與第一、二日相同的開台普度儀式，

照片 247　目連戲第三十九場（鬼卒拘引）

照片 248　目連戲第四十三場（劉氏與紅媽）

隨後，開始正式演出。

45. 第四十五場（求婚逼嫁）（曹女剪髮）（曹氏到庵）

曹家書房。曹府繼母曹夫人和曹女登場。曹夫人欲將女兒改嫁段家，但曹女決意不從，立志為傅家守節，在閨房剪髮為尼，皈依佛門。婢女亦隨主剪髮。曹夫人見此情景，不勝感歎。主僕兩人辭家而去。

46. 第四十六場（曹公見女）

曹獻忠造訪尼庵，與女相會。曹獻忠拜見庵主，將女相託，告辭而去。

47. 第四十七場（主婢相逢）

牛頭、馬面押劉氏赴地獄，路遇一河，鬼卒撐船擺渡。劉氏腳痛無法步行，此時兩位曾受劉氏佈施的年老僕人，為劉氏抬轎代步，婢女金奴亦隨轎而行。

48. 第四十八場

劉賈登場。遭蛇咬、鶴啄，狼狽逃竄。此時長頭鬼（無常使者的大哥）登場，兩人嬉鬧。劉賈哄騙長頭鬼脫掉衣服，自己穿

照片 249　目連戲第四十五場（曹女剪髮）

照片 250　目連戲第四十六場（曹公見女）

照片 251　目連戲第四十八場（劉賈與無常使者）

上。又把長頭鬼綁在樹上，極感得意，手舞足蹈。金奴上場，大聲叫好，四名鬼卒登場，救下大哥，制止他們喧嘩。全體退場。

49. 第四十九場（過破錢山）

牛頭、馬面一前一後押送劉氏過破錢山，一路毆打劉氏。

50. 第五十場（過滑油山）（過望鄉台）

牛頭、馬面押著劉氏翻滑油山，登望鄉台。這時，已修成正果的長者由金童玉女引上場。劉氏被從望鄉台上拉下來，長者上台。劉氏繼續被押往地獄。黑霧阻隔了家鄉。

51. 第五十一場（過奈何橋）

橋頭將軍登場。將軍准許孝子、節婦、善人過金橋。這時，劉氏押到。將軍不准其過金橋，只讓她過通往地獄的奈何橋。劉氏不肯。將軍即把劉氏鎖於橋下。銀奴登場認出橋邊的劉氏。將軍允准銀奴過金橋。劉氏託銀奴向將軍說情，銀奴允諾，但將軍仍不准，遂在橋頭分手。貪官高由六率隨從登場。隨從受杖刑，高由六也被剝掉官服受刑。

52. 第五十二場（白猿開路）

蓮花台。挑著蓮葉的僧人與侍童舞蹈。觀音登台。白猿出場，觀音命白猿為羅卜的西天旅途指路。羅卜、白猿於途中遇虎，白猿將虎打死。

53. 第五十三場（過黑松林）

羅卜過黑松林。時值傍晚，羅卜到一所茅屋求宿。一女子出迎，款待。入夜，女子做出百般媚態，羅卜毫不動心。最後女子託辭腹痛，要與羅卜同衾，羅卜嚴辭拒絕，這時女子突然消失於地，羅卜方知此女乃是觀音化身。

54. 第五十四場（擒沙和尚）

因前方受沙河阻擋，羅卜取道白櫻嶺。登上山嶺，羅卜想採摘梅花獻祭母親。不料行李被梅樹枝掛住，正要折枝，突然猴子上來搶去行李。羅卜頓時絕望，跳崖身亡。

照片 252　目連戲第五十場（過滑油山）

照片 253　目連戲第五十一場（劉氏與銀奴）

照片 254　目連戲第五十三場（羅卜與美女）

55. 第五十五場（見佛團圓）

世尊登場，點化羅卜復生，命羅卜削髮為僧。羅卜身穿袈裟，變成和尚（目連）。觀音同意目連（羅卜）的請求，命侍者往傅相處。

56. 第五十六場（目連坐禪）

目連至傅相處，轉告母親慘墜地獄事，兩人登台，見到劉氏飽受鬼卒折磨的情景。目連與父同至世尊座下，懇乞救母之方。世尊授目連以錫杖，命其於地獄、天界遍尋劉氏蹤影。

57. 第五十七場（一殿尋母）

第一殿秦廣王登場，對惡人用刑。目連趕到，用錫杖破殿門而入，獄內人大批湧出，未見其母。

58. 第五十八場（三殿尋母）

第三殿獄官登場，命劉氏去血湖地獄，但看在目連孝子份上，遣至下面第四殿。目連問獄官有無免去血湖盆的可能，獄官答道，須行孝食齋三年。

此時公演暫時中斷，時間為下午一時。接下來開始“目連超薦”禮儀，至下午五時十分結束，達四個小時。這個順序，採用了目連戲的“劇中劇”形態。

“超薦”儀式如下：

九名男子亡魂與七名女子亡魂（都由少年裝扮）侍於地獄門內（戲台左側），目連作持杖狀立於戲台中央。

祈求超薦的鄉親（在靈位棚等候）手持香枝和超薦名票聚集在台下。

在這之前（十二時五十分左右），目連戲棚對面台下，九鯉洞主神盧士元的神像乘著神轎，被巡行隊簇擁著入場。此為超薦活動的監護者。台上安置了盧士元的扶鸞。

信徒的超薦由扶鸞決定先後順序，根據來自台上的信號，該信徒將名票和送給死者的衣物交出，等候著的值理即將此遞交目連。目連左手舉起垂掛長方形紙條的小竹竿，呼喚亡魂之名。候在地獄門內的一名亡魂（靈位是男的即出男亡魂，女的即出女亡魂）來到目連前坐下，把給死者的衣物披在肩上，右手握住小竹竿上垂下的線帶。這時，目連用右肩上的錫杖（未必真有）在地上寫咒，寫畢，舉起竹竿，表示釣亡魂出苦海。亡魂被線帶捆著自出口退場。這樣就表示信徒的靈魂，得到目連的超薦而脫離了地獄。

照片 255　外壇目連普度扶鸞台

照片 256　目連超薦

受過以上超薦的信徒宗親來到扶鸞台下，接受了盧士元的護符之後，趕赴焚化場，燒紙寶、名票。祈求超薦的信徒數目超過四百名，以上超薦活動將延續四個小時，至下午五時十分左右結束。完成監護責任的盧士元，神轎在值理的陪同下返回九鯉洞。下午五時二十分，目連戲再度開演。

59. 第五十九場

目連來到第四殿。此時正遇天曹降旨，決定以第五殿閻羅天子為主官，加上第四、第六殿王，以三堂會審的形式，審判惡婦劉氏。戲台正面設五把高座，除上面三王以外，第三殿宋帝王也升座，實際上形成四堂會審。文武使者、牛頭馬面、五方鬼整列左右。此時，銬著首枷的劉氏被拉上場，閻王判決：“先杖四十，隨後由第七、八、九、十殿續審。”

60. 第六十場（六殿見母）

六殿阿鼻地獄。兩名僧人及目連登場。僧人因目連之孝心，約定給劉氏一些食物。目連求見六殿王，班頭通告殿王往赴龍華會，不在殿內。目連揮杖破地獄之門，救出殿內男女亡魂。目連向班頭追問母親所在，終於找到劉氏，母子相會。目連欲帶其母同赴西天，但班頭不許，母子又別。

61. 第六十一場（目連掛燈）

目連往世尊處，懇乞救母之法。世尊賜佛燈，令目連走十八層地獄的暗路，進入第十殿。

62. 第六十二場（八殿尋母）

目連至第八殿。掛起神燈，打破獄門，救出男女亡魂。見到內官劉付，打聽路徑，經劉付指點，直奔十殿。

63. 第六十三場（十殿尋母）

目連至第十殿。十殿王（轉輪王）登場。

劉賈已變為驢馬，金奴變成貓，劉氏變成狗。目連登場後向

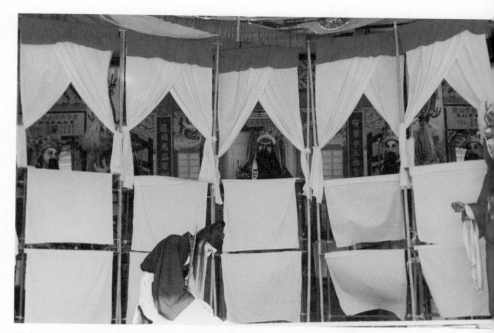

照片 257　目連戲第五十九場（四堂會審）

照片 258　目連戲第六十場（母子再會）

十殿王打聽母親行蹤，殿王相告，劉氏因正處超升前的階段，故現變成狗形。

64. 第六十四場

目連再訪觀音，觀音告訴他劉氏已成鄭公子的獵犬。

65. 第六十五場（打獵見犬）

鄭公子出獵。目連登場，一獵犬咬住目連裙袍，連吠三聲。目連認出原是己母，遂告公子。公子思念自己自幼離散的父母，約定後日去找目連。

66. 第六十六場（犬入庵門）

曹女以尼僧狀登場。獵狗進門，咬其裙衫，正追趕此狗的目連趕到。目連見尼庵師姑，自報俗名。師姑知其為與曹女有婚約者，即傳曹女與之相會。師姑詢問劉氏的超升日期，目連答道，根據世尊的教示，須在中元盂蘭盆會上誦經。隨之告辭。

67. 第六十七場（目連到家）

益利參謁傅相墓，目連登場，兩人喜相逢。目連告訴益利劉氏變狗，須至中元佳節盂蘭盆會行法事的原委。

68. 第六十八場（益利見驢）

李仰獻登場。他在自家最近出生的一匹驢背上看見劉賈的名字，才知道這一定是貪利忘義的劉賈為補償罪過而轉生的。接著，早已墮落、淪為乞丐的劉龍保登場，他去益利處，劉賈所轉生的驢也上場了，益利看到驢背上"劉賈"二字，即指給龍保看。驢向龍保連鳴三聲。龍保知其為己父所變。益利欲出銀五兩買下該驢，轉贈龍保。仰獻不收驢錢，無償奉送。益利將驢交與龍保，龍保騎驢退場。

69. 第六十九場（盂蘭大會）

三名佛僧登場。戲台一端設有供食。三僧就座，進行普度誦經儀式。其時，戲台上吊懸著的鬼神面具降下。劉氏得到超度，恢復了人的原貌。

照片 259　目連戲第六十五場
〔目連、鄭公子、狗（劉母）〕

照片 260　目連戲第六十八場（劉賈變驢）

照片 261　目連戲第七十場（大團圓，益利、目連、傅相、劉氏、曹尼）

70. 第七十場

大團圓。傅相、夫人劉氏、目連（僧形）、曹女（尼形）、益利五人登場，列隊向神佛禮拜，全劇結束。

閉幕時為晚八時。演出期間，每當有鬼上場，都從戲台上向四周拋撒紙錢。

二、建醮莆仙大戲——彩戲（夜場）

以上概述了日場目連戲的演出情況。夜場演出日期為正日前一天夜間和正日三天夜間，共四場，每晚由同一戲班在同一戲台上演出"大戲"。夜場戲也與目連戲一樣，不允許女演員參加，只有男演員登場。這是因為戲台設在靈場，演出屬葬禮演劇，女性的出現是遭忌諱的。

夜場演出安排見表 64。

表64 　九鯉洞逢甲普度正日莆仙大戲劇碼表

日期	劇目
前一晚　七月初二日	《劈山救母》
正一日　七月初三日	《哪吒大鬧東海》
正二日　七月初四日	《劉金蓮掛帥》
正三日　七月初五日	《三看御妹劉金定》

照片 262　莆仙戲《劈山救母》

三、酬神莆仙大戲

　　正日活動結束後，在九鯉洞搭起第二座戲台，向九鯉洞諸神獻演三天酬恩戲，此時女演員也加入進來。（劇碼見表65）

表65　九鯉洞逢甲普度酬神期莆仙大戲劇碼表

日期	劇目
後一日　七月初六日	《龍鳳配》
後二日　七月初七日	《薛平貴傳》《王寶釧》（上集）
後三日　七月初八日	《薛平貴傳》《王寶釧》（下集）

照片 263　莆仙戲《王寶釧》（女扮男裝）

1984 年七月初六夜，正值大雨，劇場無一觀眾，但劇團人員無一缺席，演出照常進行。這與目連戲的演出相同。對於莆仙劇團來說、演劇的腳本（戲文）等於道士的儀文，其意義全在於敬獻神佛鬼神，觀眾之有無並不成為問題。祭祀演劇的本質在這裡表現了出來。

第四節　小結

以上概述了作為葬禮形態之一的莆田逢甲大普度祭祀和構成這一祭祀禮儀一部分的莆田目連戲。本節對這兩種祭祀的特點再作一個總結。

第一，這一祭祀雖然表現出以超度孤魂為名目的普度形式，但在實質上，其目的不是超度孤魂，而是鎮撫鄉親各家族的內神，也就是三代祖先的靈位與神魂。這一點，從外壇靈場的構造上就表現了出來。比如孤魂台（寒林所）既窄小，又局促，而靈位席卻區分出特、甲、乙、丙、丁諸等，佔據了場地的中央。這一祭祀與其說是對孤魂即外神的祭祀，還不如說是對祖先即內神的祭祀。

第二，由於內神葬禮祭祀特地建立在三七、五七、七七之類祭祀系統之上，所以全部祭祀儀式就以“目連”為中心而組成：九鯉洞裡的佛壇祭祀目連；塔懺禮中，打扮成目連形象的主僧，用目連的錫杖擊破地獄十門，搗毀兩座靈塔；同一支錫杖，又被用於目連戲中的“目連超薦”“放焰口”中，主僧的姿態亦象徵著目連。祭祀戲劇的核心內容是“目連戲”這一點就更不用說了。可見，全部祭祀活動都圍繞著目連超度芸芸眾生這一主旨而展開。這一特點也表現出祭祀的性質，即它是一種宗族、家族葬禮忌日禮儀。

第三，奉獻於靈位的目連戲，因嚴格的宗族主義影響而變形。比如莆仙目連戲，雖然基本上承襲了富春堂本《目連救母行孝戲文》的框架，但它並未原樣照抄富春堂本，而是進行了潤色和加工，唱詞、說白也完全不同。這種加工、改造，主要表現在以下三個方面：

1. 富春堂本目連戲文中原有目連出身行商，與綠林英雄張友大為首的"十友"結拜；目連為救母奔赴四方、得白猿指引、過火焰山、渡爛沙河、越寒水池等，幾乎與《西遊記》無異。或是有目連巡遊地獄十殿之類的內容。相反，莆田目連演劇本並不刻意描繪這些故事而只略提一筆，在演出時也簡單得近乎省略。劇本與演出的重點在於表現傅家，以及傅家的姻戚曹家內部的人際關係，也就是說，莆田目連戲是一種典型的家庭劇。情節的構思圍繞著宗族倫理道德這一主軸，由傅相、羅卜（目連）、益利、銀奴、曹家小姐、曹獻忠等組成的善人系列，同由劉氏、劉賈、劉龍保、金奴、安童、曹母等組成的惡人系列，在傅、曹兩家內部形成對立。一開始，優勢在惡人一邊，隨著與神佛鬼神世界的矛盾逐步加深，他們漸漸處於劣勢。到了後一階段，在佛罰與神罰之下，惡人日益衰微，最後，善人方面獲得全勝，迎來了大團圓。這一劇情既不是富春堂本中那種"西遊式"的、遠離此岸家族生活的超俗世界的神奇故事，也不是"綠林水滸式"的脫離家族生活的反社會的聚眾結幫世界的故事，莆田目連戲自始至終是一種描寫宗族社會凡人瑣事的、典型的家庭劇。例如，目連雖然脫俗出家，但他委託益利管理家產，同時，也沒有廢除與曹小姐的婚約，曹小姐看來最終將成為目連的妻子。終場的大團圓場面，由傅家父（傅相）、母（劉氏）、嗣子（目連）、兒媳（曹小姐）、忠僕（益利）五人，列隊拜謝天地。由於嗣子夫婦是僧、尼，不能繁衍後代，這種團圓就不是真正意義上的團圓，所以，最後的結局應該是：由於讓益利看守了家產，兩位年輕人最終還俗再婚。可以說，這種演出是以非佛教故事式的大團圓，來鼓吹標準的中國式的宗族主義。

2. 對劉賈、金奴這兩個惡人的作用，進行了潤色和補充。特別是劉賈，他放高利貸的惡劣手段，唆使劉氏破戒，縱容惡少虐待僧尼等等劣行，使他在這齣戲中成為惡人系列的核心人物。劇本又描繪了金奴逼死銀奴、強迫僧人吃狗肉等罪惡。這樣，就把劉氏破戒的責任轉嫁到劉賈、金奴二人身上，這種處理顯然也是那種不要把目連之母說成極惡之人的宗族主義意圖在演劇表演中的反映。這說明，莆田目連戲比富春堂本更偏向於宗族主義。

3. 吸收了大量"忠孝節義"劇的因素，以強化五倫五常的保守思想。富春堂本中已具有這一特徵。比如曹府小姐因繼母逼迫自己改嫁，憤而剪髮出家；羅卜掛起亡母畫像，憑弔哀悼；羅卜力拒黑松林美女之誘惑；以鄭公子獵犬（目連母劉氏）為機緣，目連與曹小姐得以重逢等情節，分別出自或改自《荊釵記》《琵琶記》《金精戲寶》和《白兔記》。在莆田目連戲中，增加了義婢銀奴自殺這一節婦故事，從而使"荊釵記式"的劇情更為深刻。另外，劉氏的起解場面，四、五、六殿閻王的會審場面，也融入了烈婦戲《玉堂春》的情節。在加強節婦烈女內容的同時，增補了如"三堂會審"之類炫耀無上權威、使人畏懼的場面。這說明莆田目連演劇本比富春堂本具有更明確的保守主義和權威主義。

總而言之，葬禮祭祀是一種以表達宗族成員的"孝"為中心內容的禮儀，無論是塔懺、放焰口，還是目連戲，都在這個"孝"禮範圍中。因此，目連形象或整個目連故事系統，越來越趨向於保守，也許是必然之事[2]。這種演劇的性質決定了它的內容。明代以來宗族內部葬禮演劇的本質即在於此。

2　譯者按：本書作者在此處有一長注，對目連戲的福建莆仙模式與浙東模式作了嚴謹和深入的比較。為便於閱讀，特以"福建莆仙目連戲與浙東目連戲"為題，附於本章小結之後，以饗讀者。

附：福建莆仙目連戲與浙東目連戲

目連戲，並不僅見於福建莆田，浙江文獻中亦多有記載。浙江目連戲由道士主持，它是所謂"祈安禮儀"（保祐地方安寧）的一個不可缺少的部分。明慧〈諸暨的民間演劇〉一文說："木蓮戲：並不是有這末一個特別的戲班子的，它不過是一種有特殊內容的演劇，凡是上面所說的徽戲、掉腔戲、紹興戲、浦江戲等戲班子，都能排演它。內容是表演各種冤神的世界的，所以有什麼冥王、牛頭馬面，和各種不同的鬼神。在開演之先，必須由許多扮成神鬼模樣的演員，到附近的山上去召鬼。在表演當中，燒以各地捐來的冥錢之類的東西。到將結束的時候，大燒一次，以放鬼神。目的在使神鬼都能保祐地方的安寧。這種戲，表演的時間多在晚上。通常總由下午八時起，一直到天明為止。在演劇當中，還有許多迷信的動作，像用紙揩得演員甲中紅面神的臉上的紅顏色，藏在小孩身邊，說是可以使小孩兒的膽子很大，不怕邪氣等。"[1]

謝德耀〈紹興的演劇〉一文也指出，"六月裡多'目連戲'和'大戲'。'目連戲'是為了追悼和超度橫死的人而演的。'大戲'則為的是'求太平'。因為六月裡天熱，瘟疫和農作物的蟲害都易流行，所以六七月裡'目連戲'和'大戲'也一樣流行於各鄉村。這使紹興的戲劇底作用，除了祀神、祭祖、禮節、娛樂外，又添上了一層超度和驅魔的神秘底色彩。'大戲'和'目連戲'除了有'起喪'和'遊地府'的共同的特點以外，其間在演出的演劇的本事上和戲角的組成上，也多有區別大戲，所演的本事，多取材長篇的歷史放事，像《狸貓換太子》等。而目連戲，則除主劇碼連救母外，還有多種滑稽戲的穿插。'目連戲'的戲

---

1 《民眾教育》第 5 卷第 9、第 10 期（1937）。上田信氏提供。

角，差不多全由道士充任。'大戲' 的演員，則為 '紹興戲' 戲子加上當地鄉民的協助。"[2]

民國二十二年（1933）《蕭山縣鄉土志》"全縣的風俗習慣" 條，記錄該縣："夏末秋初，沿浦陽江的聞堰、義橋、新壩、臨浦各鎮，往往排演鬼魅之戲，俗稱木蓮大戲。"

金鐘〈強烈的復仇悲歌 "女吊"〉所說與前基本一致："紹興 '目連戲' 是由半職業性的班社演出的。演員幾乎都是種田人、魚佬、銀箔師傅和剃頭師傅等，他們往往在角色中傾注了切身的痛楚和憤慨之情，又由於連續為民間舉辦的 '盂蘭盆會' 演劇，每年自農曆三月中旬演到七月中旬，從一個村場演到另一村場，長期不斷的加工，才使 '女吊' 等形象更臻豐滿。"[3]

據以上記載可知，浙江東部尤其是紹興地區的目連戲，是晚上八時開始到第二天凌晨結束，為時一夜。魯迅在《朝花夕拾》中說 "始於黃昏，到次日的天明便完結"[4]，正與此同。但是，明末張岱在《陶庵夢憶》中卻說："余蘊叔演武場搭一大台，選徽州旌陽戲子剽輕精悍、能相撲跌打者三四十人，搬演目蓮，凡三日三夜。……為之費紙劄者萬錢"[5]，說明當時在紹興卻曾連演三天三夜。雖然魯迅稱此為 "誇張" 之說，但大鯉洞目連戲在現實中就是連演三天，而且，由於富春堂刊本也分為上、中、下三集，因此，演期三天應該是目連戲的本貌。莆田集團可以說是忠實地保存了舊日的傳統。上引文獻說明，浙東目連戲與新加坡莆仙目連戲，在演員和演出方面有很多共同點。比如演員，浙東目連戲中的角色由道士或農民、漁民、手工業者擔任，莆仙目連戲演員

2 《民眾教育》第 5 卷第 4、第 5 期（1937）。上田信氏提供。

3 《西湖月刊》（1983）。

4 魯迅：《朝花夕拾・無常》《且介亭雜文・女吊》。

5 張岱：《陶庵夢憶》卷六〈目蓮戲〉。

亦為業餘的木偶戲演員，以及臨時招募的青少年。他們都不是專業演員，都是業餘或半業餘者。這一點，兩個地區是相同的。另外，莆仙目連戲禁止女性參加演出，浙江目連戲也同樣如此。

　　在演出方面，浙東目連戲在開演之前，由演員裝成鬼神，走下戲台，跑到山野裡去召請幽鬼，而莆仙目連戲開演前由佛僧進行普度，而且在演出過程中，還有神鬼不斷跳下戲台，去接受玉皇和閻王的指令（第三十五場），兩者在性質上有共通之處。另外，鬼神登台的程序，從戲台上撒紙錢，戲台下焚紙錢等內容，兩者也是相同的。尤其在目連戲的整體構架上，兩地都有很多的插演場面。據魯迅介紹，浙東目連戲插演"無常"鬼和"女吊"，莆仙目連戲中也有"無常使者"和"銀奴吊死"（第二十五、二十八、四十八場）。綜合以上各點，我們可以斷定，浙東與莆仙的目連戲屬同根、同系。

結章　宗族演劇的擴大和展開

　　本篇序章曾試圖通過明末以來江南等先進地區所形成的同族合同和擬制血緣集團，來探求宗族內部祀祖演劇成立的根據，並以此為假設前提，對廣東新安農村宗祠祭祀實例，以及南洋新加坡興化集團的婚禮祭祀、葬禮祭祀實例作出解釋。雖然我們已經認定，宗族祀祖演劇主要存在於縣城和大市鎮內部及周圍地區的城居地主或商人地主宗族中，但由於舉不出這些縣城或大市鎮中宗族祭祀的實例，相關討論始終不免有"隔靴搔癢"之感。即便如此，研究者仍有可能通過某些具體事實，把握住若干關鍵性問題。

　　香港新界的錦田鄧氏元宵祀祖祭祀，是宗祠祀祖演劇的一個典型事例。錦田鄧氏一方面聯合東莞縣城內外鄧氏的分支，形成大宗祠（都慶堂），因而是一個具有先進性的大宗族；另一方面，又在其根據地錦田，保持著鄉居地主的身份。雖然沒有將演劇活動直接引入祠堂內，但卻以外神洪聖神誕與祀祖元宵祭祀合併的形式，間接地將祭祀歌謠和演劇獻納於宗祠，這些都是已經得到確認的事實。由於後進地區的制約，儘管這些宗族努力擴大同族合併，並且其間已經漸漸出現了在宗祠內進行演劇的萌芽，但實際上這種進展依然遭到阻滯，"萌芽"至今還停留在原來的狀態。後進地區的宗族所表現出的某些現象，也許可以進一步補充和完善序章中以先進地區為研究對象而得出的假設性預測。

　　其次，當我們到香港新界宗族社會中去探尋曾經盛行於江南等先進地區城居地主宗族中的"冠婚葬祭"演劇時，卻沒有發現類似實例，於是，不得已而轉向探討南洋華僑興化集團。這一集團雖說是城居宗族，但並不是統治著四周農村的地主宗族，因此他們的實例帶有都市富裕商人宗族的特徵。即便如此，他們仍部分地保留了舊時城居地主"冠婚葬祭"的一些痕跡。比如，主持婚禮演劇兼壽祭演劇的新加坡興化人家族，就是富裕的商人家族，但在這裡並不僅僅是向祖先奉演演劇，同時還要祭祀眾多的外神。這與錦田鄧氏的情況相同，也採取向內、外神同時奉演的形式。祭祀參加者中，族外者（賓客）很多，即使他們仍屬同一血緣集團，但範圍已極其廣大，實質上已近似於擬制宗族集團。這是一個能夠證實序章假設方向的例子。另外，在作為“葬禮演劇”實例的新加坡九鯉洞興化人“逢甲普度”中，主持儀式的緣首，也幾乎全是富裕的商人家族。其中如“力量汽車有限公司”“新德聚茶室”“聯豐私人有限公司”等商號名稱，被原封不動地採用。特別是根據捐款額，將各家族的靈位順序，按特、甲、乙、丙、丁五等排定，採取一種以富裕家族為中心的排列結構。但是，即使這種場合，“目連戲”也不是單純奉演給各家族祖先即內神的。毫無疑問，它還奉演給作為普度禮儀主體的“孤魂”即外神。總之，在這裡，演劇也是同時奉演給內、外神雙方的。奉演目連戲起源於孤魂祭祀，但由於宗族的祖先祭祀取而代之，結果就形成了這樣一種雙重結構：一方面，演劇的核心變成了內神祭祀，另一方面，在其周邊又保存了外神祭祀。

序章中，我們曾把宗族內神演劇出現的原因，推設為是擬制血緣集團的祭祀需要，但上述事例卻說明，在現實社會中，並不存在一種單純供奉內神的演劇形態，實際存在的，全是合祀祖先靈位——內神，以及土地神、孤魂等外神的一種演劇形態。血緣集團雖然被作為基礎母胎，但當這個集團的成分擴大後，卻不一定成為一個純粹的血緣集團，在這裡，我們可以發現轉化為包容了大量非同族成員在內的擬制血緣集團階段中所具有的、獨特的複合宗教觀念。只有在對各家族所奉祀的內神（遠祖），究竟是真正意義上的內神，還是能與外神相連接的內神未必分得清的擬制血緣團體中，才會合祀內神（祖先）神位和外神（社神和孤魂），以致允許向其奉演共同的演劇（這本為外神祭祀所專用）。純粹而狹隘的血緣宗族，隨著其社會基礎的擴大，轉變為含有較多夾雜物的擬制血緣集團（同族合同），這是由於鄉居地主利用遷往縣城（為追求政治權力），或遷往市鎮（為爭奪商業據點）的機會，對各支派實行合併而引起的。這個現象可以認為是與所謂的鄉居地主向城居地主轉化這一歷史過程相對應的。宗族內神演劇的發展，最後是以城居地主的形成這個歷史性變化為其實現背景的，因此，宗族內神演劇就成了常被作為鄉村大地主宗族支配市場、支配村落的一種手段而發展起來的中國祭祀演劇演進過程中的最後一個發展形式。清末廢除科舉制度以來，鄉居地主的進入城鎮，更促進了他們向謀求商業利益方面轉化，而不是去追求政治上的功名，於是，就出現了一個明顯的傾向城居地主及同族合同（即擬制血緣集團）的形成，不是在作為政治中心的縣城，而是更集中於作為商業中心的大市鎮。我們之所以能在新加坡這樣的海外市場看到這一形態的宗族內神演劇，就是因為這個東、西方貿易的一大中心，再現了與中國曾經發生過的鄉居地主為謀求商業利益而遷往市鎮的事實同一類型的、富商遷徙定居過程。

　　本篇的結論是：宗族內神演劇是在鄉居宗族以城居據點為中心合併了各支派，從而膨脹成擬制血緣團體這樣一個過程中形成的。不過，這個問題有進一步發展的傾向，從中就表現出中國祭祀演劇特有的兩個現象。其一，形成了近代商業地區中的同姓不宗集團（宗親會）及其演劇形式；其二，宗族演劇觀念波及農村演劇，使農村演劇也呈現出宗族演劇的表現形式。

　　下面，我們通過對第一篇以來所提出的問題的總結，來論述這兩點。

一、擬制血緣團體（宗親會）的形成和祀祖演劇的擴大

　　前文曾提及的“大宗祠”及合族祠組織，是讓血緣意識淡漠

的同姓諸派，在族譜上追溯到某一共同遠祖之後才聯合起來的，應該說這是一種“擬制性血緣團體”。不過，這畢竟還需要接通族譜，不是輕而易舉、隨心所欲的。隨著只要是“同姓”就可聯合的傾向的強化，就連“通譜”手續也可省略，更確切地說，同姓諸派只要以獲得共同的經濟利益為目的就可以開始合併。這就是被稱為“同姓不宗”的“宗親會”組織，它們廣泛存在於香港、新加坡等海外華人社會中。其中大部分組織的宗旨都是同姓商人希望通過同姓聯合來獲得和保全商業利益，這就將前述“大宗祠”所表現出的合併原則更徹底地推進了一步。在這裡，宗親會祭祀形態的特徵，就是演劇佔有壓倒性優勢，而儒禮的色彩逐步淡化。由於這種宗親會的結合方式有幾個不同的步驟（從較嚴格地規定一些必要條件，並對支派聯合的資格有所限制，到必要條件寬泛得僅僅只需同姓這樣一種結合形態），因此其祭祀和演劇形態也就相應呈現出某些差別。下面，按照對資格的限制從嚴到寬的順序，舉一些實例予以說明。

（一）同姓同籍同近祖宗親會的禮儀和鼓樂

新加坡有一個星洲韓氏宗祠。這是一個由居住在新加坡、馬來西亞的海南籍韓姓人士組成的同姓團體，他們奉祀宋代三位名士為祖先。這三位名士是：

宋駙馬都尉太師秦國端節公
宋司徒太師上柱國魏國公贈尚書令魏郡王忠獻公
宋文林郎會稽縣升知廉州灼道公

宗祠正面神龕有這三人的畫像，每一畫像都附有詩贊。根據邱濬所作忠獻公畫像詩贊（弘治十六年，1503），韓氏是從河北博野、贊皇一帶，經河南安陽入浙江會稽，宋末灼道公時離會稽進入海南廉州的[1]。清初以前來到閩粵的宗族，大多自稱始於南宋末年，看來韓氏也仿效此例。因此，雖然系譜上的觀點大致是如此，但事實上，並無一份聯結宋代至現代的族譜，同時也沒有相應的神位。儘管在宗祠內懸掛著能證明閩粵宗族的宋代三祖畫像和名士詩贊，從而表示他們是海南韓氏的正統嫡傳，但其可信性甚低。不過，就憑這些證據，也足以使他們形成海南韓氏的同姓組織，建起宗祠（實際上是合族祠），開展春秋二祭了（春祭為農曆正月二十日，秋祭為農曆七月二十日）。創立八十一年來，目前會員已達四十戶左右。筆者曾參加了 1983 年農曆七月二十日的秋祭禮儀，儀式上，長老以下四十人，身穿清代長衫，按照儒禮獻

1　三祖畫像贊的要點如下：（1）秦國端節公遺像贊："狥賕太師，厚德令儀，五雲斧藻，畫錦門楣。在朝為砥柱，在家為瓊枝。高丙魏之猷，鹽梅舟楫；繼韋平之拜，弓冶箕裘。仰穆李之天姻，國家肺腑；俯紫荊之庭植，伯仲塤箎。是赤契丹書，惟秦國繼魏國而世叼其封蔭，豈徒文定紹忠獻而獨肖其鬚眉。乾隆七年歲次秋穀旦孫海熏沐端肅敬題。"（2）魏王忠獻公遺像贊："宋朝十六帝，丞相百十三，趙普首起汴，天祥終於南，就最賢忠誰，無如韓忠獻，偉哉社稷臣，今古不多是，挺然朝廟閒，正直自無邪，何會用群小，藉之為爪牙，武墨聞風雷，貽害千萬口，閭爭臣論，反為小人地，永叔污帷慎，仲淹陷朋比，如覺怪異歎，斯言深可味，走也生後公，四百廿九年，肅容拜公像，凜凜如生前，屈指宋一代，相臣非一輩，紛紛近世中，人誰其後裔，博野來贊皇，贊皇來安陽，南渡寓會稽，譜系明如許，一支分海南，逮派今猶存，吾家聚子婦，乃十六代孫，吾兒得此像，留以寄外氏，人亡像空存，睹之輒流涕，古人不可作，逝者不復來，題詩致景慕，因以寫吾衷。明弘治十六年癸亥八月，上沐弟沛大夫太子太保禮部尚書文淵閣大學士，知制誥副總裁經筵講官，瓊山邱濬拜題。"（3）廉州灼道公遺像贊："五雲而家承將，六葉而慰號神仙，尋委宛之石匱，訪陽明之洞天，雖醉白狃雞之逖矣，猶遺簪故笏之依然。值宗社之將危，束越裝而遠遷，遊江湖之汗，漫辭組綬以褊躚，避世入瓊崖之島，覽勝登玉陽之巔，卜居環七星之麓，首叩築月籠之阡，不惟南渡衣冠之祖，實接中原禮樂之傳。昭穆視我祖，瓊州府為小院，想縮符回航海於當年。何辜瞻玉軸三毫之芝宇，不待涉銀濤萬頃於蘭船。時乾隆七年壬戌之秋穀旦，房孫海熏沐端肅敬題。"

供和拜誦祝文。

以下是秋祭禮儀的祭祖儀程（“通”為“通行禮生”，“引”為“引禮生”）：

通：典禮開始，序立。

〔奏樂〕

通：恭行祭祠典禮。司禮者，執事者，各司其事！

引：排班！

通：主祭孫，就位！

引：主祭者，就位！

通：陪祭孫，各就位！

引：陪祭者，各就位！

通：行盥洗禮！

引：詣盥洗所，盥洗，復位！

通：行初獻禮！請祖駕臨，讀神主牌！

引：主祭者，詣本祠奉祀忠獻、秦國、顯卿歷代先賢諸公神主案前，就位，跪！獻香！上香！獻酒！酌酒！叩首，叩首！三叩首！興！復位！

通：行亞獻禮！恭迎祖臨！跪！

引：主祭者，詣本祠奉祀忠獻、秦國、顯卿歷代先賢諸公神主案前，就位，跪！獻酒！酌酒！獻飯！獻饌！供養！叩首，叩首！六叩首！興！復位！

通：暫停音樂！

引：止樂！

通：宣讀祝文！

引：全堂肅靜，宣讀祝文！〔讀祝文，讀畢，讀祝文者退。〕

通：奏樂！

通：行終獻禮！

748

引：主祭者，詣本祠奉祀忠獻、秦國、顯卿歷代先賢諸公神主案前，就位，跪！獻酒！酌酒！普獻！獻寶！獻帛！叩首，叩首！九叩首！興！復位！

通：祝文，寶帛，焚化上達！

引：執事者，祝文，寶帛，望燎化煉！

引：望燎！

引：執事者，詣望燎所！望燎！復位！

通：主祭孫，勸飲！陪祭孫，請用餐！

引：執事者，捧酒、豬肝給主陪祭孫飲食！

通：裔孫互相恭行祝福平安禮！

引：執事置放一盤福來於祭桌上！各裔孫，取些，歸家！

通：自由拜禮！

引：通行者、主祭者、陪祭者、參加者，隨便自行拜禮！

通：停奏音樂！

引：止樂！

通：儀式隆重，報本追源、祭祀獲福，世代興隆！

引：三獻同隆，鳴鑼五通。拜者退堂，各受其福！

通：祭祠禮畢！

引：禮成！

　　根據上述號令，全體成員在三組畫像前行三跪九叩禮，主祭孫宣讀祝文，讀畢焚化祝文，隨後和陪祭孫一起向三祖敬獻酒饌，自己也食飲。禮畢，全體會食宴飲。儀式進行過程中，鼓樂並奏。這個祭祖禮儀，一般是依照宗祠中春秋二祭的禮儀進行的，同所謂“大宗祠”祭禮相近。祭祀中完全沒有演劇演出。由此可見，在這個以宋代祖先為象徵性同祖的同姓團體中，演劇基本上是被壓制的。

照片 264　星洲韓氏宗祠秋祭

（二）同姓同籍同遠祖宗親會的禮儀和演劇

　　新加坡有一廈門孫姓宗親會"孫氏公會"及其祖祠"孫真人廟"，奉祀孫氏始祖真異大師。據說這個集團將廈門集美厝曆社出身的孫姓組織了起來，但由於在族譜上無關係可尋，不得已而借用同姓的著名法師為共同祖先，並加上一個並不像宗祠的名稱"孫真人廟"。不過，設在該廟左廂房的"孫氏公會"卻積極地組織了同姓團體的各項活動。在孫真人聖誕日（農曆八月初七），於廟前搭建戲台，奉演兩天（初六、初七）潮州劇。

　　祭祀供台兩側掛有對聯，其中有明顯宣示同族意識的，如：

　　左昭右穆序一家世代源流，春祀秋嘗遵萬古聖賢禮樂

　　孫支繁衍承萬年春祀秋嘗，堂勢尊嚴昭奕代祖功宗德

　　也有歌頌社神靈威的，如：

真異傳人間飛瓦浮杉興廟宇，大師當帝座潑茶化雨濟黎民

　　這裡奉祀的神格，兼有內神性的祖宗和外神性的土地守護神兩重性。對於眾孫氏來說，完全不清楚這位真人到底是內神還是外神，因此，在其祭祀活動中進行演劇就毫無困難了。即使是同鄉同姓，一旦他們的共同祖先遙遠得幾乎接近社神，那麼，整個組織就成為一個完整的擬制血緣組織，演劇就容易導入祭祀活動中了。

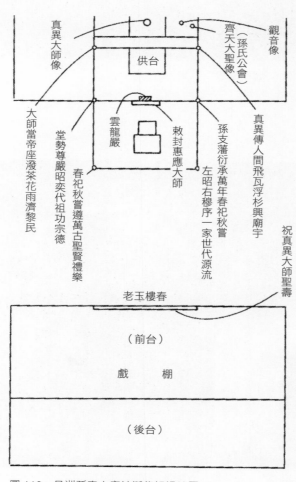

圖 116　星洲孫真人廟神誕祭祀場地圖

照片 265　星洲孫真人誕辰戲棚

照片 266　星洲孫真人廟

752

（三）同姓異籍同遠祖宗親會的禮儀和演劇

香港有一個旅港李氏宗親會，成員雖然主要是廣東系，但並未對出身地有所限定，而是廣泛地包容了香港九龍、新界地區的李姓人士。該會將老子李聃作為共同的祖先，奉祀李聃祖像。由於遠祖是春秋時代的老子，所以，宗親會就成為互相間在系譜上沒有任何關係的、完全意義上的擬制血緣團體。根據 1960 年出版的《李氏宗親會會刊》，該會習慣上將每年農曆二月十五日定為 "李族太祖聃公誕辰"，屆時聯絡海外李氏公所共同進行慶祝祭儀。1958 年、1959 年、1960 年，每年都聘請粵劇演員，演唱粵曲，或上演粵劇。以下是 1958 至 1959 年演出的劇碼：

1.1958 年 4 月 4 日（農曆二月十五），下午七時，於廣州酒家舉行 "春節聯歡大會暨春祭太始祖聃公"。全體宗親向太始祖像三鞠躬。七時過後開始演唱：（1）開場曲；（2）迎春曲；（3）《一代天嬌》；（4）《天女散花》；（5）《漢武帝夢會衛夫人》。

2.1959 年 3 月 23 日（農曆二月十五），於廣州酒家舉行 "春讌祭祖聯歡大會"。全體成員向太始祖聃公像三鞠躬。下午九時起，開始演唱：（1）《賣花生》；（2）《豔陽丹鳳》；（3）《諧曲》；（4）粵劇《白蛇傳》。

我們看到，慶祝祭祀的名稱是 "春讌祭祖聯歡大會"，這就變成元宵或春節的祖先祭祀活動。它與前述錦田鄧氏元宵祭祀（兼有祠堂拜祖和洪聖誕辰二意）的前提相同，但在這裡則是向太始祖老聃祖像奉演演劇。可見，李氏會員在分不清太始祖老子像究竟是內神還是外神的情況下，大部分人寧可將其看作外神，從而使得在祭祀中能夠演唱粵曲（劇曲）和演出粵劇。除了向祖像三鞠躬還帶有某些儒禮色彩外，整個祭祀活動完全是由演劇演出組成的。

（四）異姓複合宗親會的禮儀和演劇

新加坡還有一個廣東系劉氏、關氏、張氏、趙氏四姓複合宗親會，其公所稱為"古城會館"。這是一個以《三國演義》中劉、關、張、趙四英雄為遠祖的廣東系四姓聯合組織，會館是以四英雄相會的"古城"命名的。會館內奉祀四英雄神像，直到十幾年前，還一直以每年農曆六月二十四日作為關帝寶誕日，舉行盛大的演劇奉演活動。一般是租借"新世界"等劇場，"恭迎四姓先祖臨場觀劇，使人神共樂"。

根據會館編印的《新加坡劉關張趙古城會館八十周年紀念特刊》（1952）和《八十五周年紀念特刊》（1958）、《一百周年紀念特刊》（1973）的記載，古城會館演出情況見表66。

根據這個記載，古城會館每年要組織兩次演劇活動，一次是農曆九月初九創立紀念日，另一次是六月二十四日關帝誕辰日。創立紀念日有時並不演劇，但受到特別重視的關帝誕辰日則一定要舉行戲劇演出。演出的劇碼多出自《三國演義》。在這裡，對劉、關、張、趙四祖先是內神還是外神，也是不太清楚的，根據把演劇當作祭祀活動中不可缺乏的一部分這個事實，四祖先顯然處在外神的地位。複數同姓團體的聯合一旦實現，其祀神形態幾乎都同化為外神祭祀。

以上，我們綜觀了同姓團體（宗親會、擬制同族）的各個種類，從中可以發現，隨著同姓團體成員間的血緣意識按（一）→（二）→（三）→（四）的順序逐漸淡薄（隨著血緣的擬制程度逐漸增大），祭祀禮儀的演劇化程度就不斷加深。越往前追溯共同的祖先，就越無血緣意識的實體感，這一原理的分界線可以劃在南宋末年。如果從此時再往上追溯，那麼實質上的"祖先"意識將變得虛幻飄渺，作為外神禮儀的演劇就將取代作為祀祖禮儀的儒禮，而成為主要的祭祀形態。如前所述，演劇進入宗族的祀祖禮儀，也正好是族譜上通至宋代祖先這一"大宗祠"的階段。

照片 267　星洲古城會館四姓祖像（前列左起趙關張，後列劉）

表66　古城會館演劇上演表

年	（農曆）月日	目的	場所	劇碼	備考
1950	九月初九日	七十七周年紀念		《華容道》《桂陽城》《蘆花蕩》	音樂戲劇部
1953	九月初九日	八十周年紀念		《碧天賀壽》《過江招親》《單刀赴會》《祭水班師》	音樂戲劇部
1956	六月二十四日	關公誕	新世界遊藝場		
	九月初九日	八十三周年紀念		《文姬歸漢》	邵氏梨園
1957	六月二十四日	關公誕	新世界遊藝場	（劇碼失載）	
1958	六月二十四日	關公誕	新世界遊藝場	《華容道》	關德興
	九月初九日	八十五周年紀念（中略）	新世界遊藝場	《一樓風雪夜歸人》	音樂演劇部
1973	六月二十三日	關公誕	牛車水人民劇場	（劇碼失載）	永光明劇團
	九月初九日	百周年紀念			無戲

血緣擬制的推行，可以說是追求政治和商業利益的近代宗族的內在傾向，但這種傾向在以宋代祖為共祖的階段之前出現，譬如一旦人們到唐代以前去尋找共同祖先，內神祭祀的輪廓就會變得模糊，更確切地說，它與外神祭祀即無法分辨，這樣，儒禮祭祀勢必為演劇演出所取代。演劇進入當年曾拒其於門外的宗族中的過程，和宗親會（擬制同族）形成、擴大的過程，可以說處在同一原理的延長線上。這就是從中國的大地主宗族不相信地緣社會（農村）的組織原理，而只能時時根據血緣社會的組織原理去謀求權力的基礎這一事實中產生出來的必然結果。必須指出，日本近代村落地主階層捨棄血緣原理（其實是不信任血緣原理），根據地緣原理去追求權力基礎，最後形成了以地緣性祭祀組織"宮座"為中心的村落，這一現象與中國的情況完全相反。

二、宗族主義在地緣集團祭祀演劇中的發展

上述祭祀中對血緣原理強烈的偏重，在地緣祭祀中也留有印跡。

首先，在作為村落祭祀據點的社廟中，常可看到宗祠門扉上寫有"加官晉祿（爵）"的對語。香港新界錦田平原東端，集中著客家系村落的"八鄉"上村，有一座該地的社廟"八鄉古廟"（觀音廟），該廟大門上就大書"加官""晉祿（爵）"的對語。"加官晉祿（爵）"一語，本來是宗族的理想（希望從本族中出現取得功名者），宗祠的門、牆上每每寫有此語。而由於此語是一祈求宗族繁榮的標語，它就與超出宗族範圍、守護著整個村落的土地神（外神）神廟的招牌很不相稱。作為社廟的八鄉古廟門扉上寫著這一宗族性質的口號，說明當地鄉民具有強烈的宗族主義，以致未在觀念上對宗祠和社廟進行區分，而對兩者一視同仁。這是宗族觀念在村落祭祀上打下烙印的一個實例。

其次，海外華僑往往在地緣性同鄉會館中並祀同鄉人的祖先

照片 268　上村八鄉古廟

神位，並且還有在各個宗祠中隆重舉行"進主"儀式的慣例。例如檳榔嶼的潮州會館，是潮州人的同鄉會館，採用的是將玄天上帝作為主神的社廟形態，但在上帝神壇的左右神座上，卻奉祀著眾多的同鄉人的神主。該"神主入祀"禮即"進主"禮，規模尤為隆重，入祀者（子孫）背負著祖先神位跪坐於神壇前，長老在背後給神主點朱開光。在當地，同鄉會館即玄天上帝廟，是完全被當作宗祠來看待的。即使是奉祀外神的祭祀，它的基礎也常常以內神為前提，實際上，內神制約了外神祭祀的表現形態。

如果我們回想一下，就會發現一個奇妙的現象。市場地、村落聯合體、單獨村落等地緣組織中的祭祀演劇，在開演第一天或正日（神誕日或建醮正日）推出的吉慶劇碼，經常是《跳加官》和《天姬送子》。這兩齣戲，是出於追求"添丁發財"的宗族觀念的慶祝禮儀劇碼，其中《天姬送子》與"添丁"的願望相對應，《跳加官》則反映了"升官發財"的要求。這些想法局限於謀求本宗族之福的狹隘範圍內，而與村落、市場這樣整個廣大的地緣社會不相適應。對於村落來說，演劇應該演成這樣一種慶祝禮儀，即它能夠反映村落追求"田土豐饒"之類提高土地生產力的願望。然而這裡卻全然不見土地神的影子[2]。上述兩齣戲中常常加出"八仙"，但"八仙"中沒有一個是農業神，全是為宗族捧場的財神。這一點，與日本演劇中的喜慶劇碼，如歌唱田土豐饒

2　此據地方戲而言。在《天官賜福》演出中雖然包含若干田土神，但地位相當低下。如在台灣北管劇《天官賜福》中，天官、福祿壽三星、年月日時四值功曹、天喜星一起作為田土布帛神，登場表演"五穀豐登"之神"牛郎星"和絲帛綾綃之神"織女星"，但都屬於配角。參見台灣省文獻委員會編《台灣所見的北管手抄本（三）》（1981），37-47頁。另見拙稿〈神靈降臨的演出——中國場合〉一文〔載（日）守屋毅編《諸神與藝能》，1985〕對台中新美園北管劇團與新加坡福州劇新樂天班本劇演出狀況的介紹。在群神之中，牛郎、織女只居於最下等的位置。

的《翁》《三番叟》等戲形成了對比。到底是什麼原因造成了這一現象？追根尋源，可能是因為中國的地緣系組織與其說是獨立的，還不如說是由地緣組織的基礎——血緣集團・宗族構成的精密的集合體。在中國，地緣社會並不能表達自己獨立的思想，它的祭祀觀念本身，直接來自於構成其根基的宗族。當然，個別宗族也會考慮把土地的"豐饒化"作為發財的手段，但如果從宗族的立場出發——經常處在與別的宗族嚴酷的競爭之中，它們通過武力奪取土地，一旦失敗，又整體遷徙，如此反復——就一定會感到，最急迫的問題並不是謀求暫時佔領的土地的豐饒，而是要增值構成武力的最基本要素，即"人丁"，以及使本族內出現晉官得爵者，從而使本族處於凌駕於其他宗族之上的政治、經濟優勢。對於一個在激烈的競爭中反復進行各種變動的宗族來說，很顯然，立刻就能帶來直接效果的"加官晉祿"（科舉合格）和"天姬送子"（增加男丁），是比謀求土地豐饒這種遙遠的、收效甚慢的願望更為切實的要求。根據建立在這種宗族立場之上的宗教觀念，與土地的豐饒有關的土地神（福德正神）一類，只不過是等級最低的末神，值得信賴的，則是"天官"和"天姬"。這樣一來，"天官賜福（加官晉祿）"和"天姬送子"，就成為兩個對宗族來說生死攸關的重要禮儀。這兩個宗族性的劇碼，甚至佔據了並非宗族的村落和市場舞台，這個事實說明，中國的地緣祭祀只不過是宗族祭祀的延伸。

　　順便指出，那個可以視作祭祀演劇母胎的"孤魂"祭祀，其實也是在與宗族社會表裡一體的情況下出現的。正如本書各篇各章記錄祭祀禮儀時論述的那樣，在中國，幾乎所有祭祀都以超度孤魂為目的。建醮普度祭祀當然是以超度孤魂為最高目的的，而即便在神誕祭祀中，我們也能經常發現孤魂超度行為。像這樣恐懼孤魂而致力於超度的宗教觀念究竟是從哪裡來的？恐怕是出自嚴格地劃分內、外兩神的宗族秩序。由於宗族是一個單靠相同血緣的人們聯結起來的封閉社會，因此不屬於該血緣集團的人，就被作為“外”人排除出去。雖然有可能像同族合併和宗親會那樣擴大成擬制性血緣關係，但即使這樣，“血緣範圍之內”與“血緣範圍之外”的區別仍然非常嚴格，宗族作為封閉社會這一點並未改變。如果一個人越出宗族範圍，得不到宗族的保護，其命運必定是悲慘的，他們大多要被死亡吞噬。如果這些族外者增多，就會導致封閉社會的不安定，族外者的敵意也很可能導致宗族的動盪。因此，宗族社會有理由對這些在外無祀的孤魂、幽鬼表現出異乎尋常的關注。孤魂祭祀對於維持宗族社會來說，是不可缺少的安全措施。農曆七月中旬的盂蘭盆會，雖然是源於佛教的一種祭祀，但每家都各自準備了供物和紙錢，用以祭祀孤魂野鬼。之所以不祭自家祖先而只去祭孤魂，是因為安居於宗族內的人們，害怕流落於野外的孤魂野鬼。他們覺得自己能在族內安居，完全是託庇於在外孤魂的犧牲，出於這種負罪感，他們感到孤魂的冤聲是最可怕的。根據以宗族為本位的思想，道教禮儀中按照恐懼程度排列了孤魂幽鬼的順序。如前述長洲太平清醮“蒙山施食科”中所列舉的孤魂種類，以及林村鄉太平清醮“普施科”中列舉的孤魂種類等等，就是實例。這裡，筆者根據科儀書的記載，將林村鄉“普施科”的所謂“孤魂幽鬼”的種類列舉如下：

1. 往古明君，分疆初立勢；設文修武，憂國憂民事；玉葉金枝，生死無人替。惟願今宵，來受甘露味。

2. 白屋公卿，經書人禮義；選試場開，文齊福不至；有姓無名，財命身傾世（逝）。有感靈魂，來受甘露味。

3. 謀略兵機，定國安邦志；戰北征南，統將（都）刀兵士；剿擄（虜）平蠻，捨命忘家計。惟願忠魂，來受甘露味。

4. 百萬雄兵，虜在烏江死；老少賢愚，盡數離鄉地；不服水土，死做他鄉鬼。專等今宵，來受甘露味。

5. 大勢天兵，兩陣愁雲起；鼓振三通，唬得心膽碎；殺氣騰騰，旗號遮天地。陣死孤魂，來受甘露味。

6. 落陣身亡，圍在殺（沙）場內；車碾馬踏，鮮血淋身體；狗拽豬施（拖），虎狼爭鬥嗷（吃）。苦死孤魂，來受甘露味。

7. 生在中華，遭虜他鄉去；好兒好女，與人為奴婢；不見六親，死做他鄉鬼。此等孤魂，來受甘露味。

8. 殺人放火，十惡兇徒輩；不懼王法，拿在牢獄內；笞杖流徒，刀劍分身體。犯法孤魂，來受甘露味。

9. 江海行船，忽遇遭風浪；沉溺深波，漂流沙灘上；狗食鴉餐，屍首無人葬。淹死孤魂，來受甘露味。

10. 虎咬蛇傷，天雷並瘟疾；牆倒屋塌（壓），投河兼自縊；橫死孤魂，無人追齋七。專等今宵，來受甘露味。

11. 坐草三朝，十月懷躭（胎）滿；一日臨盆，無人來看管；抱母心肝，痛如刀割斷。產難孤魂，來受甘露味。

12. 臘月冬天，凜凜寒風起；亂剪鵝毛，片雷空中墜；世間貧人，身上無衣服。凍死孤魂，來受甘露味。

13. 子弟郎君，不顧活家計；歌管樓台，逢場而作戲；暮宿花街，朝窮（穿）柳巷裡。遊蕩孤魂，來受甘露味。

14. 買賣經商，遊蕩江湖死；捨命貪財，死做（在）他鄉鬼；拋別爺娘，妻兒並眷屬。苦死孤魂，來受甘露味。[3]

這裡列舉了十四種孤魂。其中 1 為無祀王侯遊魂；2 為落第書生冤魂；3、4、5、6 為陣亡武將兵卒忠魂；7 為因戰亂離開本宗客死他鄉者；8 為犯罪者；9 為舟旅遭難者；10 為因故自殺者；11 為死於難產的婦女；12 為凍死者；13 為浪蕩子；14 為死於路

3　引自科儀書《大普施科》。大淵忍爾《中國人的宗教儀禮》762-763 頁所載與此同一系列，但有若干異同。"（　）"內文字為經筆者所校訂。

途中的客商。他們全是不得已而脫離宗族的人，而平時定居於族內的病死者，即使無祀，也全不算孤魂。"孤魂"者，或多或少是被宗族拋開的，而且也是為宗族犧牲的人。宗族對這些孤魂，或是恐懼，或是負咎。罪犯和浪蕩子之所以在孤魂之列，也是因為他們作為脫離了宗族秩序束縛的人，引起了族人的恐慌。由科儀書記下的這一孤魂體系，在實際的普度現場，都被做成孤魂木偶。比如由新加坡福州人進行的普度儀式中，排列著下面十四種孤魂木偶：

1. 累朝帝王歷代王侯一匯金靈等眾
2. 築壇拜將建節封侯一匯英魂等眾
3. 五陵才俊百郡賢良一匯神魂等眾
4. 鬢門才子白屋書生一匯神魂等眾
5. 黃冠野客羽服仙朝一匯霞靈等眾
6. 出塵上士飛錫高僧一匯覺靈等眾
7. 江湖羈旅南北經商一匯孤魂等眾
8. 戎衣戰士臨戰健兒一匯傷魂等眾

照片 269　福州普度英雄名士孤魂像

762

9. 懷胎十月坐草三朝一匯產魂等眾

10. 戎夷蠻狄唔啞盲聾一匯孤魂等眾

11. 宮幃美女閨閣佳人一匯女魂等眾

12. 飢寒丐者刑戮囚人一匯孤魂等眾

13. 墜樓畢命車禍喪生一匯傷魂等眾

14. 法界六道十匯孤魂魑魅魍魎一切等眾

其中與前引科儀書不同的是 5"羽士"、6"僧侶"、10"戎夷"、11 "宮女"。顯然，這都是脫離宗族而存在的孤魂，僅此一點，就說明了宗族所懷有的畏懼與同情之心。最後第十四種，則是所有孤魂幽鬼的總代表。

由此可見，作為中國祭祀特徵的孤魂普度本身，也是以宗族社會為前提而形成的。

"天官賜福"（加官晉祿）、"天姬送子"，是中國祭祀演劇中喜慶劇的歸宿，而 "孤魂群超度"，則是中國祭祀演劇中產生悲劇的母胎，這些，本書中已作了詳細的論述。這兩者都出自宗族（它構成了中國的地方社會）的觀念世界，這一點，作為已涉及到中國演劇史本質的一個問題，應該受到人們的重視。同時，它也反映了中國的祭祀演劇，自出現以來，就經常被當作地主宗族的地方組織的手段而存在和發展的這一事實。在中國，凡屬受現存體制保護的演劇，可以說都是在地主宗族觀念指導下進行的。本書從作為祭祀演劇發生階段的市場地演劇，到作為其最後終結階段的宗族內神演劇活動，已對中國祭祀演劇中在體制上和組織上都很穩定的這一部分內容所表現出的宗族色彩構成，作了基本論述。剩下的問題是要進一步探討由農民、工人等組織的 "結社演劇" 這一演劇形態，它具有打破上述那種體制上穩定的、宗族和地主式祭祀演劇的保守框架的傾向。不過，這是一個獨立的大課題，我們的研究只得以俟來日了。

參考文獻要目

英文文獻

1. David Faure, Lee lai-mui (李麗梅), The Po Tak Temple in Sheung Shui Market, *Journal of the Hong Kong Branch of the Royal Asiatic Society*, Vol.22 (1982).

2. Hugh Baker, *A Chinese Lineage Village: Sheung Shui* (Stanford University Press, 1968).

3. David Faure, James Hayes & Alan Birch, *From Village to City* (Hong Kong: Centre of Asian Studies, University Hong Kong, 1984).

4. *Report by Mr. Stewart Lockhart on the Extension of the Colony of Hong Kong,* Oct. 8th. 1898, in Eastern No.66, Colonial Office.

5. *A Gazetteer of Place Names in Hong Kong, Koowlon, and the New Territories* (Hong Kong Government Printer, 1960).

6. Rubie S. Watson, The Creation of a Chinese Lineage: The Teng of Ha Tsuen, 1669-1751, *Modern Asian Studies*, Vol.16, No.1(1982).

7. James W. Hayes, *Hong Kong Region 1850-1911* (London: Oxford University Press, 1977).

8. Census Reports in *Hong Kong Sessional Papers*, by P. P. J. Wodehouse 1911. TABLE XIX, Chinese Population of the New Territories by Villages, Sheung Shui District.

9. Maurice Freedman, *Chinese Lineage and Society: Fukien and Kwangtung* (London: Athlone Press, 1966).

10. Laurent Sagart, Phonology of a Cantonese Dialect of the New Territories: Kat Hing Wai, *Journal of the Hong Kong Branch of the Royal Asiatic Society*, Vol.22 (1982).

11. Choi Chi-cheung, Lantern Festival in Fanling (Unpublished paper, 1981).

中日文文獻

一、地方志及地方文獻

1. 《湯陰縣志》。

2. 嘉靖二十四年（1545）《新安縣志》。

3. 康熙二十七年（1688）《新安縣志》。

4. 嘉慶二十四年（1819）《新安縣志》。

5. 光緒二十二年（1896）《建造廣福橋芳名開列》。

6. 民國二十四年（1935）《鄞縣通志》。

7. 《重修大埔舊墟天后宮碑記》。

8. 《大埔舊墟慶祝天后寶誕公演粵劇特刊》（1979）（東京：東京大學出版會，1981）。

9. 《宣統元年歲次己酉六月・新約會神誕・龍躍頭冊》。

10. 《長洲玄天上帝己未年太平清醮會景巡遊特刊》（1979）。

11. 《台灣所見的北管手抄本（三）》（台灣省文獻委員會編，1981）。

二、科儀書

1. 《靈寶清醮晚朝科》。

2. 《晚參科》。

3. 《頒赦科》。

4. 《蒙山施食科》。

5. 《靈寶發奏全科》（香港中文大學東亞研究中心藏）。

6. 《三朝科》（香港中文大學東亞研究中心藏）。

7. 《淨壇科》（香港中文大學東亞研究中心藏）。

8. 《迎聖科》（香港中文大學東亞研究中心藏）。

9. 《普施科》（香港中文大學東亞研究中心藏）。

10. 粉嶺彭炳：《正一科字式》（香港中文大學東亞研究中心藏）。

三、家族文獻

1. 《上水廖氏月友公家譜》〔民國甲辰（1964）手抄本，大英圖書館收藏，香港中文大學藏縮微膠捲〕。

2. 〈上水廖氏萬石堂祭祀條規〉，載《上水文獻》（香港中文大學歷史系香港口碑歷史計劃資料室藏）。

3. 李麗梅：〈報德祠之源流〉（收入《周王二公史蹟紀念專輯》）。

4. 《侯善行堂族簿》（英國大英圖書館藏）。

5. 《粉嶺彭氏族譜》（香港中文大學藏）。

6. 《龍躍頭鄧氏族譜》（光緒抄本，香港大學馮平山圖書館藏）。

7. 鄧友發：〈大埔頭鄧族源流考〉，載《大埔頭鄉太平清醮特刊》（1983）。

8. 《師儉堂鄧氏家譜》（錦田水尾村鄧氏二十五世孫鄧創業撰，1955）。

9. 《錦里泰康鄧氏族譜》（光裕堂子孫二十七世孫鄧滿堂撰，1983）。

10. 《東粵寶安縣南頭黃氏族譜》〔1976年香港長洲黃氏維則堂影印同治甲戌年（1874）刊本〕。

11. 《陳氏文檢》，載 Michael SASO 編：《莊林續道藏》（台北成文出版社，1973）。

12. 《宗信房家譜》、《宗和房家譜》（香港大學馮平山圖書館藏抄本）。

13. 《鄧氏元亮公宗仁房家譜》（抄本，香港大學圖書館藏）。

14. 《龍躍頭鄧氏族譜》（香港大學馮平山圖書館藏）。

15. 《錦田鄧氏族譜》（抄本，大英圖書館藏，新界族譜之一，香港中文大學縮微資料）。

16. 《朱氏支譜》（浙江四明）。

17. 《寶安錦田鄧氏族譜》（民國初年抄本，大英圖書館 Baker Collection 新界族譜之一，香港中文大學縮微資料）。

18. 《大宗祠祭規》（世澤堂刊本，仁井田陞博士舊藏）。

19. （日）姚邑豐山：《毛氏永思堂族譜》〔同治十二年（1874）刊本〕。

20. 《水坑謝氏家譜》。

21. 《南陽鄧氏族譜》（抄本，大英圖書館藏，Baker Collection 新界族譜之一，香港中文大學藏縮微資料）。

22.《茶山鄧氏族譜》（抄本，香港大學圖書館藏）。

四、工具書

1.　David Faure 等編：《香港碑銘彙編》。

2.　《香港地名志》（1960）。

3.　詹伯慧：《現代漢語方言》（武漢：湖北人民出版社，1981）。

4.　（日）中嶋幹起：《福建漢語方言基礎語彙集》（東京：東京外國語大學亞非語言文化研究所，1979）。

5.　李永明：《潮州方言》（北京：中華書局，1955）。

五、戲曲類

1.　《四明南詞》。

2.　南戲《躍鯉記》（明富春堂刊本）。

3.　《古本戲曲叢刊初集》（北京：商務印書館，1954）。

4.　吳瀛濤：《臨水夫人》。

六、研究論著

1.　（日）田仲一成：〈關於清代初期的宗族演劇〉，載《東方學》，第32 期（1966）。

2.　（日）田仲一成：〈明清華北地方戲研究〉，載《北海道大學文學部紀要》，第 16 卷第 1 期（1968）。

3.　（日）田仲一成：〈朝鮮使節燕行路程中的清代初期興行演劇的形成〉，載《熊本大學法文論叢》，第 25 期（1970）。

4.　（日）田仲一成：〈論南宋時代的福建地方戲〉，載《日本中國學會報》，第 22 期（1970）。

5.　（日）田仲一成：〈論明代閩粵地方戲〉，載《東方學》，第 42 期（1971）。

6.　（日）田仲一成：〈論十五、十六世紀江南地方戲的變質（二）〉，載《東洋文化研究所紀要》，第 63 期（1974）。

7. （日）田仲一成：〈論十五、十六世紀江南地方戲的變質（三）〉，載《東洋文化研究所紀要》，第 65 期（1975）。

8. （日）田仲一成：〈中國地方戲的發展構造〉，載《東洋文化》，第 58 期（1978）。

9. （日）田仲一成：〈神靈降臨的演出——中國場合〉，載（日）守屋毅編：《諸神與藝能》（1985）。

10. 張岱：《陶庵夢憶》。

11. 魯迅：《朝花夕拾》、《且介亭雜文》。

12. （日）加藤繁：〈清代村鎮的定期市〉，載《東洋學報》，第 23 卷之二〔1936 年，後收入加藤繁《支那經濟史考證》（下），1953〕。

13. 《民眾教育》，第 5 卷第 9、第 10 期（1937，上田信氏提供）。

14. （日）牧野巽：〈廣東的合族祠與合族譜〉，載《近代中國研究》（好學社，1948）。

15. 陶君起編著：〈京劇劇碼初探〉（增訂本）（北京：中國戲劇出版社，1963）。

16. 基隆客：〈祈雨和稻花會〉，載《寧波同鄉》，第 41 期（台北，1969 年 6 月）。

17. 忻逸盧：〈陶公山忻家 “會頭” 記〉，載《寧波同鄉》，第 63 期（台北，1972 年 8 月）。

18. 鄔良生：〈家鄉的拜拜〉，載《寧波同鄉》，第 71 期（1973）。

19. 劉枝萬：〈閭山教之收魂法〉，載《中國民間信仰論集》（中央研究院民族學研究所專刊之二十二，1974）。

20. 何瘦民：〈請龍王‧烤龍王‧酬龍王〉，載《寧波同鄉》，第 77 期（台北，1974 年 3 月）。

21. 金溪翁：〈閒話家鄉（八）〉，載《寧波同鄉》，第 85 期（台北，1975 年 8 月）。

22. 鄔烈梓：〈談談家鄉稻花會〉，載《寧波同鄉》，第 96 期（台北，1976 年 7 月）。

23. 《Barbara E. Ward 教授與粉嶺彭正全的訪談記錄》（1981 年 2 月 24

日，於香港中文大學人類學教研室，助手蔡志祥筆錄，教研室收藏）。

24. （日）多賀秋五郎：〈中國宗譜研究〉，載《東洋文庫》（1982）。

25. （日）松本浩一：〈葬禮、祭禮中所見宋代宗教史的一個傾向〉，載《宋代的社會與文化》（1982）。

26. （日）片山剛：〈清末廣東省珠江三角洲的圖甲表及其相關諸問題——稅糧・戶籍・同族〉，載《史學雜誌》，第 91 編 4 號（1982）。

27. （日）大淵忍爾：〈三奶派道士的建醮禮儀〉，載《中國人的宗教禮儀》（日本：福武書店，1983）。

28. 《西湖月刊》（1983）。

29. （日）上田信：〈地域的履歷——浙江省奉化縣忠義鄉〉，載《社會經濟史學》（1983）。

30. （日）上田信：〈地域與宗族——對浙江省山區的考察〉，載《東洋文化研究所紀要》，第 94 期（1984）。

31. 中國藝術研究院戲曲研究所、安徽省藝術研究所、安徽省祁門縣人民政府同編：《目連戲研究文集》（北京：中國藝術研究院戲曲研究所，1988）。

索引

凡 例

1. 本書按筆畫排序及標明各主要索引項。
2. 索引分為以下五種，各自獨立構成。
   宗族・血緣組織事項索引
   地域祀神名索引
   儀禮祀神名索引
   儀禮關係事項索引
   祭祀演劇・藝能關係事項索引
3. 箭頭符號 "→"，表示參照某索引項。

一、宗族・血緣組織事項

各宗族總括性事項（世系表、族譜、祠堂、族產、氏名等）。

三畫

大宗祠　　65, 86, 209, 210, 599, 601-614, 743, 745, 746, 749, 754

四畫

毛氏（餘姚豐山）　　607, 609

文氏（泰坑）　　29, 30, 37, 39, 41, 42, 49, 66, 67, 80, 81

　　公眾堂　　43, 44, 47

文氏（新田）　　29, 37, 39, 41-44, 49, 479

　　祠產（惇裕堂）　　43

五畫

古氏（梧桐寨）　　266, 370

　　家祠　　267

古城會館（劉關張趙四姓）　　12, 754, 755

六畫

合族祠　　597-599, 602, 745, 747

七畫

李氏（蓮澳）　　266, 350, 370

　　宗祠　　268, 269, 371

李氏宗親會（香港）　　753

汪氏（蕭山）　　603, 606-609

忻氏（陶公山）　　385-389

八畫

林氏（石埗圍）　　566, 659, 662, 676

林氏（坑下莆）　　255, 257, 258, 260, 275, 662

世系表　　256

　　宗祠　　255, 257, 258

宗親會　　613, 745, 746, 750, 753, 754, 756, 760

九畫

信士　　90, 91, 93, 332, 414, 433, 505, 508, 516

侯氏（河上鄉）　　22, 29, 30, 37, 39, 42-44, 50, 51, 53, 54, 60, 479, 558, 559, 570, 571, 577, 580-583, 658

　　世系表　　563, 564

　　族譜（善行堂族簿）　　560

　　宗祠（居石侯公祠）　　565, 572

　　祖產（侯四本堂）　　565, 570

十畫

馬氏（碗窰）　　355, 356, 360, 365, 367-369

　　公產（四於堂）　　363, 364

孫氏公會（孫真人廟）　　750, 751

十一畫

郭氏（蓮花地）　　370

　　宗祠　　373

陳氏（社山）　　255, 258, 275, 351, 352

　　世系表　　259

　　宗祠　　260, 261

陳氏（坪洋）　　226, 227, 229

　　宗祠　　231-233, 235

麥氏（放馬莆）　　287

　　家祠（始興堂）　　287

梁氏（白牛石）　　266

　　宗祠　　268

張氏（大菴村）　266

　　宗祠　266

張氏（圍頭）　264, 353

　　世系表　265

張氏〔塘面（上）〕　266, 349, 353, 370

十二畫

彭氏（粉嶺）　29, 37, 41-43, 53, 54, 67, 433, 484, 488, 492, 505, 508, 509, 515, 517, 554, 556, 580, 582, 583, 595, 596, 631, 641, 646, 655, 658, 659, 676, 585

　　世系表　481

　　族譜　480, 485

　　家祠　482

　　書室（思德書室）　483, 486

　　祠產　485

彭氏（粉嶺樓）　54, 478, 480

　　家祠（寅峰家祠）　479, 483

萬氏（香園圍）　226, 227, 229, 235

馮氏（蓮花地）　370

　　宗祠　373

曾氏（坪輋）　226

十三畫

溫氏（新塘）　266

　　家祠　267

十四畫

壽員　433, 505, 508, 516, 554

廖氏（上水）　22, 23, 29, 30, 37, 39, 42, 50-55, 209, 212, 479, 482, 543, 558

　　世系表　25

　　族譜　24

宗祠　24, 26, 28

　　祠產（允升堂）　30-32, 43, 44, 47

十五畫

鄭氏（蓮澳）　266, 350, 370

　　宗祠　371

鄧氏（大埔頭）　29, 37, 43, 63, 66, 67, 70-73, 75, 80-82

　　世系表　85

　　世代表　64

　　宗祠　58, 59, 62

　　祠產（眾興堂）　44

鄧氏（東莞）　65, 86, 595, 601, 616

　　世系表　600

　　大宗祠（都慶堂）　65, 599, 610

鄧氏（茶山）　648

鄧氏（屏山）　96, 616

　　世系表　626, 627

　　族譜　624

鄧氏（萊洞）　39, 235, 236, 660

鄧氏（廈村）　121, 122, 127-129, 135, 616

　　世系表　123

　　宗祠（友恭堂）　124, 125

鄧氏（橫台山）　624, 625, 628

　　宗祠　624

鄧氏（錦田）　84, 87, 88, 92, 94, 96-98, 100, 102, 117-119, 121, 157, 209, 210, 583, 602, 613, 614, 616, 623, 625, 628, 631, 633-634, 636, 638-645, 648, 649, 655, 657-659, 676, 743, 744, 753

　　世系表　85, 603

　　族譜　83

　　宗祠　86, 632, 635

祖產　　629

鄧氏（龍躍頭）　　29-33, 37, 39, 41-
44, 54, 56, 63, 65-67, 70, 71, 117,
157, 209, 270, 405, 407, 411, 413,
415, 416, 419, 421, 422, 424, 476,
479, 480, 482, 554, 580, 582, 583,
596, 616

　世系表　　61, 408

　族譜　　56

　宗祠（萃雲堂・松嶺鄧公祠）
43, 58-60, 62, 409, 410, 412

　書室（善述書室）　　414

　祖產　　407, 415

十六畫

螟蛉子　　596

十七畫

韓氏（星洲）　　746, 747, 750

鍾氏（田寮下）　　263

　宗祠　　264

鍾氏（坪朗）　　261

　世系表　　262

　宗祠　　263

鍾氏（塘上）　　268

　宗祠　　268

鍾氏（寨凼）　　263

　宗祠　　263

鍾氏（諸暨）　　602

謝氏（廣東水坑）　　610, 611

　家譜　　610, 611

　書室（芝蘭書室）　　611

二、地域祀神名

各地以祠廟、神位等形式奉祀之神名。

二畫

二十八宿　　301, 303, 442, 443, 494

七宮仙娘　　494

七聖娘娘　　168

三畫

三十六宮婆神　　670, 671, 677

三奶　　677, 678

三官大帝　　165, 167, 173, 175, 176,
193, 198, 420, 422, 494, 505, 713,
718

三焦七娘　　132

三聖宮　　479, 484, 487, 488, 493,
498, 532

土地公→福德正神・伯公・大王・大
王伯公　　133, 287

土德星君　　494

大士王（大士爺）　　101, 160, 195,
196, 198, 337, 342, 420, 465-467,
692, 705

大王（龍壇）　　286

大王伯公　　271, 286

大王爺（大王・大王爺爺等）　　95,
286, 287, 494

大王廟　　84, 87-90, 95, 97, 98, 100,
102, 104, 117, 120, 208, 211

久住神人　　134

四畫

王來任（毅菴、王大老爺）→周王二
公書院　　29, 47, 48, 132, 568

井泉（地脈・龍脈・龍神等）　　107,
132-134, 494

天地水陽高真　　422

天后元君　　133, 494, 568

天官大帝　　174, 301, 494

木德星君　494

太后聖母　422,494

水官大帝　175,301,494

水德星君　494

今庚太歲　422,494,638

六畜神君　494

文武二帝　133,286,484,494,636

文昌帝君　422,427,493

方五娘　670

火德星君　494

五畫

玉皇大帝　168,494

本命元辰　175,494

石仕大王　129

北斗星君　330,672

北帝→玄天上帝　88,102,160,484,
　　487,488,490,492,493,505,507,
　　511,556,568,570,646

玄天上帝（北帝）　82,134,156,
　　168,178,199-201,372,422,490,
　　493,507,568,663,672,676,758

玄關二帝廟　128,132

六畫

地官大帝　174,301,494

朱二娘　670

行雨大王　494

江七娘　670

七畫

李大娘　671

車公元帥（車公大將）　422,494

吳尾娘　671

伯公　278,286,287,319,345,346,
　　357,493,556,663

沈大娘　670

社稷大王　133,286,494,505,507,
　　516,556

八畫

武帝→關聖帝君　112,134,271,
　　487,488

長生大帝　168,179,336,422,494,
　　713

昔許今酬領願大帝　422

林九娘　668,670,671,673,677

林村天后廟　270,271,351

林村妹（林村天后）　272,278,286,
　　346

林村姑婆　272,286

門丞戶尉井灶神君　494

金德星君　494

金花夫人（金花福主）　226,271,
　　286,343,414

金輪元帥　133

周六娘　670

周王二公　32,36,44-46,48,55,
　　101,414

周有德（彝初）　29

周倉大將　494

九畫

城隍　101,107,109,169,195,198,
　　292,301,320,327,328,330,356,
　　692,702,714,716,720

南極注生保德大帝　494

柯七娘　671

俞三娘　671

前來鑒願諸會冥神　494

洪聖王（洪聖大王）　88,102,494,
　　571,638,644,655,659

索引

祖本宗師　494

韋陀　112, 422, 692

十畫

袁簡二公　82

財帛聖君　422

倪九娘　671

徐五娘　671

翁七娘　670

高尾娘　671

流水大王　95, 494

十一畫

華光大帝　138, 168, 372, 422, 494

郭三娘　670

陳靖姑（陳夫人）　667, 669-673,
　677, 679

章大娘　671

望海大王　494

張仙大帝　422

十二畫

彭五娘　670

報德祠→周王二公書院（石湖墟）
　30, 31, 34-36, 43, 45

朝江望海二位大將　422

程六娘　671

發龍大王　494

十三畫

聖母元君　422, 494

楊二娘　670

楊十娘　671

楊八娘　670

楊九娘　671

楊侯王　88

雷聲普化天尊　168, 173, 494

解穢童子吏兵　494

義祠　159, 162, 163, 170, 226, 252,
　270, 307, 378, 639, 640

福德正神→伯公・土地　82, 132,
　134, 372, 422, 427, 428, 436, 494,
　557, 568, 663, 692, 759

福德堂（紫微宮）　88

殿前傳事請福舍人　422

十四畫

趙十娘　671

趙公元帥　303, 422

種穀先師　372, 494

廖四娘　670

十五畫

歐四娘　671

蔡六娘　670

鄭九娘　670

鄧占一　270, 286

樊仙宮　224, 355, 356, 360-365,
　369

劉三娘　671

十六畫

賴四娘　670

盧士元　663, 676, 696, 728, 730

興旺福神　494

龍王　134, 381

龍母娘娘　494

十七畫

戴三娘　671

蹉跎大王　494

總管元帥　189, 422

十八畫

瓊瑤教主　697, 698

十九畫

關平　494

關聖帝君（關帝‧武帝）→文武二帝‧
　玄關二帝　82, 372

羅四娘　670

二十畫

釋迦牟尼　198, 242, 422

二十一畫

顧三娘　671

二十二畫

龔八娘　670

二十五畫

觀音　107, 109, 110, 167, 196, 242,
　257, 267, 271, 282, 286, 343, 351,
　352, 372, 421, 422, 493, 547, 548,
　569, 570, 663, 676, 685, 692, 693,
　718-720, 726, 728, 732

三、儀禮祀神名

科儀書、榜文、表文中道士團、僧
（尼）團舉行儀禮時招請之神佛名。

三畫

土德星君　494
女瘟行化諸位女□□　　189

四畫

王元帥　303
王林二真人　301
井泉龍王　107

天后元君　133, 494, 568
天牢魔小姑　189
天府地府判官　189
天河聖母　667
天官大帝　174, 301, 494
天曹使者　189
天符部從主執神明　189
元辰祿馬星君　330
木德星君　494
五方五厬君　289
五方五道傷神　189
五方行瘟封祀娘　189
五瘟大使　189
五瘟五瘟五疫五癘五魅五□傷神
　189
五嶽朝天大帝　168
五顯靈寶大帝　189
五靈五厬梵氣天君　301
不動尊王　189
太府列侯舍人　189
太清太極宮　318
太清仙境宮　329, 460
太清道德天尊　293
日值功曹　321
中天星主宮　306, 434, 437
中央一厬天君　282, 288, 305
內垣一切眾聖　330
水官大帝　175, 301, 494
水德星君　494
化生娘　189
今年歲份行化神主　189
月值功曹　321
六部宗師　168
六宸大帝　301

文昌帝君　　422, 427, 493

火德星君　　494

五畫

玉皇上帝　　168, 169, 179-181, 692

玉清元始天尊　　292

玉盧生神九天上帝　　301

本命星君　　330, 331

左不達兒郎　　189

左輔右弼星君　　330

右精相姍口　　189

巨光天后　　329, 333

北方五炁天君　　282, 288, 305

北斗七星　　316, 331, 332

北斗九皇　　330

北斗星君 , 330, 672

北極伏魔宮　　306, 460

四大菩薩　　240

四孟四仲四季行化神主　　189

四值功曹　　189, 321, 509, 510, 710, 713

白真人　　301

主奏真君　　290

主瘟拔頭　　189

玄天上帝　　134, 156, 168, 178, 199-201, 372, 422, 490, 493, 507, 568, 663, 672, 676, 758

六畫

老子　　753

地牢魔小姑　　189

地府押瘟元帥　　189

地官大帝　　174, 301, 494

地藏　　107, 109, 305

西方七炁天君　　282, 288, 304

西班眾神　　320

百靈官將　　168

成德聖仁英顯康濟王　　189

年值功曹　　321

后土降闕宮　　334

行素行毒使者　　189

行病鬼王　　190

行滿鬼王　　189

七畫

里域守土　　321

里域真官　　168

吼叫呼風大神　　190

灶神　　330, 422, 686

宋帝王　　730

社君主者土地　　190

八畫

花八娘　　189

花九娘　　189

長生大帝　　168, 179, 336, 422, 494, 713

長生大帝宮　　318

押船大使者　　189

東方九炁天君　　282, 288, 304

東南二極宮　　333

東班眾神　　320

昊天上帝　　320

昊天金闕宮　　292, 437

昊天通明宮　　298, 445

忠靖靈祐英濟王　　189

金花娘娘　　168

金剛文尼真佛　　114

金德星君　　494

金雞天狗　　189

周天無量群真　　330

周御國王天尊　　329, 330

法部吏兵　　169

屈原相公　　190

承天效法宮　　437

九畫

苟畢元帥　　168

春瘟夏瘟冬瘟使者　　189

城隍　　101, 107, 109, 169, 195, 198,
　　292, 301, 320, 327, 328, 330, 356,
　　692, 702, 714, 716, 720

胡靖總管　　189

南方三炁天君　　282, 288, 304

南方火德宮　　306

星主紫微宮　　329, 452

昭明皇帝　　189

風伯雨師　　168, 303

度人無量天尊　　114

疫病瘄子赤眼鴻痢傷神　　189

軍前陣後走馬登山溺水蛇傷虎咬無顏
　　無足無名無姓行寒行熱奪拿天命
　　一切傷神　　189

祐聖顯烈仁聖濟王　　189

十畫

秦廣王　　728

馬元帥　　303

時值功曹　　321

值年太歲　　168, 190

殷元帥　　192, 303

高夫人　　667

消災解厄星君　　330

十一畫

華光大帝　　138, 168, 372, 422, 494

華真人　　301

華蓋星君　　330

陳夫人（臨水夫人‧陳靖姑）　　667,
　　669-673, 677, 679

赦官　　334

崔真人　　301

船上打花一切神祇　　190

船尾小王　　187, 189

船頭大王　　187, 189

許真人　　301

康元帥　　303

張天師　　130, 292, 424, 425, 436,
　　437, 461, 462, 667, 680, 681

十二畫

虛空過往糾察天真　　303

虛無自然九天上帝　　298, 301

虛無自然至真三寶　　329

掌醮童子贍完典者　　169

過往過筵一切神眾　　190

遊行使者　　190

善利靈應王　　189

善惡二尊大判官　　189

善惡二簿童子　　189

普庵祖師　　168

十三畫

葛真人　　301

雷霆府院官將吏兵　　301

雷聲普化天尊　　168, 173, 494

當境廟祝祀典神祇　　189

傳奏功曹　　321

傳教宗師　　190

艄公水手　　190

解穢仙官滅穢大神　　301

慈悲勸善大禪師　　189

溫元帥　　181

十四畫

趙公元帥　　303, 422

嘉應使者　　189

十五畫

廟瘟社瘟土瘟□瘟牛瘟豬瘟神君
　　189

嬌小娘　　189

十六畫

擎羊陀羅使者　　330

駱真人　　301

閻羅王　　705, 706

十七畫

魏祖元君　　301

總管元帥　　189, 422

十八畫

薩真人　　301

轉輪王　　730

十九畫

藥師　　110

醮信香火有感明神　　169

關聖帝君　　132, 133, 168, 372, 422,
　　427, 493, 568

二十畫

勸善郭三郎　　189

釋迦牟尼佛　　197, 240, 692

騰蛇相公　　189

寶華圓滿宮（寶華兜率宮）　　334

二十二畫

變成王　　278, 352

二十四畫

靈寶五師真君　　168, 301

二十五畫

觀音　　107, 109, 110, 167, 196, 242,
　　257, 267, 271, 282, 286, 343, 351,
　　352, 372, 421, 422, 493, 547, 548,
　　569, 570, 663, 676, 685, 692, 693,
　　718-720, 726, 728, 732

四、儀禮關係事項

二畫

丁粥　　643, 648, 650-652

十王拔獄度人寶懺　　109

十王圖　　130, 278, 283, 352

七真朝科　　112

人祿榜→榜文

三畫

三元朝科　　112

三元尊經　　107, 109

三元滅罪水懺　　110

三元寶懺　　109, 172, 173, 452, 461

三尼醫世尊經　　107

三奶教　　677

三官大帝　　173, 175, 176, 193, 422,
　　494, 505, 713, 718

三官經　　158, 173, 690, 696

三朝（元朗建醮）　　107-109, 298,
　　306, 310, 319, 328, 333, 435, 445,
　　451, 460, 520, 551, 761, 763

大幽　　195, 308, 317, 333, 337, 338,

341, 342, 451, 455, 460, 463, 465-467

大悲寶懺　110, 240, 241

大鋪壇（長洲）　164, 170

上二表（林村）　418

上三表（林村）　425, 433

上聖真科　697, 698

上頭表（林村）　275, 418

小幽　107, 306-309, 315, 316, 445, 451-455, 466, 467, 477, 525

四畫

井泉龍王朱疏　107

天門土神朱疏　107

太乙朝科　112

太乙錫福寶懺　110

水府宮釋放朱疏　107

水道利幽賑濟溺魂朱疏一函　107

水道利幽漂燈放焰朱疏　107

午朝　135, 158, 294-297, 314-317, 329, 334, 452, 460, 461

分炮（錦田）　652

分燈　180, 181, 299-301, 315, 435, 437-439

斗姆救劫寶懺　109

引魂　679

五畫

玉皇寶懺　294, 295

打武　435, 439-442, 477, 498, 584

扒船（拉鴨扒船）→遣船　343, 344, 346, 451, 467, 470, 471, 487, 488, 496, 498-500, 507, 557

功曹馬　103, 168, 169, 176, 177, 183, 186, 198, 287, 288, 290, 319, 320, 322, 336, 428, 429, 432, 455,

456, 458, 459, 461, 462, 501, 502, 509, 706

叩靈演陽師座朱疏　107

四尼列聖　697, 698

玄科開位攝召關燈散花　112

玄靈尊經　107

六畫

地藏本願尊經　109

百花橋　667, 669, 672-675

早朝　158, 171, 173, 177, 187, 292-297, 314-316, 329, 333, 436, 437, 460, 496

先天斛食濟煉幽科　112, 114

七畫

走午朝　158, 177, 178

呂祖覺世經　107

利幽科　109, 114

佛祖金剛經　107

迎神　158, 164, 167, 172, 276, 284, 286, 383, 386, 419, 424, 426-428, 433, 451, 470, 493, 511, 585, 690, 697

迎神歸位（粉嶺）　488, 510, 514, 515, 531

迎聖　106, 178, 179, 183, 310, 316, 319, 324, 327, 328, 445, 455, 456, 458-460, 477

迎龍（寧波）　588

八畫

花炮會　77, 233, 234, 236-238, 241, 244-246, 248, 252, 253, 352, 376, 573, 575, 641-643, 652, 654, 655

花燈　88, 487, 488, 491, 493, 495,

索引

531, 643-648, 651, 705

阿彌陀佛　　110, 700

武帝朝科　　112

拉鴨扒船→扒船　　343, 344, 346, 451, 470, 488, 496

取水　　107, 276, 284, 285, 314, 418, 419, 424, 425, 451

忠勇明道經　　107

放水燈　　705, 706

放生　　158, 194, 317, 333, 336, 337, 451, 460, 461, 463, 464

放炮　　643, 654, 659

放焰口　　114, 689-691, 696, 698, 702, 706, 737, 739

放雞毛（粉嶺洪朝）　　497

祈雨　　220, 383, 557, 585-587, 589

孤魂　　106, 107, 114, 160, 169, 170, 172, 195-198, 200, 220, 240, 242, 277, 278, 308, 313, 318, 339-341, 434, 435, 449, 451, 455, 466, 508, 518, 663, 664, 686, 688, 699-701, 705, 737, 744, 759-763

九畫

城隍解冤寶懺　　109

幽冥教主空獄寶懺　　109

幽榜（林村）　　277, 310, 317, 318, 420, 446, 452, 467

拜井神（粉嶺）　　503, 504

拜天公　　699

拜年仔（粉嶺）　　498

拜祖先　　498, 679, 682

秋祭禮　　747, 748

保禾苗　　554-556, 587, 589

鬼王釋放牒文　　107

度人尊經　　107

施食科　　196, 698, 705

神品借用（錦田）　　642, 643, 652, 655

送神　　107, 114, 129, 159, 198, 276, 343, 345, 346, 386, 419, 451, 467-469, 531, 532, 690

送聖　　317, 451, 682

送龍　　588, 589

韋馱（韋陀）尊天　　240, 701

十畫

破地獄　　339, 340, 705

倒幡朱疏　　107

烤龍王　　586, 587

純陽無極寶懺　　110

十一畫

晚朝　　135, 158, 172, 173, 178-182, 184-187, 207, 296, 297, 315-317, 321, 322, 328, 329, 334, 336, 337, 452, 461

祭煞　　498, 510-513, 678

麻歌　　487, 518, 519, 523, 524, 526, 533, 553, 557

梁皇寶懺　　690, 696, 697

道祖清靜經　　107

進主　　388, 609, 758

進表　　105, 682

啟榜　　204, 310-312, 448, 487, 488, 515, 518

啟壇　　104, 164, 276, 284, 287, 288, 291, 310, 314, 333, 334, 419, 424, 425, 428-433, 445, 451, 477

十二畫

萬佛尊經　　107

款榜　　277, 310, 314, 318, 420, 446,

450 ,452, 467

塔懺　　688-691, 699, 702-705, 737,
　　739

超薦（九鯉洞）　　688, 697, 728, 730

超薦（海南）　　680, 681

揚幡　　107, 158, 170, 276, 284, 285,
　　314, 419, 424, 451

開光（長洲）　　71, 104, 158, 167,
　　290, 336, 360, 434, 459, 462, 509,
　　681, 690, 703, 758

開壇啟請科　　110

開闊五方　　679

過橋　　515, 671-673, 679

疏文（粉嶺洪朝）　　168, 169, 177,
　　241-243, 505, 516, 527, 554, 555,
　　682, 710

發奏（粉嶺洪朝）　　107, 275, 487,
　　488, 501-506, 508-511, 516

十三畫

瑜伽焰口→大幽・施食　　110, 114,
　　195, 243, 341, 701, 705

搶炮　　238, 244, 246, 571, 573, 575,
　　576, 643, 652

聖帝寶懺　　110

酬龍王　　586

遣船（長洲）　　158, 187, 188, 191,
　　207, 345, 496, 518

頒赦　　317, 333-335, 460-463

解結　　679

新婚拜祖（廈村）　　661

意文　　173, 289, 290, 292, 293, 300,
　　303, 314, 321, 330, 336, 339, 343,
　　426, 429, 433, 435, 436, 443, 446,
　　450, 455, 456, 460, 461, 463, 467,
　　474, 475, 509, 549, 697, 698

福物座　　78

十四畫

榜文（大榜・人緣榜）　　104-106,
　　172, 173, 238, 240, 241, 243, 310,
　　314, 317, 323, 343, 374, 445, 446,
　　449, 450, 452, 474, 475, 515-517,
　　531, 533, 549, 554, 696, 697, 699,
　　701, 707, 711

演陽光儀　　109

十五畫

賣雜貨　　306-308, 452-454, 465,
　　466

諸天朝科　　112

劈沙羅　　487, 528, 529

十六畫

興安公建普度　　686, 707

儒祖孝經　　107

十七畫

謝幡　　114, 158, 337, 461

禮斗　　136, 316, 328-330, 333, 424,
　　451, 452, 460

十九畫

藥師如來　　692, 700

藥師寶懺　　110

醮壇（醮棚）　　102, 105, 109, 114,
　　121, 135, 164, 168, 173, 176, 178,
　　187, 193, 196, 277, 278, 282-284,
　　292, 300, 301, 303, 305-307, 329,
　　336, 353, 418, 420, 423, 439, 441,
　　445, 455, 462, 476, 689, 697, 698,
　　699, 705, 706

關聖帝君悲憫寶懺　　109

二十畫

釋迦牟尼慈尊　　700

二十一畫

鐵圍山間啟教大士利幽朱疏　107

二十二畫

讀疏文（粉嶺洪朝）　177, 241-243,
　527, 682, 710

二十三畫

曬龍王　588

二十四畫

靈祖破膽經　107

二十五畫

觀音大士蓮華寶懺　109
觀音諸品尊經　107

五、祭祀演劇・藝能關係事項

"南"：四明南詞，"山"：山歌，
"孝"：《孝經》（《二十四孝歌》）

1. 歌謠・說唱

二畫

丁蘭　548, 684
十美圖　586

三畫

三國演義　140, 539, 754
山歌　136, 401-403, 487, 518, 525,
　533, 535, 542, 545, 548, 549, 551,
　553, 554, 556, 557, 584, 586, 589,
　606, 655, 685
子路　685

四畫

王昭君　471
王祥　548, 682

王褒　547, 685
五虎平西　215, 537
今宵重見鳳凰歸（粵）　140, 577
文書　215, 290, 334, 335, 420, 461,
　585, 586, 588

五畫

玉蜻蜓（南）　586
田家兄弟　684
四明南詞　215, 586, 588

六畫

朱壽昌　684, 685
江革　548

七畫

呂蒙正　539, 676
吳猛　548, 684
狄青（山）　537-539
沈老伯　546

八畫

孟宗　547, 682
岳飛　140, 547

九畫

珍珠塔（南）　586
姜詩（孝）　544, 548, 683

十畫

秦雪梅（山）　547, 548
時代曲　136
剝子（山，孝）　548, 684
孫堅　548

十一畫

華容釋曹　547

唱歌冊　553

貪歡報　542

張孝　684

張保仔　539

張禮　684

郭巨　682

陸績（孝）　548, 684

陳世美　538, 539

陳靖姑　677

十二畫

項羽　536

黃山谷（庭堅）（山，孝）　685

黃香（孝）　547, 548, 683

紫荊　684-686, 747

閔損（山，孝）　682

曾參（山，孝）　548, 682

十三畫

楊香（孝）　547, 685

董永（山）　547, 683

虞舜　548, 682

粵曲　136, 655, 753

群星歌藝團　655

十四畫

歌仔戲　553

歌台　130, 136, 137, 251, 485-488, 493, 503, 504, 510, 518, 533, 534, 553, 554, 556, 584, 637, 642-646, 651, 652, 654-659

說書　215, 585-588

漢文帝　682

十五畫

蔡順　548, 683

劉知遠（山）　539

劉殷（孝）　683

十八畫

雙珠鳳（南）　116, 586

二十畫

竇禹鈞（竇燕山）五子登科　541

二十一畫

櫻花歌劇團　136, 533, 655

躍鯉記（山）　545

2. 傀儡戲

"粵"：粵劇，"莆"：莆仙劇

二畫

八仙賀壽（粵）　138, 140

三畫

三代三江三學政（莆）　676

三雁戰飄零（粵）　140

下弄上　587

大鬧雷音寺（粵）　140

四畫

木頭公仔戲　115, 121, 122, 136-140, 142, 143, 242, 248, 352, 471, 477

五淨浸女（粵）　140

六國封相（粵）　80, 138, 140, 141, 502

五畫

北斗戲（莆）　667-669, 674-676

田公元帥　474, 663, 666, 673, 675-

677, 692, 693, 707

七畫

呂蒙正（莆）　539

八畫

岳飛大戰金兀朮（粵）　140

九畫

柳毅傳書（粵）　140, 349

十二畫

提線傀儡戲　687

雲台十八將（粵）　140

十四畫

旗開得勝凱旋還（粵）　140, 367,
　471

十五畫

醉打金枝（粵）　140

劉備通江招親（粵）　140, 142

十八畫

雙龍丹鳳霸皇都（粵）　140, 471

3. 演劇

"京"：京劇，"崑"：崑劇，"粵"：粵
劇，"潮"：潮州劇，"惠"：惠州海陸
豐劇，"莆"：莆仙劇，"會景"：台閣
演出

一畫

一代天嬌（粵）　249, 471, 753

一曲鳳求凰（粵）　577

一把存忠劍《粵》　250

一柱擎天（粵）　249

一樓風雪夜歸人（粵）　755

二畫

十載菱花夢（粵）　368

七仙女（會景）　51

八大仙（會景）　51

八仙拜神（粵）　578, 581

八仙賀壽（會景）　51

八美圖（潮）　250

九天玄女（粵）　113, 168, 349

刁蠻元帥莽將軍　200, 367

三畫

三看御妹劉金定（莆）　735

四畫

王昭君（粵）　471

王雙福（惠）　201, 202

王寶釧（莆）　736

王寶釧（粵）　368

天女散花（粵）　753

天姬送子（粵）（大送子・仙姬賀壽
　大送子・賀壽大送子，以及小送
　子・碧天賀壽小送子・賀壽加官
　小送子）　140, 420, 424, 446,
　477, 476, 578, 579, 581, 758, 759,
　763

木蘭從軍（會景）　51

五虎將（會景）　51

今宵重見鳳鳳歸（粵）　140, 577

六國封相（粵）　80, 138, 140, 141

六國封相樂曲　502

五畫

目連　547, 548, 682, 685, 686, 700,
　705, 707, 710, 713, 714, 728-730,
　732-734, 737-739

目連戲　308, 686-691, 693, 698,

705, 707-711, 713, 715-717, 719, 721, 723-725, 727, 728, 730, 731, 733, 734, 737-742, 744

目連演員（莆）　710

目連戲棚（莆）　690, 709, 728

仙姬賀壽大送子→天姬送子　116, 367, 368

白虎　471-474, 477, 584

白蛇傳　753

永光明劇團（粵）　755

司馬相如（粵）　367

六畫

老大鴻壽（京）　388, 587

老翔記（京）　388

老聚慶豐（京）　388

再世紅梅記（粵）　116, 349

血證嫁衣仇（粵）　577

全家福（粵）　200

衣錦榮歸（粵）　367, 577

七畫

李後主（粵）　116

牡丹亭驚夢　349

八畫

花好月圓（粵）　80, 249, 250

花開富貴（粵）　657

花街節婦（粵）　349

林沖（粵）　249, 250

虎將梟雄美人威（粵）　249, 250

虎將奪奇花（粵）　577, 578

佳紅劇團　248, 249

征袍還金粉（粵）　471, 577, 578

金釵引鳳凰（粵）　249, 367, 471

金鳳銀龍迎新歲（粵）　367

金鳳銀龍迎寶誕（粵）　249

周瑜（粵）　249, 250

京戲　587

夜夢洛神（粵）　577

九畫

英烈劍中劍（粵）　349

英雄兒女保江山（粵）　249, 250, 577, 578

英雄碧血染情仇（粵）　200

春秋演劇　604

春風吹度玉門關（粵）　249, 250

春風帶口歸來燕（粵）　200

胡不歸來好玉郎（粵）　367

柳毅傳書（粵）　140, 349

威寶劇團（粵）　471

昭君出塞（粵）　249

哪吒大鬧東海（莆）　735

香羅塚　471

重溫金鳳緣（粵）　80

俏潘安（粵）　116

帝女花（粵）　116, 349

紅了櫻桃碎了心（粵）　368

紅粉佳人（粵）　368

紅鸞禧（粵）　577

十畫

桂陽城（粵）　755

桃花湖畔鳳求凰（粵）　200, 368

十一畫

華容道（粵）　755

莆仙業餘劇團　666, 686, 688, 707

崑曲　606

崔鳴鳳　　201

彩鳳戰金龍（粵）　　577, 578

彩龍鳳劇團（粵）　　367, 368, 577

魚腸劍（粵）　　116, 349

祭水班師（粵）　　755

許英傑（惠）　　201

清官錯判香羅案　　249

梁紅玉擊鼓退金兵（會景）　　50

情愛兩雙全（粵）　　249

紹興大戲　　553, 606

十二畫

萃盤記　　541

萬家錦繡帝皇家（粵）　　200

喜相逢（粵）　　367

過江招親（粵）　　755

紫釵記（粵）　　116

單刀赴會（粵）　　755

賀壽送子→天姬送子　　333, 368

十三畫

楊文廣平十八洞（潮）　　250

雷鳴金鼓戰笳聲（粵）　　80

跨鳳乘龍（粵）　　349

跳加官　　140, 578-581, 758

獅吼記（粵）　　116

新龍鳳劇團（粵）　　249

十四畫

蓋世英雄霸楚城（粵）　　249, 250

碧天賀壽→天姬送子　　755

碧血英雄淚（粵）　　249, 250

鳳閣恩仇未了情（粵）　　80, 200,
　　249, 349, 368

旗開得勝凱旋還（粵）　　140, 367,

471

漢武帝夜夢衛夫人（粵）　　249

演劇表（鄞縣）　　216-218

十五畫

賣花生（粵）　　753

蔣英哥（惠）　　201

蝴蝶杯（粵）　　577

劉金蓮掛帥（莆）　　735

劈山救母（莆）　　735

十六畫

燕歸人未歸（粵）　　80, 368, 577

錦繡江山（粵）　　80

錦繡前程（粵）　　249

龍王戲　　587, 588

龍鳳爭掛帥（粵）　　368

龍鳳配（莆）　　736

十七畫

戲金　　611

戲班　　49, 200, 248, 277, 388, 389,
　　416, 571, 573, 605-608, 611, 612,
　　667, 677, 686, 689, 705, 710, 734

戲棚　　50, 75, 77, 79, 101, 115, 116,
　　121, 129, 131, 135, 137-139, 142,
　　143, 159, 160, 164, 177, 187, 191,
　　201, 237-239, 251, 277-279, 286,
　　310, 319, 337, 339, 346-349, 353,
　　364-367, 416, 420, 424, 425, 446,
　　471, 472, 477, 571-573, 578, 608,
　　611, 658, 663, 666, 667, 673,
　　675, 690, 693, 696, 709, 728, 752

戲棚對聯　　121

十八畫

雙仙拜月亭（粵）　　80

雙珠鳳（南）　116, 586

雙賽花救駕（惠）　201

雛鳳鳴劇團（粵）　116, 348

十九畫

癡鳳狂龍（粵）　249

二十畫

蘆花蕩（粵）　755

寶劍重揮萬丈紅（粵）　249, 250,
　349, 368

二十一畫

鐵公雞（京）　388

二十八畫

豔陽丹鳳（粵）　753

索引